ユーモア力（りょく）の時代
日常生活をもっと笑うために

瀬沼文彰［著］

はじめに

　皆さんは毎日たくさん笑っていますか。

　笑いの優れた効果は、いま、世界中で注目されています。笑いは、第一に、私たちを楽しい気持ちにさせてくれます。また、緊張を解きほぐしたり、場合によっては、嫌な気分をリセットしたり、ストレスを軽減してくれることもあります。

　さらに、誰かと笑い合うことができれば、親密度が増したり、お互いの垣根を取り払ったりすることもできます。初めての相手に対して、笑いを活用することができれば、自分を好印象にしたり、しっかりと覚えてもらうことにもつながります。

　そして、しばしば、メディアでも取り上げられている通り、笑いは、「副作用のない薬」と言われ、健康への効果に、近年、ますます注目が集まっています。

　では、皆さんは、歳を重ねる中で、多く笑うようになってきていますか。

　同じように、皆さんは、5年前より多く笑っていると思いますか。あるいは、1回の笑いの質については満足していますか。

　こうした質問をぶつけると、「笑いの量は減っているような気がする」「質なんて考えたことないな」と回答する人の方が圧倒的に多いのではないでしょうか。笑いやその効果に注目が集まっても、「実際は、それほど多く笑っていない」――これが日本の現実なのかもしれません。

　今度は、ユーモアについて質問してみたいと思います。皆さんは、ユーモアを普段自覚して活用していますか。ユーモアセンスには自信を持っていますか。アメリカでユーモアセンスがあるかどうかを聞いてみると94％の人が、「平均以上」と自分の能力を評定するそうです[1]。

　日本ではどうでしょう。文化的な日本独特な謙虚さを差し引いて考える必要はあるものの、朝日新聞（2008）が行なった調査では、自信が「か

1　Allport,G.W（1961）は、少し古い調査です。アメリカ人のユーモアへの
　　自信が推察でき、参考になります。

なりある」と答えたのは全体のわずか8%でした。ちなみに、自信が「少しある」は55%でした。結果は、合計すると、低くはないものの、アメリカには到底及ばない結果でした。また、同調査では、「日本人は国際的にみて、ユーモアがあるかどうか」をたずねていますが、「ない」と回答した人が7割を占めていました。

これらの結果を見る限り、ユーモアセンスに自信がないのは、そもそも、日常生活のなかでユーモアが少ないからなのではないでしょうか。

生活のなかにユーモアがあると、自分が見ている世界や日常はもっと面白くなります。さらに、それを上手に表現できれば、周りの人たちを明るくしたり、楽しくすることが可能になります。

しかし、最近は、ユーモアということば自体、日本ではあまり使うことがありません。若い読者からは、「ユーモアって何？」という質問が出るかもしれません。「ユーモアセンス」は、欧米では、非常に大切にされている価値観ですが、日本では、それは生得的に持った能力だと考えられがちで、その力がある人を羨むくらいで、自ら、学習したり、何らかの手段で手に入れようとするものという認識はなさそうです。しかし、「ユーモアセンス」は学習次第で、変化してくるものです。

こうしたことをふまえ、本書は、日常生活のなかで読者の皆さんの笑いが少しでも増えることを目的に執筆しました。また、本書を通じ、ユーモアについて考えてもらい、それを活用して世界を見たり、感じたり、ときには発信するための入門書として、執筆しました。

読者の皆さんのなかには、「ユーモアセンスに努力は分かるけど…ただ、笑うために努力がいるの？」と思われる方がいるかもしれません。そもそも笑うことには、努力など不要で、「自然」に出てくるものだから、待っていれば沸いてくると考える人もいるはずです。

確かに、待っているだけで、次から次へと身の回りで笑える出来事が起きるのであれば、何の問題もありません。しかし、現実は、受け身で、待っていても、次々と笑える出来事が起きるとは思えません。「自然」に身を任せたままでいると、歳を重ねれば重ねるほど、笑う回数は、少なくなっていく傾向にあることを示す調査もあります。となれば、どこ

3

かで考え方を変えてみてもいいのではないでしょうか。

　そして、「ユーモアセンス」も磨いてみると、光ってくるものです。また、自分の考え方を少し変えてみることで、「これってユーモアの１つなんだ」と気づくこともあります。

「ありのままの自分」が大切だという価値観は、世界中で大切にされているのかもしれませんが、時代に合わせて、自分をアップデートしてみることも重要なはずです。

　そこで、本書では、読者の皆さんの日常生活のなかの笑いが増えるように、また、「ユーモアセンス」を身に付けられるように、様々な角度からそのヒントを提案してみようと思います。

　読者の皆さんは、それぞれの章や節のなかで、興味を持てたところから読み始めてもらって問題ありません。そして、読むだけで終わらずに、その項目について立ち止まって考え、日常生活のなかで実践することを心がけてみてください。

　その先には、今よりも「ほんの少し」笑える世界が待っているはずです。また、「ユーモアセンス」がアップすることで、世界の見方が「ほんの少し」変わってくることでしょう。現代社会では、その「ほんの少し」の変化が思っている以上に大切なのではないでしょうか。

　本書は、統計的に笑いの量が少ないと言われている高齢者に読んでもらいたいです。そのため、この１０年で登場した新しい技術や考え方などについて触れる際には、できる限り分かりやすく説明してみました。

　もちろん、それ以外の世代でも、年齢を問わず、最近、あまり笑っていないと感じる人や、笑う回数が減ってきたと思っている人にも読んでもらいたいです。あるいは、もっと笑いたいと思っているけど、それがなかなか難しい人や、ユーモアのセンスに悩んでいる人にも是非、読んでほしいと思っています。そして、大学生をはじめ、若い読者には、本書を通じ、自分の笑いの枠組みを考えてみたり、壊してもらえれば、著者としてうれしい限りです。さらには、現役の芸人にも読んでもらい、どんなふうに、笑いやユーモアで日本社会を引っ張っていくかを考えるきっかけにしてもらいたいです。

はじめに

　以下は、本書の概要です。どこから読み進めるかを検討するのに用いてください。

　第1章では、笑いやユーモアの定義や、笑いの現状についてまとめてみました。笑いの効果についても、できる限り客観的な事実を論じられるように工夫しました。まずは、日本社会の笑いとユーモアの実態把握からという方は、第1章から読んでみてください。

　第2章では、もっと笑うため、もっと「ユーモアセンス」を磨くための基本的な姿勢をまとめてみました。基本的なことですが、笑いやユーモアについてじっくりと考えることができるように様々な問題提起を散りばめてみました。

　第3章では、若い世代が、よく笑っていることをふまえ、なぜ、笑っているのかを検討しながら、他の世代が模倣できそうなポイントを提案しました。合うものも合わないものもあるかもしれませんが、自分の若い時代と比べて読んでもらえるとより理解が深まるはずです。

　第4章では、AIや、VRなど、新しい技術と笑いについての関係をまとめました。本章は時代とともに色あせるものもあるかもしれませんが、新しいもののなかにどのように笑いやユーモアを見出していくのかという視点を念頭において論じてみました。

　第5章では、文化と笑いの関係についてまとめました。テレビをもっと楽しんだり、笑うためにはどうすればいいでしょう。お笑いという芸能でもっと笑うためにどんな力が必要なのでしょう。この節は、芸人に任せっきりではなく、視聴する側のリテラシーも高めようという視点で執筆しました。

　第6章では、まとめとして、もっと笑うために、あるいは、もっと「ユーモアセンス」を高めるためには、とにかく努力が大切だということをいくつかの項目を設け述べてみました。

　補論に関しては、じっくりと考えるというよりも、日常生活のなかで気軽にできそうなもっと笑う方法について、本論では書ききれなかったことをまとめておきました。

　本書は、どこの章からでも読めるようにしてあります。興味がある章、

5

あるいは、節から読み進めてください。また、繰り返しになりますが、読むだけで終わらずに、少しでも日常生活で実践を心がけてみてください。それが、皆さんの「ユーモア力」の向上に必ず役立つことでしょう。

　なお、本書の「ユーモア力」は、基本的には、「ユーモアセンス」と同義なものとして扱います。タイトルを「ユーモア力」とした理由は、「ユーモアセンス」の定義が、日本では、あいまいで、あまり馴染みがないためです。

　実際の「ユーモアセンス」は、後述しますが、かなり幅広い意味を持ちます。ジョークやウケを狙うだけではなく、どんなふうに世の中を観察するか、どう見るか、どう聞くかから始まり、どう笑うか、自分自身の笑いの量、笑いの質の調整という面まで含まれてきます。にもかかわらず、日本では、「ユーモアセンス」は、「笑いを取る」ことの意味としてのみ用いられていると思われます。

　タイトルが、「ユーモアセンス」ということばでは、「ウケを狙う」「人を笑わせる」ための方法が論じられた書籍だと読者に誤解を与えかねないと考え、もう少し広い意味を持っているであろう「ユーモア力」をタイトルとしました。

目次

はじめに	2
第1章　現代社会の笑い考察	11
笑いの分類	12
ユーモアとは何か	15
ユーモアと笑いは何が違うのか	18
日本でのユーモアと笑い	20
私たちはどんなことで笑っているのだろうか	23
日本人はよく笑っているのか	25
日本でよく笑う世代は	28
人はどれくらい笑うのか	31
人は生涯でどれくらい笑うのか	34
一生涯の笑い時間は「215時間」―その計算方法	39
一生涯の笑顔について	41
日本人は誰と笑うのか	43
日本人はどこで笑うのか	47
笑いは何に役立つのだろうか（健康への効果）	48
笑いは何に役立つのだろうか（心への効果）	51
笑いは何に役立つのだろうか（人間関係）	53
第2章　もっと笑うための基本的な姿勢	55
笑いと感情について	56
笑いの感情社会学―まずは笑ってみることから始めよう	57
旅と人生と笑い	60
経験と未経験	62
遊びが大切	65
負の要素も大切	68
好きなものと笑い	69

第3章　よく笑う若者たちから笑いを学ぶ 75

若者たちはなぜよく笑うのか 76

若い世代とお笑いとの結びつき 78

1980年代のマンザイブームとビートたけしと明石家さんまの
　「笑いの文法」 80

1990年代のとんねるずの「笑いの文法」 83

1990年代のダウンタウンの「笑いの文法」 85

2000年代のお笑いブームの「笑いの文法」 89

お笑い芸人を頼らない「笑いの文法」のアップデート 92

若い世代の笑いの課題 95

ニコニコ動画の「面白くないものを面白いものに変える」
　という思想 96

ニコニコ動画の「ライブ感」という思想 98

LINE で笑いを 104

キャラ化 109

キャラ化するメリット 112

ツッコミから作られる笑い 116

笑われたって「おいしい」という考え方 120

「寒い」を乗り越えていくこと 124

第4章　新しい技術で笑うために 129

ゲーミフィケーション 130

日常にミッションを 132

AI に笑わせてもらう、AI を笑わせる 134

コンピューターが笑ってくれる 138

もはや笑いは1人で作るものではない 141

VR を笑う 143

拡張現実で笑う 146

Google Glass とマインドフルネス 149

「魔法」で笑う 150

写真で笑う ─────────────── 152
お笑いをキュレーションする ───── 159
ネット上の笑い ───────────── 163
ＳＮＳの笑い ──────────── 167

第5章　文化をもっと笑うために　169
テレビで笑うために ────────── 170
テレビの３つの視聴方法 ─────── 174
ライブの面白さ ───────────── 177
お笑いにもっと潜るために ────── 179
恐れないこと、厳しすぎないこと ─── 185

第6章　もっと笑うためにはとにかく努力　189
日常に面白いものを探す ─────── 190
りんごかもしれない ────────── 192
笑いノートをつけてみよう ────── 193
すべらない話 ──────────── 198
「自分を変える」ではなく、「他者を変える」 202
新しいことは笑いの宝庫 ─────── 204
平均点のマニュアル社会 ─────── 207
ユーモア力を高めるために ────── 209
ウケるためには「強さ」？ ────── 214
話を聴いてみること ────────── 218
質問する力と笑い ──────────── 223
ことばと笑い ──────────── 227

補論　231
食で笑う ─────────────── 232
お酒と笑いの関係 ──────────── 234
動物は笑いの種 ───────────── 236

9

旅で笑う	239
子どもの笑い	242
ほんのわずかな勇気と腹を括ること	244

終章 — 247
おもしろいことを考えなければいけない	248
考えた先にある笑い	250
愛想笑いか自然な笑いか	251
笑わなければいけない／笑わせなければいけない社会	254
いじりの笑い	257
笑いの自己責任論	258
感情化する社会	259
それでも笑いは必要なのか？	261
これからの笑いとユーモア社会	263
遊びを笑いとユーモアでさらに楽しくする	264
笑いやユーモアがもっと増えるべき場	267

| あとがき | 270 |
| 参考文献 | 272 |

第1章
現代社会の笑い考察

///// 笑いの分類 /////

　笑いには様々な分類方法があります。誰にでもすぐに思い浮かぶところでは、「笑い」（laugh）と「微笑」（smile）ではないでしょうか。「笑い」は、「わっはっはっ…」と何らかの音声を伴い、場合によっては、手足、体に動きが生じますが、「微笑」は、表情のみで無声だという違いがあります。

　しかし、両者がはっきりと違うものなのかどうかは単純ではありません。日本笑い学会を設立した元会長の井上宏（2004：41）は、laughとsmileを「連続してとらえる必要がある」と考えました。例えば、「微笑から声を出して笑うこともあり、声を出しての笑いから微笑に移る場合もある」ということです。この考えは、私たちが日常生活のなかでもっと笑うために早速、参考にできるのではないでしょうか。

　次に、笑い（laugh）について、分類しながら、考えてみることにしましょう。
「人はなぜ笑うのか」について、これまで、有名な哲学者たちが懸命に考えてきましたが、謎が多く、いまでも包括的な理論は見つかっていません。とはいえ、いくつかの理論が構築されているので、以下では、それらをシンプルに、まとめておきましょう。

　まずは、「優越の理論」です。この考えは、プラトンからアリストテレスに引き継がれました。彼らの指摘に従えば、私たちが笑うのは、対象を馬鹿にしたり、勝者となったときや、他人が不幸に陥ったときになります。好みではないと考える読者が多いかもしれませんが、今日の日本社会にもこうした笑いは様々な場面で見られるはずです。例えば、誰かの失敗を笑ったり、誰かが何かをできないことを笑ったり、あるいは、テレビでは、視聴者という上の立場から、タレントや芸人たちを「バカだな」と見下して笑うこともあるかもしれません。笑いに対してネガティブな見解を抱いている人は、この部分が強く影響していると思われます。

　アメリカのコミュニケーション学の研究者であるチャールズ・グルーナーは、私たちの笑いは、全て、一種の競争で、そこには必ず、勝者と敗者がいると言います。彼によれば、例えば、ダジャレは、「聞き手に

自分の優れた語彙力を見せつけるための知恵比べゲーム」だそうです 。いろいろな批判もあるそうですが、とても興味深い意見です。

　次は、「ズレの理論」です。これは、感情や情緒の側面に着目した「優越の理論」とは異なり、予期できないことや非論理的なことに対する知的反応に着目した理論です。大雑把にまとめるのなら、私たちは、予期したことと実際のズレを笑うという考え方になります。こうした考え方は、パスカルやカントたちが理論化しましたし、H. ベルクソンの『笑い』でも登場します。

　最近では、『世界笑いのツボ探し』の著者、心理学者のピーター・マグロウ（2014=2015：25）が、ズレの理論を応用した形で、「無害な逸脱」理論を提唱しました。彼が例にあげるのは、「ある人が階段から転げ落ちた」、これは逸脱のみの状況で、気の毒で笑えないものの、これが無傷で無害だと分かると、人々のリアクションは一転し、「内心でおもしろがるか、声に出して笑うか、あるいは、『それは笑えるね』という判断を下すか」をすると述べ、この理論を用いれば、ジョークや下ネタ、ダジャレやくすぐりの笑いも説明できると自信を持っているそうです。この理論も興味深く、例外を探していくのは研究として面白そうです。

　３つめは、「放出の理論」です。代表的な研究者は、ハーバード・スペンサーや、心理学の祖としても有名なジークムント・フロイトです。この理論は、私たちの身体や心理的な側面に着目し、大笑いするとスッキリするように、笑いは、心的エネルギーの発散だと考えられたもので、現在でも、心理学者や社会学者たちが、この理論を応用し、新しい理論を構築しようとしています。

　笑いは、発生してもほとんどの場合は、考える間もなく、すぐに消えていきます。普段、あまり考えることはないかもしれませんが、この機会に、自分にはこの理論のなかで、どの笑いが多いのか、そして、自分は、なぜ、笑うのかという問題についても考えてみてはどうでしょう。これも、「ユーモア力」の向上につながるはずです。

　さて、別の種類の笑いについても考えてみましょう。笑いの理論ではあまり登場しない「共感の笑い」についてはどうでしょう。

皆さんの日常生活のなかでは、この類の笑いがとても多いはずです。「分かる〜」という笑いです。お笑いで言えば、この種の笑いは、「あるあるネタ」になります。例えば、「目薬を差すときには口も開いてしまう」「いつも怖い人が急にやさしくなるとそれはそれで怖い」といったネタです。

　私たちは、優越やズレのほかにも共感すると笑うと考えることができますが、共感の背後には、「自分にしか感じていないような日常の些細な出来事」を「他人も感じている」というズレを読み取ることができます。私たちが、笑う対象は、共感そのものに対してなのか、ズレを笑ったのか、その判断はなかなか難しいと思われます。

　では、モノマネに対する笑いはどうでしょう。私たちは、ものまねに対して、「分かる」ことを笑っているようにも思えますが、ここにも意外性やズレが読み取れます。つまり、本人ではない別の人間なのに、これほどまでに似せられるという意外性を笑っていると考えることができます。また、近年では、モノマネそのもののデフォルメの方法や大げさなところが、自分の知っている「モノマネという枠」からズレているところに面白さを見出すパターンもありそうです。

　次に、別の分類についても見てみましょう。精神医学が専門の志水彰（1994：44-62）は、笑いを「快の笑い」「社交上の笑い」「緊張緩和の笑い」の３つに分類しました。「快の笑い」は、おいしいものを食べたあとや仕事での成功のあとに見られる感情が主役の笑いです。「社交上の笑い」は、あいさつや人間関係を円滑に行なうための笑いで、快とは関係のない笑いだと説明します。そして、「緊張緩和の笑い」は、ホッとしたときなどに見せる笑いになります。

───────

1　志水彰は、３つの笑いをさらに細分化しています。「快の笑い」は、本能充足の笑い、機体充足の笑い、優越の笑い、不調和の笑い、勝ち逆転・低下の笑い、「社交上の笑い」は、協調の笑い、防御の笑い、攻撃の笑い、価値無化の笑い、「緊張緩和の笑い」は、強い緊張、弱い緊張がゆるんだときの笑いだと分類しました。

志水の分類は、非常に分かりやすいものの、自身も認めているように、その分類には限界があります。例えば、プレゼントをもらった場合は、単純にうれしいことにウエイトを置けば、「快の笑い」になりますが、サプライズで相手を驚かせてプレゼントを渡し、その後、相手が笑った場合は、「緊張緩和の笑い」なのか、「快の笑い」なのか判断は複雑です。また、芸能人がファンから何かプレゼントをもらった際に笑ったとしてもその笑いは、「社交上の笑い」なのか、「快の笑い」なのかの判断がつきません。

このように、笑いの分類は非常に難しいです。こうしたことから分かることは、私たちが生活のなかで笑う理由は、シンプルなようでシンプルではないということです。つまり、私たちは、なぜ笑うのかを問うと、そこには、「様々な理由が混在している」ことになります。逆算していくと、もっと笑うためや、ユーモアを操るためには、これをすれば、間違いないというマニュアルのようなものがないということの理解は、本書を読み進めていくなかでとても重要になります。

私たちの住む日本では、様々なことがマニュアル化され、それを把握し、対応していくことで、ほどほどの結果を出せるようになった便利な情報社会です。そのため、私たちは、何に対しても、短期間で取得できそうなマニュアルを求めがちになっているのではないでしょうか。しかし、笑いやユーモアでは、長期的に、計画的に、少しずつ、自分に合ったマニュアルを自ら考えながら作っていかなければなりません。そのマニュアル作りに、是非、本書を活用してください。

///// ユーモアとは何か /////

本書にとって重要なワードは、タイトルにもなっているとおり、ユーモア（humor）です。ユーモアは、私たちにとって、日常的なもので、楽しさやおかしみを与えてくれます。きっと、本書を手に取ってくれた読者の皆さんにとっては、非常に大切なものだという意識もあるはずで

す。

　では、読者の皆さんに質問です。誰かの言う冗談は、ユーモアでしょうか。お笑い芸人は、ユーモアセンスを持っているのでしょうか。テレビでやっている「すべらない話」（はずさず、ウケる話という意味）はユーモアでしょうか。

　私たちは、ユーモアということばを知っているものの、その実態についてはあまり考えたことがありません。さらに、私たち日本人は、ユーモアということばよりも「笑い」ということばを用いることの方が多いはずです。両者は、何が違うのでしょうか。

　本節では、本書の主題でもある「ユーモアとは何か」について論者の意見を参考にしながら考えてみることにしましょう。

　まずは、ユーモアの語源からです。ユーモアということばの語源は、流体や体液を意味するラテン語の humorem です。紀元前 4 世紀、健康は、4 種類の体液（フモール =humors）のバランスに依拠していると信じられていました。その後、紀元前 2 世紀になると、今度は、4 種類のうちどの体液が多いかによって、例えば、陽気な気質や、抑うつ的のように、人間の性格と結びついて考えられるようになりました。さらに、時代が進むにつれて、心理的な意味を持つように変化したものの、16 世紀くらいまで、現在のような面白さや笑いとの関連は見られなかったそうです。

　一方、英語の humor ということばは、16 世紀には、「気分屋な気質」という意味から、「社会の規範から逸脱する風変わりな行為」を表すようになりました。さらに、それがコメディと結びついていきました。しかし、現代と同じような意味を持ったのは、19 世紀の中頃から後半になるようです。では、現在は、ユーモアは、どのような意味として用いられているのでしょうか。

　国際ユーモア学会の会長でもある心理学者の R・A・マーティン（Martin,R.A）（2007=2011：5）は、ユーモアを「滑稽と思われたり人の笑いを誘うと考えられるような話や行動、そのようなおかしな刺激を想像し理解する心的過程、そしてその楽しみにおける感情的な反応など

16

のすべてを含む幅広い用語」と定義しました。

　また、彼は、心理学的観点からは、（1）社会的文脈、（2）認知・知覚的過程、（3）感情的反応、（4）笑いの音声の行動的表出の4つに主要な要素が分類できると言いました。

　私たちは、1人でいるときより誰かと一緒にいるときのほうがよく笑ったり、冗談を言ったりします。この点をふまえれば、ユーモアに、「社会的文脈」の要素を見出すのは容易なはずです。

　次に、「認知・知覚的過程」については、私たちは、ユーモアを読み取る際に、それがユーモアであると認知する必要があります。また、発信する場合にも、ある種の認知があって、はじめてジョークを発することができるはずです。そうした認知の観点からもユーモアはとらえられます。3つ目の「感情的反応」については、私たちは、ユーモアを知覚すると、何らかの快の感情反応が喚起されます。その感情もユーモアにとって重要なパースペクティブの1つになります。4つ目の「笑いの音声の行動的表出」は、認知、その後の、感情反応に伴って、私たちは、笑い声を出したり、笑顔を見せたり、腹を抱えたりねじったりして笑います。その笑いもユーモアにとって、重要な要素であることは言うまでもありません。

　この考え方は、ユーモアと笑いの違いをよく表しています。ユーモアという要因によって、私たちはそれを認知し、その後、感情も伴い、さらに、それに対して、身体的な反応として笑いが発生します。

　このような示唆もまた、私たちがもっと笑うためにもやはり重要なことになります。つまり、漠然ともっと笑おうと考えたり、ユーモアセンスを上げようと思うよりも、もっと、分解して考えた方が、人は何をすべきか見えてくるからです。

　例えば、人とどう関わるかによって、よりユーモアを認知できるようになるでしょうし、どうすれば、これまで以上に、様々な出来事や現象をユーモアとして認知できるかという視点に立ってみることで、日常の笑いをもっと増やすことができそうです。さらに、ちょっとしたユーモアにでも、もっと心が踊るようにするためには、どのように感情を豊

かにしていけばいいのでしょう。あるいは、もっと笑うことで、心や体に何か良い影響を与えるかもしれませんし、その笑いが、その場にいる人や、社会そのものに何らかの影響を与えるかもしれません。どの問題についても掘り下げてじっくりと考えてみる価値がありそうです。

///// ユーモアと笑いは何が違うのか /////

　さて、マーティンのユーモアの定義を見てきましたが、私たちは、日常生活のなかでユーモア以外でも笑うことが頻繁にあります。ユーモアと笑いの違いについてはどのように考えればいいのでしょうか。その回答を丁寧にまとめたのが、日本笑い学会会長の社会学者、森下伸也（2003：36-62）です。少し長くなりますが、重要なことなので、きっちりと引用しておきましょう。

　森下は、「笑い」を、まずは、「作り笑い」（随意的な笑い）と「自然発生的な笑い」（不随意的な笑い）に分けて、後者にユーモアが関連することを指摘しました。

　次に、森下は、「自然発生的な笑い」を3つに分類しました。1つめは、「変調の笑い」です。これは、周辺的なものであると留保しつつ、具体例として、虚ろなひとり笑いやワライタケ麻薬、自律神経などの病気から生じる笑いを指すと論じました。2つめは、「習慣的な笑い」です。その代表例は微笑です。自分でも気が付かないうちに条件反射的にという点を重視し、微笑を自然発生的な笑いだと考えました。3つめは、「愉快な笑い」です。これは、何らかの笑い刺激への身体反応だと述べ、不意打ちのように無条件反射的に、一般的には愉快という感情を伴いながら出現すると説明しました。そして、ここがユーモア学の主戦場だと強調しました。

　続いて、森下は、「愉快な笑い」を3つに分類しました。それぞれは、「感覚レベルの愉快な笑い」、「感情レベルの愉快な笑い」、「知性レベルの愉快な笑い」です。「感覚レベルの愉快な笑い」とは、知覚を満足させる

心地よいものが引きがねとなる笑いで、甘味を口にしたり、好きな音楽を聞いたり、絶景を見たりしたときの笑いを指します。またジェットコースターを引き合いに出し、知覚の攪乱が起きれば不快感なものも一時的という条件のもと、この笑いを引き起こすと言います。

「感情レベルの愉快な笑い」とは、まずは、うれしくて笑うことで、例えば、人にほめられたり、試験に合格したり、誤解が解けたときなどを指します。しかし、それだけではなく、「感覚レベル」と同様に、つらいときや腹が立ったりしたとき、つまり、苦笑系でも人は笑うことがあると指摘しました。

「知性レベルの愉快な笑い」もまた、快笑系と苦笑系があると言います。そして、この笑いも、3つに分けて議論を展開しています。1つめは「やっぱりそうかの笑い」です。これは、私たちの推論や予想がその通りになった際に発生する笑いです。次に、「ええっ、どういうこと？　の笑い」は、図式のズレからやってくる笑いです。そして、「なあるほどの笑い」は、ジョークや謎かけのような知性を満足させる笑いを指します。この笑いを森下は、ユーモリストを自称する人が好むものだと考えました。さらに、この部分にも、不快をあえて愉快がることがあると述べました。そして、ここに生じる「おかしみ」を「ユーモア」だと指摘しました。なお、森下（2003：62）は、「笑いの多重性がますます笑いを謎めいたものにする」と述べ、定義の難しさについても触れています。

　笑いとユーモアの関係については、森下が示す通り、多重性があるため、説明することは、非常に難しいです。しかし、マーティンのユーモアの定義や、森下の丁寧な区分け整理によって、私たちは、笑いとユーモアには、違いがあることがはっきりと理解できたのではないでしょうか。また、その境界線の難しさも森下の議論から読み取れたはずです。

///// 日本でのユーモアと笑い /////

　では、こうしたユーモアは、日本ではどのように扱われてきたのでしょうか。心理学者の雨宮俊彦（2016：9-10）によれば、日本では、ユーモアは、19世紀になって初めて用いられた外来語で、「滑稽」に似たある種上品なタイプの可笑しみを指すことばで、英語のhumorのように、幅広い心理・社会的な意味を持つ言葉として使われてこなかったそうです。

　また、英語のlaughterについて雨宮は、「限定的、即物的に、笑い声、あるいは笑う行動を指し、日本の『わらい』のような幅広い心理・社会的な意味を担うことばとして使われていない」と指摘しています。

　現在でも、日本では、ユーモアということばは、あまり使用されないと思われます。私たちは、どちらかといえば、「笑い」を使うことが多いです。ユーモアセンスは、欧米ではよく使うことばでも、日本では、あまり使いません。

　日本の若者たちは、それを「笑いのセンス、笑いのレベル」と言ったり、最近では、「ギャグセンが高い、低い」（ギャグセンスの略）と言います。また、お笑い芸人たちは、「面白い、つまらない」と形容され、私たちは、ユーモアセンスがあるかどうかを考えることはありませんし、ユーモアセンスが自分と合うかどうかを問うこともありません。まれに、政治家や映画に対しては、ユーモアということばが用いられることもありますが、やはり、「笑い」や「面白い」ということばのほうが圧倒的に使われているのが現状でしょう。

　しかし、本書では、思い切って、「ユーモア」ということばをタイトルにしました。理由は3つあります。1つめのその理由を論じるために、ヘロルとルフ（1985）の、「ユーモアセンス」の定義を参考にしたいと思います。彼らは、「ユーモアセンス」には、以下の7つの要素があると言いました。

①ジョークやほかのユーモア刺激を理解する能力（すなわちジョークを「わかる」こと）

第1章　現代社会の笑い考察

②ユーモアや笑いの量的、質的な表現の仕方
③ユーモラスな発言やものの見方をつくり出す能力
④いろいろなタイプのジョークや漫画、その他のユーモア素材の面白さ
を味わうこと
⑤喜劇映画やテレビ放送などの笑わせる情報源を積極的に求める程度
⑥日常で生じたジョークやおかしな出来事を覚えておくこと
⑦ユーモアをストレスに対処するメカニズムとして用いる

　これらを並べてみると、「笑いのセンス」や「ギャグセン」は、どち
らかと言えば、送り手側の視点で、②、③の要素で構成されているよう
に思えます。しかし、本書では、①〜⑦までどの要素も大切だと考えて
います。そのため、「ユーモア」ということばをタイトルにしました。
　2つめの理由は、「笑いのセンス」と言った場合、繰り返し述べてい
るように、日本では、生まれつきの才能のように考えられてしまう恐れ
があります。[2]ですが、「ユーモアセンス」ということばなら、人生のな
かで、徐々に獲得していくというニュアンスを込めることもできる余地
があると思えたからです。
　3つめに、日本の社会のなかでは、自分が発した「笑い」が、「面白
しろいか、面白くないか」の自己責任論で語られがちですが、本書で論
じたい「ユーモア」は、一人の自己責任ではなく、その場にいる人たち
の共同の責任で、お互いに作ったり、フォローしていく必要があるもの
だと考えています。その際に、一般的に使われる「笑い」よりも、「ユー
モア」のほうがふさわしいと判断しました。
　だからと言って、ユーモアと笑いは、お互いに、複雑に絡み合ってい

───────────

2　90年代にダウンタウンの松本人志は「笑いは才能」だと断言しました。
それが視聴者にも何らかの形で影響を及ぼしているのかもしれません。それ
は、松本にとっては、素人やほかの芸人との区別するために機能しましたが、
素人たちからしてみれば、自分たちの笑いのセンスに対する自信を奪うきっ
かけにもなったはずです。

21

るものです。実際には、私たちは、日常生活では、誰かの「ユーモア」で笑うよりも、もっと何気ないこと（＝非ユーモア的なこと）で笑っていることが多いものです。

　それを証明したのは、R・A・マーティンとカイパー（Kuiper.N.）（1999）の研究です。彼らは、成人を対象とした3日間の笑いをすべて記録する日誌調査を行ない、私たちが笑う理由を調べました。すると、ジョークへの反応として生じた笑いは、全体の11％程度しかありませんでした。他の笑いは、メディアによって引き起こされたもの17％、おかしなコメントに反応、偶然起こった愉快な出来事を聞いてなど社会的なやり取りのなかで自然に生じたものが72％という結果を報告しています。

　こうした数字を頼りにすれば、日常生活のなかでは、ユーモア的な笑いは思ったよりも少なく、圧倒的に、私たちは、何気ないやりとり（非ユーモア的なこと）で笑っていることの方が多いことが分かります。

　私は、日本社会のなかにユーモア的な笑いが、もっと増えることを期待しています。それが、この閉塞感漂う社会のなかで、人々が少しでも息苦しくならない方法だと考えているからです。また、ユーモアがあることで、人との関わりやレジャーの場がより楽しくなると考えています。

　ユーモア的な笑いがもっと増えるためには、発信者を大切にすべきです。発信できる人が発信しやすい環境をユーモアリテラシーのある人で、協力して作っていくことで、ユーモア的な笑いはきっと増えていくことでしょう。であれば、前述した森下の定義で言う、「習慣的な笑い」や「愉快な笑い」の非ユーモア的な笑いも用いて、様々なことを積極的に笑っていくことで、ユーモア的な笑いを喚起すればいいのではないでしょうか。

　重要なこととして、その場に、笑いという反応が少ないと、多くの発信者は構えてしまい、ユーモアを発信しにくくなります。逆に、笑いが多い場であれば、ユーモアは誰にでも発信しやすくなるものです。こうした環境を様々な場で作っていくことは、これからますます大切になるのではないでしょうか。

　まとめておきましょう。個人が「ユーモア力」を高めることは大切で、

それが本書の主題ですが、同時に、非ユーモア的なことでも、積極的に笑ってみることが重要になります。両者は連動し合っているからです。よく笑う社会は、より多くの人がユーモアを発信しやすい社会のはずです。

　読者の皆さんは、この節では、ヘロルとルフの7つの「ユーモアセンス」について、どれが得意でどれが苦手なのかを考えてみることをすすめます。また、非ユーモア的なことを笑うということについても是非、一度考えてみましょう。皆さんはよく笑う方ですか。それから、自然に笑うということも考えてもらいたいです。例えば、皆さんは、講演やプレゼンで笑うところだと気づいた場合、積極的に笑っていますか、それとも、無表情で腕組みをしたままですか。ここもまた、ユーモアセンスの問題のはずです。

///// 私たちはどんなことで笑っているのだろうか /////

　皆さんは、普段、どんなことで笑っていますか。このように聞かれて、すぐに自分が何を笑っているのか、なんで笑っているのかを説明できる人はかなり少ないはずです。それでも、何とか思い出してもらうと、「取り留めもない話です」という回答をもらいます。

　こうした特徴は、いくつかの研究でも証明されています。アメリカの心理学者のプロヴァイン（2001）は、笑いが生じたときの直前の会話の記録をし1200の会話サンプルを検証した結果、面白い内容に対しての笑いは全体の20％以下で、それよりも圧倒的に多かったのは、ごく普通の発言だったと結論づけました。例えば、「私もあなたにお会いできてよかった」や「どういう意味ですか？」、「じゃあまたあとで」「分かる分かる」「お、○○が来たぞ」などの後に、笑いが見られたそうです。当事者同士には、何らかの笑う理由があったのかもしれませんが、第3者が聞いても笑えないことから、私たちはやはり、取り留めもないことで笑っていることが分かります。

同様に、前節で扱った通り、R・A・マーティンとカイパー（1999）の研究では、調査対象者たちの生活のなかの笑いの原因は、ジョークの笑いが全体の11%、17%がメディアによって引き起こされた笑い、そして、72%がおかしなコメントに反応、偶然起こった愉快な出来事、社会的なやり取りのなかで自然に生じていました。

　こうした研究から見えてくる結論は、私たちの日常生活の笑いの多くは、思ったよりもユーモラスなもので笑っていないという現実です。「ユーモアを出発点にした笑い」は、私たちを愉快な気持ちにさせてくれます。楽しませてくれることもありますし、ときには、嫌な気分を改善してくれたり、場に生じた重くどんよりとした空気を一変させる効果を持っています。

　では、「ユーモアを出発点にしない笑い」はどうなのでしょう。挨拶の際の際に生じる笑いや、社交の際の笑い、場合によっては愛想笑いについては、どのように考えればいいのでしょうか。

　このような笑いばかりでは、ストレスをため込んでしまう危険性もありますし、疲れの原因になる恐れがあります。そのため、自分自身でどのようにコントロールしていくかは課題ではあることには留意しなければいけませんが、出発は愛想笑いだったとしても、それが他者に感染し場の雰囲気をよくすることもありますし、お互いの親密度を高めることもあります。また、楽しんでいることをお互いに伝えたり確認したりすることもできます。

　さらに大切なこととして、このような笑いは、相手や自分にとって、ユーモアを言いやすい場に変えていくものです。

　そのため、本書では、「ユーモアを出発点にした笑い」を生むための方法はもちろん、そうではない種類の笑いにも注目して、論じたり、考察の対象にしてみたいと思います。いま、どの笑いに関して、論じているのかについては、できる限り、分かりやすくなるように配慮してみましたが、両者の笑いの境界線は、森下の意見からも分かるとおり、あいまいな領域を多分に含みます。その点に留意しつつ、読み進めてください。

第1章　現代社会の笑い考察

　次節は、いったん、笑いやユーモアの問題から離れ、現代の日本社会について概観しておきたいと思います。

///// 日本人はよく笑っているのか /////

　日本人は感情表現が下手だという他国の日本人のステレオタイプを聞いたことはありませんか。もう一方で、古くは小泉八雲が指摘しましたが、日本には、他国から見ると「ジャパニーズスマイル」のように不思議な表情もあります。また、最近であれば、サービス業、とりわけ、ホスピタリティと笑顔が強く結びついています。私は、海外旅行が好きで様々な国を訪れますが、その度に、日本の過剰なまでの笑顔の接客に、ハッとします。

　では、実際のところ日本人はどのくらい笑っているのでしょう。参考になるのはアメリカの調査会社の Gallup 社が 2014 年に 143 カ国を対象に行った「世界の感情に関する調査」（図1）です。結果は、最も「ポジティブな感情の経験」をしている国は、1位パラグアイ、2位コロンビア、3位エクアドル、4位グアテマラ、5位ホンジュラスと南米の国が並びました。日本は83位で、25位アメリカ、34位ドイツ、37位フランス、45位中国、49位イギリス、121位韓国、最下位はスーダン、142位チュニジア、141位バングラデシュでした。

　この「ポジティブな感情の経験」の算出方法は、「昨日ゆっくり休めましたか」「あなたは昨日敬意を持って周囲から扱われた」「昨日、何か面白いことを学んだり、したりしましたか」などの質問から指数を割り出したそうです。そのなかに「あなたは、昨日、たくさん笑いましたか」（Did you smile or laugh a lot yesterday?）という質問があります。この質問に対するデータは大変興味深いです。

　そこで早速、徹底して資料を探してみましたが、笑いに関する質問のデータを得ることはできませんでした。そのため、アメリカの Gallup 社に連絡を入れてみました。すると Gallup 社からの返信は、2014 年

25

度のものはないものの、2008 年であれば各国の笑いに関するデータがあると返信が来ました。しかし、使用するのに 8500 ドルかかるとメールには書かれていました。残念ながら、私には、研究費がありませんし、この笑いに関するデータだけを取り出すことはできませんでした。

その後、Gallup 社より「2015 Global Emotions」がオンラインで刊行され、そのなかに、同様の質問、「あなたは、昨日、たくさん笑いましたか」の回答が色によってマッピングされた世界地図が掲載されました。

グラデーションは黄色で、非常に分かりにくく肉眼では判断できないので、コンピューター上で判断してみる（以下、「著者の推定値」という言い方で統一する）と、日本は約 70％（著者の推定値）、アメリカは日本よりもわずかに数％高い 72 － 3％（著者の推定値）、西ヨーロッパとも同程度かわずか数％少ない（著者の推定）ことが分かりました。最も色が濃かったのは南米のパラグアイで 80％強、逆に、少なかったのはトルコ 43％（公式発表）、チュニジア 47％（公式発表）でした。

2016 年 3 月にも Gallup より、同様の質問（Did you smile or laugh a lot yesterday?）の回答が、世界地図にマッピングされたものが発表されました（図 1）。世界の平均値は、公式発表で 72％でした。ウクライナ、イラク、トルクメニスタン、ネパール、セルビア、シリア、トルコの 7 か国の平均値が 50％を下回ったと公表されました。再び、コンピューター上で色の判別をしてみたところ、日本は平均値の 70％（著者の推定値）で、スコアは、アメリカ、イギリスとほぼ同じ、中国や韓国などのアジアよりは多いと判断できました。

こうした結果をふまえると、ポジティブな感情の経験では、指数の差があっても「笑い」（smile or laugh）だけに限定してみると南米よりは笑わないものの、アメリカや西ヨーロッパなどの先進国と比較する限りほとんど差がないことが分かりました。

Gallup の調査を参考にする限り、日本人は、世界のなかで比較すると、平均的に笑っている国だと結論付けられます。また、日本人は笑わないというステレオタイプがあるのだとすれば、それは、間違った判断だと

いう１つの証明になりそうです。それから、本書の「もっと笑う」というテーマの実現のためには、ラテンのノリはヒントになりそうです。

　では、日本人は、自分たちの笑いのことをどのように考えているのでしょうか。朝日新聞世論調査部が 2004 年に「定期国民意識調査・笑い」（全 37 問）という調査を行ないました。そのなかで、「いまの日本に笑いは多いと思いますか。少ないと思いますか」という設問があります。結果は、全体で「多い」が 14 ％、「少ない」が 71 ％、「どちらでもない」が 12 ％でした。相対的に見れば、他国とは変わらないものの、日本人から自国を見ると、「少ない」と感じている人の方が圧倒的に多いことが分かります。そう感じている人の笑いが増えることを期待しつつ、次は、日本人の世代別の笑いについて概観してみましょう。

図 1　「2015 Global Emotions」
　　　「あなたは昨日たくさん笑いましたか？」の世界の回答結果

Did you smile or laugh a lot yesterday?

Percentage "yes" among each country's adult population

39% "Yes"　　　　　　　　　91% "Yes"

///// 日本でよく笑う世代は /////

　前節の朝日新聞世論調査部の笑いの調査のなかに、「あなたは最近よく笑っていますか。あまり笑っていませんか」という設問があります。結果は、全体では、「よく笑っている」と答えたのは62％、「あまり笑っていない」と答えたのは、29％、「分からない」が9％でした。

　どれくらい笑っているのかを問われた場合、読者の皆さんは、客観的に判断できますか。おそらく、多くの人は、笑いの量の把握は困難なことでしょう。そのため、この調査から分かるのは、あくまでも、「本人がどう自覚しているか」になることは留意しなければなりません。

　それをふまえ、今度は、性別で見てみましょう。男性全体では、「よく笑っている」と回答したのが56％で、女性全体が67％でした。一方、「あまり笑っていない」と回答した男性は35％、女性は24％でした。結果を見る限り、女性のほうがよく笑っていると自覚している人が多いことは明らかです。

表1　あなたは最近よく笑っていますか。あまり笑っていませんか。　男女比

		20代	30代	40代	50代	60代	70歳以上
女性	よく笑っている	88%	78%	71%	61%	62%	56%
	あまり笑っていない	10%	15%	22%	26%	27%	32%
	その他、答えない	2%	6%	7%	12%	10%	12%
		20代	30代	40代	50代	60代	70歳
男性	よく笑っている	75%	69%	52%	47%	54%	45%
	あまり笑っていない	23%	25%	39%	43%	32%	44%
	その他、答えない	2%	6%	9%	10%	15%	11%

出典：朝日新聞世論調査部（2004）「定期国民意識調査・笑い」より筆者が作成

　また、年代別に見ると、20代は80％がよく笑っている。30代は74％、40代は62％、50代は54％、60代58％、70歳以上51％でした。（表1）（図2）のように、齢を重ねていくごとに笑わなくなっていくということがデータから顕著に読み取れます[3]。

3　朝日新聞世論調査部　『朝日総研リポート No.177』　2005年

図2　あなたは最近よく笑っていますか。あまり笑っていませんか。

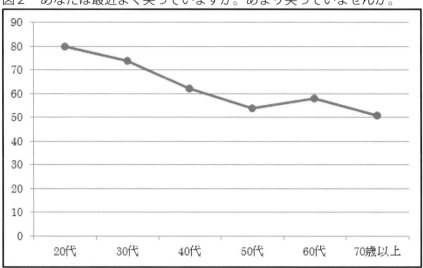

出典：朝日新聞世論調査部（2004）「定期国民意識調査・笑い」より筆者が作成

　高齢者に関しては、林慧、近藤尚己、大平哲也らが行なった大規模な調査が参考になります。全国13万人の65歳以上の男女に対し調査を行ない、その中の約2万人に笑いに関する質問をしました。「普段の生活で、声を出して笑う機会はどのくらいありますか」に対して以下の4段階で回答を求めてみると、「ほぼ毎日」と回答したのは、全体の42.4％、「週に1～5回程度」は、37.6％、「月に1～3回程度」は、12.1％、「ほとんどない」は8.0％という結果でした。
　一方、若年層については、「ユーモアと教育」について研究する青砥弘幸と私（2015）が、「昨日どのくらい笑いましたか」と大学生に聞いてみました。「多い」か、「少ない」かを4段階で回答してもらったところ、「多い」にあたる3と4を選択したのは全体の70％でした。
　質問が異なるため、単純な比較ができないことは言うまでもありませんが、大学生の「昨日」に対し、高齢者の「週や月」に数回という点を比較すると、やはり若い世代のほうが笑っていると容易に判断できます。この結果からも、年を重ねていくと笑うことが減っていくという指摘が

できそうです。

　では、微笑についてはどうでしょう。こちらの調査も非常に少ないのですが、住友生命保険相互会社（スミセイ）は、「スマイルアンケート」(2010) と題して、調査対象者の男女に「1 日のうちで "笑顔" になっている時間は、平均で何分ですか」という質問をしました。結果は、全体の平均が、118.4 分だと報告されています。また、男性は 75.6 分、女性は 161.1 分でした。「笑い」と同じように、この数字も実際には、分からないはずで、あくまでも、調査対象者たちの「自覚」の問題としてとらえる必要があります。

　なお、結果を年代別で見てみると、20 代 151.8 分、30 代 111.6 分、40 代 97.6 分、50 代 113.1 分でした。50 代で再び増加することは興味深いものの、基本的には 20 代と比べると減少傾向です。

　ちなみに、サービス産業が主要な日本では、笑顔の時間が非常に多いはずです。これほど、笑顔が多い国、職場で笑顔を強制される国は、あまりないのではないでしょうか。簡単にできる調査ではないかもしれませんが、今後、ファストフードのレジなどで、笑顔の時間を測定する調査などを行なってみることで、新たな研究に発展するかもしれません。

　課題はさておき、「笑い」と同様、「微笑」でも平均値を取ると、歳とともに、減少傾向の自覚がある点は興味深いです。「箸が転んでもおかしい年ごろ」は、自覚の問題に限定されますが、数字からも証明することができそうです。

　歳を重ねると「笑い」や「微笑」の回数が減ることは仕方のないことなのかもしれません。しかし、もっと笑いたいと思っている人はきっと多いはずです。本節の傾向として見られた「よく笑う若者」からも笑う技術を学んでみるのも面白いはずです。若い世代の笑う技術については、第 3 章にまとめてみました。

4　住友生命保険相互会社（2010）が 2000 人に対して行ったインターネット調査。笑顔になった時間を聞いたところ「0 分」から「24 時間」までの回答が寄せられた。

第1章　現代社会の笑い考察

///// 人はどれくらい笑うのか /////

　私たちは、歳を重ねていくことで、笑いが少なくなっていく傾向があることが、前節から読み取れました。では、私たちは、生涯のなかでいつ最も笑うのでしょう。とはいえ、笑いの回数に関する研究は、非常に少ないです。また、当たり前ですが、個体差がかなりあります。

　それをふまえ、まずは、乳児が、どれくらい笑うのかについて考えてみましょう。参考にするのは、R・A・マーティンの『ユーモアハンド心理学ブック』です。

　人間はいつから笑い始めるのでしょう。生まれたばかりの乳児が見せる新生児スマイルや、胎児が母胎のなかで微笑んでいるという議論もありますが、新生児は、生後1カ月の間に、保育者の声に合わせたくすぐりや肌をなでることで笑顔を見せるようになると言われています。

　また、1カ月を過ぎると、動いているものや光などの視覚的な刺激に対し、笑顔を見せ始めるそうです。私自身も笑いの研究者として生まれた息子たちを観察していましたが、やはり同じような時期に笑顔が見られました。

　では、笑顔（smile）ではなく、笑い（laugh）はどうでしょう。R・A・マーティンの解説によれば、生後10〜20週間の間に、笑いは、養育者との間に初めて見られ、だんだんと子どもと養育者間のやりとりのなかで頻繁に見られるようになっていくようです。遊びの場面では、10分間に1回から4回笑うという研究結果があることは非常に興味深いです。なお、くすぐりや視覚的刺激は、7〜8カ月では比較的高い割合で笑うものの、12カ月くらいからは、次第に減少し、視覚的で社会的行為の笑いが増加していく研究成果があるそうです。では、今度は、子ど

5　例えば、日本では、角辻豊は、痛みを感じないくらいの細いステンレス線を電極として用いた笑いの度数計を試作し、ある特定の時間内に、健常者と精神発達遅滞者の笑いの回数を測定しました。また、精神科医の東司は、ホルダー心電計を改造したものを用いて、看護師の勤務中（4時間）の笑いの数を記録する調査を行ないました。

表2「あなたは自分が昨日どれくらい笑ったと思いますか」の小中高大の回答

	小学生			中学			高校			大学	
	人数	割合		人数	割合		人数	割合		人数	割合
1	21	8.8%	1	24	12.1%	1	92	9.6%	1	13	6.3%
2	39	16.3%	2	47	23.7%	2	220	22.9%	2	47	22.8%
3	83	34.6%	3	72	36.4%	3	354	36.9%	3	68	33.0%
4	97	40.4%	4	55	27.8%	4	294	30.6%	4	78	37.9%

もはどうでしょう。

　まずは、ネット上で調べてみると、日常生活の笑いの回数については、子どもは1日300回～400回笑い、大人は15回しか笑わないという報告があちらこちらから出てきます。なかには、映画でも有名なパッチ・アダムスがそう言ったという説や、イギリスのテレビなどで活躍している心理療法のセラピストの意見だと示されているものの、出典先が明記されているわけではなく、言った本人の公式ページもないため、その信憑性は、非常に乏しいものと判断せざるを得ません。

　では、アカデミックなものをいくつか紹介してみることにしましょう。子どもに関しては、テネシー大学の心理学者シャーリーン・バイナムが、保育園にて、3－5歳の子どもたち（3歳30人、4歳、32人、5歳24人）の午前中の自由時間に笑いの参与観察を行ないました。3－5歳の子どもたちは、3歳は1時間に4.86回、4歳は8.63回、5歳は7.71回笑ったそうです。全体では、1時間に平均7.7回笑ったと報告しています。

　1日あたりの研究はないので、子どもたちの睡眠時間を10時間として、単純計算では起きている時間の14時間を掛け算して（7.7 × 14時間）、107.8回／1日になりますが、子どもとはいえ、常に遊びの場面ではないので、実際のところ、回数はだいぶ少なくなると考えられます。

　ネット上に溢れる400回は、もっともらしい数字に思えてしまうものの、実際は400回よりもだいぶ少ないことでしょう。そもそも、この説には、子どもには、多く笑っていてほしいという大人たちの希望的観測があるように思えてなりません。

なお、青砥弘幸が行なった調査（2016）では、笑っている自覚に関しては、小学生が最も笑っていたものの、高校生、大学生と比較すると、大きな差は見られませんでした（表２）。なお、中学生で一時的に減少する点は非常に興味深いです[6]。

　では、大人はどうでしょう。R.A.マーティンとN.A.カイパー（1999）は、男女80人の参与者たちに、特定の時間おきに笑い（laugh）の回数を3日間記録してもらう調査を行ないました。結果は、大人たちは、大きな笑いと小さな笑い（smileを除く）を合わせて平均17.56回笑っていたそうです。

　また、最近では、2012年にイギリスのビンゴが楽しめるJackpotjoy.comの調査によると、イギリス人は1日に平均7.2回笑っているという報告がありました。しかし、これも調査方法が定かではなく、あくまでも、「自分でそう思う」という「自覚」のレベルの回答です。

　両者の意見をふまえると、自分では、笑っている自覚は持ちにくく、事後的に何回笑ったかを考えると少なくなる可能性がありそうです。なお、マーティンの調査では、事前に笑いの調査を行なうことを明らかにしているため、そこで何らかのバイアスが生じてしまった可能性も拒めません。

　最後は、高齢者についてです。前述した林、近藤、大平らが行なった大規模な高齢者を対象にした調査によれば、65歳以上の人は、「ほぼ毎日笑っている人」が4割いますが、それ以外の人は、「毎日ではない」と回答しました（表３）。また、80歳以上になると「ほぼ毎日」笑うが若干減り、笑うことが「ほとんどない」がやや増える傾向があることは

6　小学生は、高松市の公立小学校の男女240人（男125人、女115人）、中学校は、広島市の私立男子中学校の男198人を対象にしています。高校は、神戸市の公立高校と、広島市の私立高校の960人の男女（男892人、女68人）を対象にしています。地域や性別の偏りにはあるものの、類似の調査や先行研究は皆無ですし、とても貴重なデータで、本書でも1つの目安になるため、ここで参照しました。

表3　高齢者の笑いの頻度

		ほとんどない	月1〜3回	週1〜5回	ほぼ毎日
65–69	人数	397	706	2376	2826
	割合	6.3%	11.2%	37.7%	44.8%
70–74	人数	423	693	2342	2950
	割合	6.6%	10.8%	36.5%	46.0%
75–79	人数	359	563	1675	1901
	割合	8.0%	12.5%	37.2%	42.3%
80≦	人数	413	510	1444	1356
	割合	11.1%	13.7%	38.8%	36.4%

出典：Hayashi K, Kondo N, et al. Laughter is the Best Medicine?

　A Cross-Sectional Study of Cardiovascular Disease Among Older Japanese Adu

　J Epidemiol, 2016 pp.2-3 を参考に筆者が割合の計算を行なった。

興味深いです。

　以上のように、やはり、私たちは、年を重ねていくなかでだんだんと笑わなくなる（あるいは、笑っているという「自覚」が減っていく）傾向がありました。そして、高齢者になると毎日笑わない人が約6割もいます。

　笑いは、健康にいいと言われ、久しいですが、より、健康について問題が生じやすい高齢者は、どの調査結果を見ても笑いが、他の世代に比べて少ないという特徴があります。

///// 人は生涯でどれくらい笑うのか /////

　2017年、「人生100年時代構想」が流行語にノミネートされましたが、WHOによれば、日本の平均寿命は、83.7歳とされています。では、これを時間になおすとどのくらいになるのでしょうか。計算を単純化するため人生を80年として、時間になおしてみると80 × 365（日）× 24（時間）＝「70万800時間」になります。時間になおすと急に目の前の1

第1章　現代社会の笑い考察

時間が大切な気になります。さて、今度は、この数字を基準に、他の項目についても計算してみましょう。

　まずは、睡眠についてです。子ども時代は、誰でもこの数字以上に寝るものですが、ここでは、単純に、1日のうち、3分の1の時間寝ているとした場合、私たちは、一生涯で23万3600時間寝て過ごすことになります。

　次は、労働です。労働は、20歳から65歳までの間働くとして、土日祝日は休み、1日の労働時間を労働基準法で決まっている8時間で計算をしてみます。8（時間）×1年間（365日－120日の土日と休日＝1,960時間／1年間になり、これに45年間をかけてみると合計で8万8200時間になります。ちなみに、労働時間については、経済協力開発機構（OECD）（2015）が発表した日本の1年間の労働時間は、1790時間なので、かなり近い数字を計算できました。なお、残業については、同じく労基法で決まっている基準に従い、1年間360時間として計算してみると、残業時間の合計は、生涯1万6200時間になり、労働時間の合計は、10万4400時間になります。

　では、勉強する時間はどうでしょう。小学1年生（6歳）から大学卒業（22歳）まで、朝9時から16時まで勉強をしたとすると1日7時間なので、16年×245（日）×7（時間）＝2万7440時間になります。なお、高校で卒業した場合は、2万580時間になります。

　こうした数字から引き算をした「33万5360時間」が自由（余暇）時間になります。

生涯時間：70万800時間
睡眠時間：23万3600時間
労働時間：10万4400時間
勉強時間：2万7440時間
自由時間：33万5360時間

　自由時間に関しては、仕事のための移動時間や、出かけるための準備時間などをここから引くことになります。また、当然ですが、食べたり、

35

図3 一生涯に人が笑う時間の合計

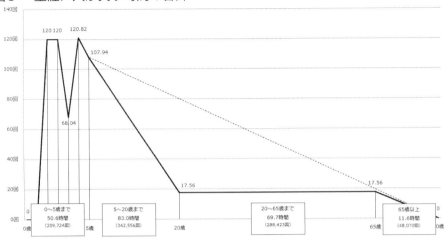

　お風呂に入ったり、トイレに行ったりする生理時間も引く必要があるので、それらを引いて残ったものが私たちの自由時間になります。そして、勉強時間や労働時間に関しては、私たちの生き方によって、当然差が生じます。労働であれば、残業時間や何歳まで働くかによって数万時間単位で変わってくることでしょう。
　個人差はともかく、人生を時間という単位で見てみると私たちは思ったよりも自由時間が多いことがはっきりします。この自由時間をどのように充実させて過ごしていくかについては、誰しもが課題になります。より充実させ、より楽しく過ごすためには、笑いやユーモアが必ず役立つはずです。
　では、この表に「笑い時間」、つまり、私たちが一生涯で笑う時間についても追加してみることにしましょう。
　読者の皆さんは、1日に、どのくらいの時間笑っていると思いますか。一生涯だとどのくらいの時間になると思いますか。
　笑いの生涯時間に関しては、日本では研究した人がいないようですが、韓国では、現役のお笑い芸人でもあり、新聞学の研究者でもあるイ・ユンソク（2011）が、私たちが生涯に笑う時間を計算しました。

彼によれば、私たちが笑う平均の時間は、「合計で 22 時間 3 分」だそうです。

この数字を、読者の皆さんは、どのように感じますか。あまり、多くないと思いましたか。あるいは、妥当だと思いましたか。

イ・ユンソクは、1 日に笑う回数を「大人は 6 回、子どもは 400 回」と考えました。笑った回数から時間を割り出すためには、1 回あたりに私たちはどれくらいの時間、笑うのかを把握しなければなりません。これをふまえてイ・ユンソクの結論を逆算してみると、私たちの 1 回の笑いは大まかに 500 ミリ秒（0 秒 50）に満たない数字になります。

確かに、「ははっ」と笑うとそれは 1 秒に満たない笑いが多いと思いますが、イ・ユンソクが、0 秒 50 の笑いをどのように計算したのか、残念ながら分かりません。また、何歳までを子どもの回数で計算し、何歳までを大人の回数で検討したのかも不明です。にもかかわらず、日本のネット上では、ニュースサイトで報じられた影響もあり、まとめサイトやブログなどたくさんの場所で引用されています。

人が生涯にどれくらい笑うのかについては、いまのところ世界では研究の対象となっていません。個人差があまりにも多いと単純に予想できるため、学問的な価値はさほどないように思えるからかもしれません。しかし、私は、一生涯で笑う時間は、自分の笑いについて考える上で 1 つの目安になりますし、これから笑いを増やしていきたいと考えている人にとっては、役立つ可能性があると考え、いくつかの研究成果を活用し、計算をしてみることにしました。

まずは、（図 3）のグラフを見てください。私は、このグラフをもとに計算をすることにしました。なお、私たちの 1 回あたりの笑いの時間（「はっはっはっ」の時間）についての研究は、アカデミックな世界では、蓄積があります。

私が用いたのは、アメリカのバコロウスキら（2001）の研究です。彼らは、97 人の大学生の男女が滑稽なビデオを鑑賞し、そこで発せられた笑いを録音し、その声を分析しました。そこで得られた笑いの持続時間の結果は、「平均 870 ミリ秒」（0.87 秒）でした。そこで、本書で

は、その結果を採用し、生涯の大まかな笑いの回数× 0.87 秒を計算し、時間になおしてみました。

先に、計算の結果を言ってしまうと、私たちは一生涯で「約 89 万回」（889,773 回）笑い、その時間は、「215 時間」になりました。なお、子どもから成人するまでの約 20 年間に、私たちは、「約 55 万回」笑い、その後は、「約 34 万回」笑います。20 歳までで、生涯の「6 割」を笑ってしまうことを考えると、「昔はよく笑ったな」とノスタルジーにふけるのも理解できます。

さて、イ・ユンソクの結論よりはずいぶん長い結果となりました。また、イ・ユンソクの 23 時間という結果の方が、笑いの刹那的な部分が強調され、インパクトが圧倒的に強いように感じます。

ちなみに、私の計算も、あくまでも、概算に過ぎませんし、目安の 1 つに過ぎません。また実際は、子どもも大人も、この計算よりも、だいぶ少ないと私は仮説を立てています。遊びの時間についてふまえれば、おそらくこの数字の 4 分の 1 から多くても半分以下だと思います。それでも、約 50 時間から、約 100 時間程度になります。

また、個人差という意味では、プロヴァイン（1989）らが述べたように、「人は独りでいるときよりも誰か他の人といるときのほうが 30 倍笑いやすい」という指摘からも分かるように、他者とより多く接する人、仕事をしている人のほうが笑う回数が増えることでしょう。上記の数字にはこのようなバイアスがまったく考慮されていません。

それから、前述しましたが、私たちの笑いを分類すると、ジョークの笑いは全体の 11%、テレビ笑いが 17%、そのほかが 72% という結果がありました。それをふまえれば、ユーモア的な笑いは、テレビの笑いも含めて全体の 3 割程度でした。だとすれば、ユーモアで私たちが笑う時間は、「215 時間」の 3 割に当たる「64.5 時間」になります。

本書の目的は、ここで明らかにした数字の時間を、もっと増やしていくことです。その具体的な提案や考え方については 2 章以降で論じていきます。

なお、以下では、私の行なった計算と何のデータを参照にしたのかを

示しておきます。計算に興味のない方は、とばして次の節にすすんでもらっても構いません。

///// 一生涯の笑い時間は「215時間」─その計算方法 /////

　必要になる材料は、前述した節の研究成果の数値を参照しました。人間が笑い始めるのは、生後10〜20週間の間で、乳児の笑いの回数は、遊びの場面で「10分間に1回から4回」（＝1時間の平均値にすれば12回）でした。

　この数字から、乳児の昼夜の睡眠を合わせた14時間〜16時間を引き計算し、12回（1時間あたり）×10時間（起きている時間）で、1日の笑う回数を「120回」としました。なお、笑い始めるのが20週目ということを考慮し、そこから1歳まで笑う回数が上がっていくことにしました。[7]その後は、参照できるデータが3歳になるので、2歳までは120回を維持し、以降は前節で採用した、シャーリーン・バイナムの研究を参考にして得られた3歳〜5歳のそれぞれの笑う回数をふまえて計算しました。乳児同様、1時間あたりに笑う回数（3歳から5歳の平均値の7.7回）に、睡眠時間を引いた14時間を掛け算しました。生後〜5歳までで、すべて合計すると、結果は「209,724回」としました。

　次に、6〜20歳までの学生期間の笑いの回数です。この期間の研究は、私が調べた限り見当たらないため、断定することはできませんが、年を重ねていくと、次第に、遊びの場面が減っていくこと、徐々に経験値が上がってくること、学校での教育が始まり、徐々に私的な場よりも、公的な場が増えていくことをふまえ、6歳以降は、働き始めるという意味で区切った20歳まで減っていくと考えることにしました。

　ただし、実際問題、笑う回数は、高齢になるまで、徐々に、減ってい

─────────────

7　スロウフェとヴンシュの研究によれば、生後1年間は、笑う頻度が増えていくことが示されています。

く傾向があるため、点線で示したようになると思われます。

それから、検討しなければならないのは、成人の笑いです。ここでは、R・A・マーティンとN.A.カイパーの実験の結果の「17.56回」を採用し計算しました。彼らの調査は、17歳から79歳の80人の男女が対象で、平均の年齢は33.2歳でした。サンプル数は少ないですが、本書では、この数字を「成人」の笑いだと考えることにしました。

最後に、65歳以上の高齢者の笑いの回数についてです。65歳は、仕事の定年をふまえ、ここで、区切ることにしました。

あれこれと探してみたものの、ここも、具体的な数字は検討されていないのが現状です。唯一、頼りになるのは、林、近藤、大平らの調査結果の1日に1回笑う人が4割という数字です。65歳以上はこれまで以上に笑う回数は減少し、最終的には寿命で0になると設定しました。実際に、0にはならないのでしょうが、計算上このようにしました。

これらの数字の合計を、本書では、生涯に笑う回数としました。さらに、その数字に、バコロウスキらが算出した1回あたりの笑いの時間である（0.87秒）を掛け算し、人生で笑う時間を求めました。

強調しますが、この計算は、あくまでも概算ですし、問題点を多くはらむことは百も承知です。

問題点を列記しておけば、まずは、笑いという個体差の大きなものの平均値に意味があるのかという点です。次に、計算の話になりますが、乳児や子どもの笑いの回数については、「遊びの時間」限定の数字でした。それを本書では、「起きている時間すべて」に当てはめて計算しています。当たり前のことですが、乳児や子どもたちは1日中遊んでいるわけではありません。真面目な場面もあれば、食事や風呂もあります。さらに、感情的にも、大人たちよりも怒ったり、泣いたりする変動は激しいはずですし、機嫌も良かったり悪かったりして当然です。むしろ、遊びの時間は1日のうちでそれほど多くなさそうです。

こうした点を考慮すれば、私の計算は、明らかに、遊びの時間、つまり、よく笑う時間を多く見積もり過ぎています。

また、参照したどの研究も、サンプル数が少ないこと、アメリカの数

字であることも今後の課題です。さらに、子どもから多感な青年期に
あたる 6 歳から 20 歳までの笑いの具体的な回数を参照するデータがな
かった点も問題です。

　それから、高齢者の始まりを本書では 65 歳にしました。ここでは、
労働基準法に従い、現在の仕事の定年の年齢を前提としましたが、65
歳からがなぜ高齢者で、笑いが減っていくのかという点について何の説
明もできませんでした。さらに、80 歳の 0 回も極端な数字で問題があ
ることでしょう。

　最後に何よりも問題なのは、私自身の子育てや、笑いの研究で得られ
た経験論によって、主観的な要素が（自らは減らしたつもりでも）、多
分に入っている点です。

　そのため、本節の「計算」を研究だと言うつもりは、まったくありま
せん。あくまでも私の仮説です。ただし、この計算が、単に無駄だと私
は考えていません。数字化されることで見えてくる現実がありますし、
わずかながらにも一生涯の笑いを客観的に把握できることがあるからで
す。また、この数字やその変化を目安に、自分の笑いをどのように増や
すかを検討することもできると思うからです。

　研究という意味では、現時点では、議論の俎上に乗せたに過ぎないの
で、今後、さらに精査な研究の登場や、私の結論に対する様々な意見や
批判が出てきて、少しずつでも進歩していくことを強く希望します。

///// 一生涯の笑顔について /////

　笑顔についても簡単に考察しておきましょう。すでに紹介したスミセ
イが行なった「スミセイ『スマイル』アンケート」では、20 代から 50
代の笑顔の時間の平均は、118.4 分／日でした。前述したとおり、これ
はあくまでも調査対象者の「自覚」の問題で、もちろん実数ではありま
せん。しかし、この数字をもとに人生 80 年間で計算してみると、笑顔
の総時間は、「5 万 7621 時間」になりました。

この数字にどの程度妥当性があるのかどうかの判断は非常に難しいですが、笑いに比べてかなり長いことは一目瞭然です。

　しかし、サービス業従事者であれば、顧客の前では笑顔でいることを会社から強制づけられたり、あるいは、世の中から期待されていたりすることも考えなければなりません。また、若者たちの人間関係は、とにかく面倒が多い分、互いに過剰にやさしく、笑顔を絶やさないで接するルールがあると、若者の研究者でもある博報堂の原田曜平（2010）は論じています。

　あるいは、心理学者の夏目誠は、日本社会を「スマイル仮面症候群」と呼びました。それは、簡単に言えば、「作り笑顔の状態が意図せずに続いていく症状」を指します。このキーワードを聞くと、「私もそうかも…」という方も案外多いと思われます。

　第3次産業が主流で、笑顔が自分にとって最も素敵な顔となっているこの日本社会では、生涯の「笑顔時間」は、「笑い時間」よりもずっと長くなるはずです。皆さんは、一日、どれくらい笑顔でいますか。職場では、同僚や上司、クライアントの前で、どれくらい笑顔でいますか。パートナーや子ども、孫の前でどのくらい笑顔で過ごしていますか。日本社会では、笑顔はいいものだと語られていますが、それがあまりにも多いと、ストレスフルで、疲れることはないでしょうか。

　仕事で、笑顔を強制される世の中についても、私たちは、考える必要がありそうです。顧客の立場に立つと、笑顔は嬉しいかもしれませんが、労働者の立場に立てば、その笑顔を繕うのがストレスになりかねません。

　海外旅行で他国のサービスを見ていると日本の過剰なほどの笑顔のサービスが本当に必要なことなのか私はいつも困惑します。また、笑顔が仕事でどうしても必要なのであれば、例えば、家庭のなかは、逆に、笑顔でいたくない気持ちも生まれるかもしれません。

　しかし、時代は、逆行していて、家庭も笑顔、仕事でも笑顔、どの人間関係でも笑顔という社会になっています。笑顔は、確かに、笑いを増やすきっかけにもなります。しかし、笑顔の是非や、そこにつきまとうストレスフルで、強制的というネガティブな部分についても、私たちは、

第1章　現代社会の笑い考察

これから、考えていかなければならないはずです。

///// 日本人は誰と笑うのか /////

　今度は、私たち、日本人は、誰と笑うのかという問題について考えてみましょう。読者の皆さんは、日常生活では、誰と笑っていますか。おそらく、家族と答える人もいれば、親しい友人や恋人と言う人もいるでしょう。あるいは、毎日一緒に仕事をする同僚と回答する人もいるのではないでしょうか。

　家族、友人、会社の同僚——日本人の笑いは、「身内ウケ」が圧倒的に多いです。

「身内」であれば、私たちは、遠慮なく大笑いしますし、冗談も積極的に言います。万が一、そこでウケなくても、既に信頼関係ができあがっているので、失うものはあまりありません。

　一方で、読者の皆さんは、初対面の相手や、親しくない人とどれくらい笑っていますか。状況によると思いますが、出会って間もない初対面の人を笑わせようとしていますか。ウケを狙って、失敗すると、人間関係自体もなかったことになりそうで、想像しただけで構えてしまう人もいるはずです。私たちは、親しくない誰かと一緒に笑うことを苦手とします。

　異文化コミュニケーションが専門で、英語落語を世界中で演じている大島希巳江（2006：109,114）は、日本の笑いは、「ある程度事情を知っている人同士にしか通じない笑い」に象徴される「身内ウケ」が多いと指摘しました。しかし、一方で、欧米では、初対面の相手や、親しくない人にも積極的にジョークを言う文化があります。

　大島は、日本と北米には、「コンテキスト」の高低の違いがあると考えました。彼女によれば、「高コンテキスト」とは、「共有する情報が多く人々の同質性が高い状態」で、「低コンテキスト」とは、「その逆、つまり共有する情報が少なく個人個人がバラバラの思想や文化的背景を

43

持っている状態」です。

　大島の分類に従えば、日本や中国、韓国は、「高コンテキスト」の社会で、アメリカ人やドイツ人、フランス人は、多文化・多民族社会で、「低コンテキスト」の社会になります。

　そして、「低コンテキスト社会」では、お互いに敵ではないことを知らせたり、アイスブレーキングとして笑いを活用したり、お互いに笑いを解する知的活動を共有して安心感を得たりするものの、「高コンテキスト社会」では、お互いに相手がまったく異なる文化だとは考える必要がないため、「自分は敵ではない」という意思表示や緊張緩和の必要がないと述べ、それが日本と欧米の笑い文化の違いを生んでいると主張しました。

　確かに、私たちは、身内ではない人に対して、冗談を言ったりすることが苦手です。むしろ、それをすることで、変な人だと思われたり、何らかの、恥をかいたりして、「笑われる」ことを恐れている一面がありそうです。世間から万が一、はみ出してしまった場合、笑われるだけではなく、後ろ指をさされ、叩かれることもあります。テレビという世間では、毎週のように、スケープゴートを誰かに決めて、その人を徹底して叩きまくっているのは、その好例でしょう。

　また、私たちは、親しくない人から、何か冗談を言われたとしても、素直に笑えるのでしょうか。笑っていいのかどうか迷ってしまうか、場合によっては愛想笑いで対応します。それは、あくまでも、社交の笑いで、それを脱したり、越えたりしていく意志はあまりないように思います。他にも、親しくない人に対しては、本音はできる限り避けて、自分のことを卑下して笑うのも日本人の文化だと言えそうです。

　日本には、初対面の人や見知らぬ人を笑わせるという価値観やその方法はないのでしょうか。読者の皆さんのなかには、お笑い芸人は、親しくない人や、初対面の人を笑わせていると考えるかもしれません。しかし、社会学者の太田省一（2016：156,161-162）は、お笑い芸人も、また、身内ウケが多いと言います。

　彼の議論をまとめれば、世間は、「同調圧力」を課す半面、「安心」を

第1章　現代社会の笑い考察

約束します。かつては、家庭、地域、職場と、限られた範囲（共同体）で存在していましたが、テレビの爆発的な普及によって、1980年代以降に、テレビが生み出した巨大な世間によって包括され、テレビの中の芸人だけではなく、視聴者も含めたすべてが内輪になってしまいました。

　それは、テレビを盛り上げる芸人だけに限らず、タレントたちが着飾る色とりどりなキャラが、番組の冒頭でいちいち紹介されるわけではなく、視聴者が、知っているものとして番組が進行する現状をふまえれば、分かりやすいと思います。

　キャラもまた、テレビの枠組みをはみ出し、私たちの日常生活に定着しましたが、キャラの笑いも「身内ウケ」の典型例でしょう。では、「身内ウケ」を脱することのできる笑いはないのでしょうか。

　大島希巳江は、「落語の笑い」こそ、内輪を越える笑いだと紹介しました。確かに、落語には、欧米のように典型的なジョークもありますし、誰にでも分かりやすい笑いもあるので、「内輪ウケ」を越えていく要素が多分に含まれていそうです。とはいえ、落語家のする枕では、しばしば、自分の師匠や、同業者である落語家のエピソードがネタになります。そこには、落語家にも、また、「身内ウケ」を頼る姿勢が読み取れてしまいます。

　さらに、落語に登場する八っつぁん、熊さん、ご隠居さんたちには、それぞれユニークなキャラクターがあり、それを知っている者と知らない者では、味わうことのできるおかしみが異なってきます。それから、『笑点』（日本テレビ）では、大喜利のコーナーにて、かなり積極的に、キャラの笑いが頻繁に使用されていることは言うまでもありません。

　こうした意味では、日本の笑いは、お笑いも含めて、「身内の笑い」が大部分で、それ以外の笑いはかなり少ないと考えることができそうです[8]。

　価値観がますます多様化するこの現代社会のなかでは、今後、初対面

8　落語の小噺、ネタのいくつかは、日常にも利用できそうですが、身内ウケをあまり頼らない手品や大道芸は、日常に応用しにくそうです。

の相手や、親しくない人とも、あるいは、異文化コミュニケーションが求められる外国人とも、うまくやっていく必要があることは言うまでもありません。そこでは、すでに、多民族国家が実践しているように、コミュニケーションのなかで、笑いやユーモアは必ず活用できるはずです。しかし、日本では、その手法がほとんど確立されていません。ジョークやユーモアによって私たちは人と親しくなったりすることができますが、日本の場合は、親しくなることの方が先になります。芸人たちや、YouTuber たちが行なっているように、ハイテンションで、自分を楽しく明るい人間だと強調し、まずは、相手（視聴者、リスナー）と「身内の関係性を築き上げる手法」は、今後さらに大切になるかもしれません。

　とはいえ、皆が、元気よくハイテンションな世界もどうかと思います。であれば、これからは、親しくない人と親しくなる笑いの文法が必要になるはずです。例えば、自己紹介の際に笑いが取れたらどうでしょう。また、相手を知るためにツッコミをうまく活用し、笑いに変えることができたらどんなに便利なことでしょう。

　同時に、冗談の受け手のリテラシーの向上も必要不可欠です。冗談や笑いをとる行為は、一般的には、発信者の自己責任で片づけられることが多いのが現状で、ウケなければ、発信者のセンスが悪いことになります。しかし、これからは、冗談の受け手が、どうやって面白く受け止めるか、面白みを発見するか、面白く返答するかという問題も重要になることは間違いありません。

　いま、相手が言っていることが冗談なのかどうかを見分けられる力、愛想笑いをするのではなく相手の話に楽しみながらノっていく力、相手をフォローする力、その話に興味を持つ好奇心、積極的にエピソードで返す力など多岐に渡る聞き手の力を蓄えていく必要もあるはずです。このあたりが、日本の笑いやユーモアの大きな課題でしょう。しかし、お笑い芸人でさえ身内ウケを頼っている現状があるので、私たちからすれば、見本になる対象が何もないのはなかなか苦しいところです。お笑い芸人が、このあたりの「笑いの文法」を今後、確立し、私たちに学びを与えてくれることを期待したいです。

///// 日本人はどこで笑うのか /////

　日本人の笑いは、前節で論じた通り、圧倒的に、「身内ウケ」が多いです。今後、それをどう脱していくかは日本人の笑いやユーモアの課題ですが、日常の笑いを増やすことを目的とするなら、戦略的に、身内だと思える場に積極的に参加したり、作ったりすることが鍵になりそうです。前節では、私たちは、誰と笑うのかを論じたので、今度は、私たちは、どこで笑うのか、いつ笑うのかという問題を掘り下げてみたいと思います。『世界笑いのツボ探し』のなかで、日本笑い学会の元副会長の長島平洋は、「日本では、コメディは厳密に棲み分けされている」と述べました。それに対し、ピーター・マグロウ（2015：187-189）は、「ほとんどの社会には、笑いが安全な領域を越えないよう暗黙のルールが存在する」と賛同し、アメリカでは、極度に性的な話題、人種差別思想など言ってはいけないテーマがあるものの、「ほぼどんな場所でも、そして誰とでもジョークを言い合ってOKだ」「一方日本では、こういった制限がテーマではなく場所ごとに存在する」と議論を展開し、日本でのお笑いは、劇場やテレビに限定されるものの、職場や学校ではそれは行なわれないが、夜の居酒屋やカラオケには笑いが溢れていたと論じています。

　彼らが主張したとおり、私たちは、居酒屋やカラオケなどのプライベート（私）な場では、確かによく笑います。「無礼講」ということばが示す通り、プライベートな場では、笑うこと、笑われることが許容されやすくなるわけです。

　その一方で、パブリック（公）な場では、いまでも、笑いよりも、まじめさが要求され、私たちには、誠実な対応が求められるのではないでしょうか。そこでは、笑いやユーモアは不要です。むしろ、不謹慎なものとして扱われる文化が、いまでも残っているように感じます。「公私混同」ということばが示すように、日本では、プライベートとパブリックな場の境界線はあいまいだったと言われることがあります。古い話をするのであれば、戦後、高度経済成長期を支えた社宅は、公私混同の代表例でしょうし、当時は多くの人が参加した社員旅行もそうでしょうし、接待ゴルフにもその要素が含まれます。これらの場所では、

無礼講は、あくまでも宣言されるだけのもので、実態は、まじめさが重視されたはずで、愛想笑いは必要でも、笑いやユーモアは期待されていないため不要で、むしろ、阻害される傾向にあったのではないでしょうか。この文化は、今でも日本社会のなかに部分的に残っていると思います。

とはいえ、プライベートの自覚が強くなってきたことや、何より、笑いやユーモアそのものへの評価の変容により、現在では、笑いやユーモアは様々な場で求められるようになってきました。仕事でも、例えば、プレゼンテーションでは、笑いを取ってから始めたりする文化が少しずつ根付いてきています。また、教育の場でも、笑いの価値が問い直されてきましたし、是非はともかく、学生からは、教えるのが上手な先生より、面白い先生であることが求められるようになってきています。

しばしば、講演をする私の立場からしてみると、講演や研修の講師には、笑いを作る能力が必要不可欠で、ある意味、そこが生命線にもなっているようにも感じるほどです。

笑いやユーモアが必要な場は、日本でもますます増えてきています。これまでは笑いやユーモアが不要だった場や状況で、それらを見つけ笑ったり、上手に、笑いを作り、場を盛り上げたり、空気を変えたりすることも必要になってきているはずです。こうした意味でも、本書を活用し、「ユーモア力」を高めてください。

///// 笑いは何に役立つのだろうか（健康への効果）/////

現在、笑いの効果として、日本で多くの人が最も注目しているテーマは、笑いと健康で間違いありません。2016年12月には、近畿大学と吉本興業がタッグを組み、笑いの研究をするというニュースが話題になりました。この節では、笑いやユーモアが身体に及ぼす効果についてまとめてみたいと思います。

2016年2月に『日本経済新聞』で、近藤尚己や林彗らが行なった研

第1章　現代社会の笑い考察

究成果が掲載されました。それは、ふだんよく笑う高齢者に比べて、普段ほとんど笑わない高齢者が、「自身の健康状態が良くない」と感じるという報告でした。また、その調査によれば、日常生活でほとんど笑わない高齢者は、ほぼ毎日笑う高齢者に比べ、1.6倍脳卒中を発症し、心疾患では1.2倍増える傾向があったそうです。

　ノーマン・カズンズ（1979-2001）が、自身の闘病で取り組んだ「笑い療法」に関して執筆した『笑いの治癒力』が出版されて以降、世界では、笑いと健康が結びつき、様々な研究が積極的に行なわれてきました。

　日本で最も有名なのは、倉敷市の柴田病院（現・すばるクリニック院長）の伊丹仁朗（1991）のがん患者と免疫をつかさどるNK細胞との関係を調べた研究です。吉本興業の協力を得て、なんばグランド花月の笑いを見る前と見た後のそれぞれの血液を採取し、NK細胞の数を比較する実験では、調査対象者たちのNK細胞は上昇したと結論付けられました。がんだけに限らず、様々な病気と笑いの関係に関する実験はその後も続いています。こうした調査結果に追随するように、笑い療法、ラフターヨガなどが生まれ、現在でもそれらの実践は、全国各地、世界のあちこちで見られます。

　では、笑いは、身体にいいのでしょうか。私は、結論を出すのはあまりにも早計で、もっと様々な角度からの検証が必要だと思っています。その理由は、いくつかあります。

　例えば、近藤らの調査では、自身たちも課題としてあげていますが、どういう笑いが効果を示すのかということについては不透明で、今後、さらなる検討が必要です。また、あくまでも、「笑っているかどうか」は、自己判断に過ぎません。よく笑っていると思っていても、実際は、よく笑っていない人もいるでしょうし、もちろん、その逆もいるでしょう。さらに、調査した月は、何らかの理由で笑えなかったものの、その前の月は笑っている場合はどうなのか、そもそも、笑った回数を的確に判断できる人はいるのか、などの点で難しさがあります。

　NK細胞の調査も、倉敷から大阪に行ったわけで、お笑いを見て笑ってNK細胞が増えたのか、あるいは、生でお笑いを見るという非日常的

な行為そのものが数字を変化させたのかもしれません。それに、皆が、お笑いを面白いと思ったのでしょうか。お笑いで笑うとNK細胞が増えるのか、友人と談笑して笑うとNK細胞が増えるのか、初対面の誰かに愛想笑いを続けると数値に変化があるのか、質に関しては何も問われていません。

　また、健康に関して言えば、点と点を結ぶ調査になりがちなので、笑って数値が上昇したとしてもその後（さらに1時間後、翌日など）はどうなのかに関しては、現在のところ何も分かっていません。

　また、薬にも合う人合わない人がいるように、笑いには合う人合わない人という考え方はないのでしょうか。さらに、よく笑うと健康になるのであれば、違法性はあっても、薬物によって別世界にいき、よく笑うと身体には良い効果があるのでしょうか。カズンズは治ったのかもしれませんが、笑うと病が治るのでしょうか。残念ながら、科学的に、笑いの効果を検証してみると、こうした壁にはぶつからざるを得ません。にもかかわらず、マス・メディアは、「笑いは体にいい」とあまりにも簡単でシンプルな結論を出しがちです。「いいかどうか分からないよね」という正論すら、いまの日本社会では、かき消されてしまっているようにも思えるほどです。

　では、世界では、どのように考えられているのでしょうか。本書でも何度か紹介している国際ユーモア学会の会長R・A・マーティンは、笑いやユーモアと健康との関連について、「まだ弱いエビデンスにもとづいて自分たちの考えを広めていくことに逸り立ちすぎている」と現状を批判的にとらえ、今後、さらなる研究が必要だと主張しています。[9]

───────────

9　R・A・マーティン（2011）は『ユーモア心理学ハンドブック』のなかで免疫、痛み、血圧、心疾患、長寿と笑いやユーモアとの関係について、既存の研究結果とその方法についてしっかりと検討し、相関関係が学術的にあるかどうかを考察しています。その結果として、それぞれについて、根拠の薄さをはっきりと論じています。興味がある方は、「ユーモアと身体的健康」の章を読んでみてください。

第1章　現代社会の笑い考察

ただし、彼は、笑いと健康の問題を完全に批判しているわけではなく、今後、研究が進むことで、分かってくる可能性があると考えています。また、以下の節で論じる心理的な効果に関しては、人間にとって優れた効果があると強調し、心理から体に良い影響を与えるかもしれないと希望を見出しています。

私も彼の意見にはとても賛成できます。あまりにも短絡的な、「笑いは体にいい」という主張は、キャッチーで分かりやすいですが、世界を混乱させかねません。日本のマス・メディアでは、医者や Ph.D. の称号があると、何でも、それが真実のように報道されますし、その情報に疑いの視点を受け手側は抱かない人が多いです。

一概に、笑いは体にいいと結論付けずに、情報の正誤や、過剰な報道かどうかを見極めながら、笑いと健康について冷静にとらえることが私たちには、必要なのではないでしょうか。次は、笑いやユーモアの心への効果についてまとめていくことにしましょう。

///// 笑いは何に役立つのだろうか（心への効果）/////

ここでは、笑いが心に及ぼす効果についてまとめてみましょう。多くの人にとって、あまりにも当たり前なことですが、笑いが、表象するのは、嬉しい、楽しいなどの、私たちのポジティブな感情です。そして、ある状況で、よく笑えば、私たちは、事後的に「楽しかった」と回想しますし、気分自体も良いと感じることがほとんどのはずです。

井上宏（1997：50）は、「にっちもさっちもいかないと思っているとき、その時、自分の置かれている状況を笑ってしまうと、なんでこんなことにいつまでもくよくよしているのかなと、その状況から一歩ソトに出られたような気持になる」と「こころの毒」を浄化する作用が笑いにはあると考えました。

私たちは、緊張、不安、イライラなどネガティブな感情を抱えているときに、友人と会って、どっと笑ってみると、笑い終わったあとにスッ

51

キリしていることを経験として知っています。それは、井上の考える笑いの浄化作用の好例でしょう。

　同様に、笑いやユーモアは、ストレスを対処していく手段になるはずです。R・A・マーティン（2007=2011：328）は、ユーモアの心理的効果に注目します。彼によれば、ユーモアは、少なくとも、短期的において私たちのポジティブな気分を高め、ネガティブな気分を弱めます。しかし、ユーモアを利用し、それをどのように長期的なものにしていくのかが現状の課題だと強調しました。

　また、心理学では、ユーモアの持つ「コーピング」の効果が注目されています。「コーピング」とは、「問題を対処する、切り抜ける」という意味の cope に由来するメンタルヘルス用語です。自分が困っていることに対してユーモラスに考えて問題を乗り越えたり、それを冗談にしてみることによって、その状況を切り抜けたり、ストレスを緩和することができる機能は、確かに、このストレス社会では、非常に役立ちそうです。さらに、実際に、ユーモアを活用し、何らかの壁を乗り越えることができれば、結果的に、ユーモアは私たちに幸福感を与えてくれることになります。この部分も笑いやユーモアの優れた心理的効果と言えそうです。

　それから、ユーモアは、他者を励ますことができます。上手に笑いやユーモアを活用することで、他者の悩みを少しだけ和らげたり、他者のストレスそのものを緩和することができる可能性もあります。

　このような心理的な効果は、精神的な健康と言い換えることができます。もちろん、それが、誰にでも当てはまるのかどうかという問題や、どんなストレスに対して有効なのかという問題、あるいは、どんなユーモアであるべきなのかなどの質的問題は、今後、もっと緻密に、研究や実験を行なっていく必要があることは言うまでもありません。しかし、笑いやユーモアは、体そのものよりも、私たちの心に役立つことがアカデミックな領域では、証明されてきています。R・A・マーティンが言うとおり、その結果として、体にも影響を及ぼすものだと期待したいものです。

///// 笑いは何に役立つのだろうか（人間関係）/////

　最後に、笑いの社会的な効果です。笑いは人間関係にどのような効果をもたらすのでしょうか。むろん、誰かと一緒に、笑い合うことは、私たちを楽しくしますし、場合によっては、一緒に何かを笑うということが、自分と他者との共通点の証にもなることでしょう。森下伸也（2003：84-88）が論じているように、笑いやユーモアは、人と人の距離を縮めますし、自分が不快ではないことを示すノンバーバルコミュニケーションとして機能します。

　また、森下は、笑いには集団凝集性と排除作用があると述べました。笑いは他者との親密さを深め、距離を縮めます。しかし、逆に、笑いのツボが異なると、相手との距離は縮まらず、場合によっては避けられたり、仲間から排除される恐れがあります。

　それから、笑いには、攻撃性があります。例えば、冗談で言ったつもりだったのに、相手を傷つけてしまいかねません。あるいは、笑われた人を悲しい気分にさせたり、怒らせたりすることもあります。

　この面は、「いじり」と「いじめ」の境界線の問題としてしばしばマス・メディアでも取り上げられます。加害者側は、冗談で、相手をからかっていたつもりでも、被害者側は、いじめられていると認識した場合は、笑いでは済まされませんし、単なる攻撃になってしまいます。学生だけではなく、いじりという名のからかいは、からかう側が境界線を一歩間違ってしまうと、どちらかに優位な関係性が築かれてしまうデメリットがありますし、場合によっては、笑いによって、他者を支配することが可能になってしまう危険さを併せ持っています。

　こうした点は、笑いやユーモアのデメリットなのかもしれません。とはいえ、お笑い芸人がこれほどまでにテレビに出演し、人気で、視聴者たちの尊敬の対象になる社会では、笑いを取れることは、尊敬に値するコミュニケーション技術の1つになりました。その力は、恋愛や、結婚、場合によっては仕事などの人間関係においても求められる時代です。

　いまは、ユーモアセンス、日本的に言えば、笑いのセンスは、その人のパーソナリティの1つとして評価されています。どんなことを面白い

と思う人なのかという部分にもパーソナリティが出ますし、その表現方法は人々の評価の対象になりました。ユーモアのセンスに富んだ人には、人が集まってきたり、人気者になれたりする要素があることを私たちは実体験のなかで知っています。

　また、近年は、仕事においても、様々な場面で、ユーモアの重要さが注目されるようになってきています。さらに、広告では、ユーモアを交えて注意を引く手法は既に定着しています。モノや自分を売るための笑いやユーモアの効果は絶大で、その評価は非常に高そうです。

　今後は、これらの効果にますます注目が集まるのではないでしょうか。それから、前述しましたが、笑いで他者を励ましたり、助けたりすることもできるため、笑いで人間関係のトラブル自体を回避することも可能なので、そうした側面にも今以上に注目が集まることでしょう。

　さらに、日本のテレビに出演するお笑い芸人はあまりしませんが、政治をネタにしたり、社会のなかの出来事をうまく風刺したりすることで、社会がひっくり返ったり、社会そのものを変えるほど笑いにはパワーがあります。チャップリンの映画に見られるように、今後は、笑いのこうした効果に、もっと多くの人が着目していくべきだと思います。

　なお、人間関係に及ぼす効果は様々ですが、笑いを作るためにはマニュアルが存在しません。人間関係自体が十人十色なわけで、その攻略方法も、複雑で多様です。

　どのように、笑いのセンスを獲得していけばいいのか、あるいは、笑いやユーモアの教育の方法についても、今後、議論を深めていく必要があるのではないでしょうか。笑いやユーモアは人間関係に役立ちますが、まだまだ課題が多いのも事実です。2000 年代以降、コミュニケーション能力ということばが重視されていますが、それに比例して、「笑わせる力」、それを含めた「ユーモア力」も求められることでしょう。

　このような面をふまえ、「ユーモア力」をどのようにアップさせていくかについて第 2 章以降では検討してみることにしましょう。

第2章
もっと笑うための基本的な姿勢

///// 笑いと感情について /////

　まずは、私たちの感情について考えてみることから始めましょう。一般的に、感情は自然なもので、それは自分の内側で作られ、それが表情や言語として外側に出てくると考えられがちです。それは笑いでも同じことでしょう。

　2015 年に公開されたピクサー作品の『インサイドヘッド』は、人間は、外部からの経験を脳内に蓄積しながら、その経験に対し、頭の中の司令室が、「よろこび」「いかり」「かなしみ」などの感情を外側に向かって表出していました。

　しかし、私たち人間の感情は、単純なものではありません。笑いやユーモアを感情の 1 つとして位置付ける雨宮俊彦（2016：177-178）は、感情には、「フィーリング、認知、身体、社会関係、動機づけ」と多様な側面があると言いました。

　「フィーリング」は、「自分の内的な状態についての感覚で、気分とほぼ対応します」、笑いでいえば、愉悦や愉快さなどの気持ちになります。「認知」は、笑いでいえば、何を面白いと感じるかという問題です。「身体」は、息づかい、「わっはっはっ」という声、お腹がよじれるなどで、それらを私たちは、感情としてとらえられることもできます。また、どんなに面白いと感じても、私たちの社会では、笑ってはいけない状況もありますし、愛想笑いを無理やりすることもあります。それをふまえれば、感情は、「社会関係」から考えることができます。この点は、なかなか重要で、この節のはじめに述べた「感情は内側から外側」だけではないことを私たちに教えてくれます。さらに、笑いにも、それを引き起こす何らかの外側の理由があることや、自ら感情をコントロールすることを考慮すれば、感情を「動機づけ」という視点から考えることができます。

　日常生活のなかで、私たちが、もっと笑うためには、感情をこのように分類し、それぞれの側面から考えてみることが重要になります。分類して考えてみることで、いままで見えていなかった領域が可視化でき、新しいことに気が付けるかもしれないからです。

第2章　もっと笑うための基本的な姿勢

　感情を「認知」という面から考えてみると、私たちがもっと笑うためには、できる限りリラックスして、素直に、愉悦や愉快な気持ちを感じられるような環境に身を置いてみることはとても大切でしょう。また、知識を獲得したり、別の角度からとらえることのできる視野を手に入れられれば、世界のことをより面白く認知できることでしょう。

　では、「身体」はどうでしょう。笑い学では、しばしば取り上げられる、ウィリアム・ジェームズとカール・ランゲの法則——「悲しいから泣くのではなく、泣くから悲しいのだ」を応用し、「楽しいから笑うのではなく、笑うから楽しいのだ」という視点で考えれば、まずは、身体として、笑ってみることで、だんだんと気持ち（フィーリング）が楽しくなったり、おかしくなってくることもあるでしょう。ラテンのノリを導入して踊って、笑うというスタイルも身体を入り口に広がる笑いだと思われます。人によっては、効率的に、そして、明るく、日常生活に笑いを増やせそうです。

　では、「社会関係」や「動機づけ」に関してはどうでしょう。「社会関係」というだけあって、社会学の領域から何か指摘ができそうなので、ここでは、少し遠回りになりますが、感情社会学の考え方を参考にして、どうすれば私たちは日常生活のなかで、笑いをより増やすことができるのかということを検討してみたいと思います。

///// 笑いの感情社会学
　　—まずは笑ってみることから始めよう /////

　感情社会学は、1970 年代初頭にアメリカで登場し、その後、日本でも研究者の間で着目されたものの、一般的には、あまり知られていない考え方だと思われます。

　感情社会学の研究者は多くいますが、ここでは、アメリカの社会学者である A.R. ホックシールド（1983=2000：39-63）の考え方を紹介します。彼女は、私たちが日常のなかで行なう「演技」に着目し、「私た

ちは誰でも、多少なりとも演技をしている」ことを前提として、感情にも演技があることを指摘し、それを2通りに分類しました。

2通りの演技とは、「表層演技」（surface acting）と、「深層演技」（deep acting）です。「表層演技」とは、ボディランゲージや作り笑いや気取って肩をすくめるしぐさ、計算されたため息などで、その表情や身振りはうわべだけのものとなります。

「深層演技」とは、彼女のことばに倣えば、「自己誘発した感情を自発的に表現する」ことになります。前者の表層演技は、「見た目」で分かる演技のため、誰もがイメージしやすいと思いますが、深層演技は、「見た目」ではなく、心のなかの深い部分の管理のことを意味します。分かりやすい例をあげるのであれば、恋愛関係などで、好きなのに嫌いになろうとしたり、暗い夜道を怖くないと言い聞かせるなど、感情を自らコントロールしようとすることを指します。

ホックシールドの問題意識は、こうした演技が現代社会の中で、サービス業に組み込まれ、労働者たちが無理強いされている点にありました。ホックシールドが批判した社会よりも、おもてなしをますます重視している日本では、彼女の視点をふまえて、労働やホスピタリティについてさらに考えていく必要がありそうです。彼女の指摘は、大変興味深いものの、以下では、日常生活のなかの、「表層演技」や「深層演技」に着目し、本書のテーマである「日常生活のなかでもっと笑う」について考えてみたいと思います。

ホックシールドの意見を参考にしてみると、感情は必ずしも内側から外側に向かうものではなく、前節で述べたように、感情が社会関係のなかにあることや、動機づけとかかわることに気が付くのではないでしょうか。そのため、自ら積極的に楽しんでみたり、笑ってみることで、私たちは、実際に、楽しい感情を味わうことができるはずです。

では、私たちは、具体的には、何をすればいいのでしょうか。ホックシールドの考える「深層演技」の手法を3つ紹介してみましょう。

まず、1つめは、感情に「直接命じること」です。例えば、好きなのに、嫌いと自ら言い聞かせてみたり、怖いのに怖くないと自分に言い聞

かせるなどです。むろん、それらは成功しないこともありますが、成功することがあることは、読者の皆さんも生活のなかで知っていることなのではないでしょうか。笑いに置き換えれば、「面白いよ！」「楽しもう」「笑ってみよう」などと自分に言い聞かせてみることで、実際に笑えたり、楽しめることがあるということになります。

　2つめは、「訓練されたイマジネーションを間接的に利用する」です。これは、俳優たちが、泣かなければならないシーンでなにか悲しいことを思い出し、実際に悲しい気持ちになることが代表例の1つです。日常生活には、すぐには応用しにくいかもしれませんが、実際に、楽しい気分にするためには、こうしたことができた人の方ができない人よりもより多くの状況を笑えるものに変えられるのではないでしょうか。

　3つめは、「意識した感情を変化させるために、積極的に体を動かすこと」です。例えば、「しかめっ面をゆるめ、握りこぶしを開くことで、怒りをあまり感じないようにすることもできる」はずですし、ダンスのように体を動かしてみることで実際に楽しくなることだってあるはずです。

　こうした意見を参考にすれば、私たちは、内側から生じる感情ばかりを頼るのではなく、場合によっては、自ら、積極的に笑ってみることや、体を動かしてみたり、楽しもうと自分に言い聞かせたりしてみることが大切だということになります。

　もっと笑うためには、心から笑えること（自然なもの）を受け身で待つよりも、「よし！　今日はおもいっきり笑おう！」と深層演技を積極的に行なってみることが大切なのではないでしょうか。自分自身の感情を掻き立てたりすることが場合によってはストレスに感じることもあるかもしれません。しかし、日常生活の場合、仕事のように、必ずやらなければいけないものではないので、自分のペースで、実行してみると、笑っているうちに本当に面白くなる機会が増えてくるはずです。

　また、ホックシールドは、「感情規則」ということばで、様々な場や状況には、感情の規則があって、私たちは、その規則に従い、感情を表出することを指摘しました。その代表例は、お葬式や結婚式です。こう

した場では、はじめは、別の感情を持っていたとしても、いつの間にか、その場で求められた感情に本当になってしまうことは誰にでも起こることだと思います。

この考え方を応用し、自分には、どのような場所や状況が、笑えるのか、あるいは、楽しくしてくれるのかなどをふまえて、外出や観光をしてみてはどうでしょう。こうした実践をしているうちに、より多くの場が、楽しく、面白い場になれば、今度はそこに集う人たちも、楽しくなるものです。そうするためには、自ら楽しもうとすることが第一歩になります。

///// 旅と人生と笑い /////

前章で論じましたが、笑いは、年を重ねていくなかで、少しずつ減ってしまう傾向がありました。大胆な意見になってしまいますが、人生では、楽しいことは次第に減っていくのでしょうか。それを笑いで考えるのはなかなか難しそうなので、ここでは、人生と似ていると言われる旅と人生の関係に関する指摘を参考に、笑いと人生について考察してみることにしましょう。

いまでも、バックパッカーのバイブルである『深夜特急』の著者であるノンフィクション作家の沢木耕太郎（1994：198）は、旅と人生を以下のように論じました。

　　旅がもし本当に人生に似ているものなら、旅には旅の生涯というものがあるのかもしれない。人の一生に幼年期があり、少年期があり、青年期があり、壮年期があり、老年期があるように、長い旅にもそれに似た移り変わりがあるのかもしれない。私の旅はたぶん青年期をすでに終えつつあるのだ。何を経験しても新鮮で、どんな些細なことでも心を震わせていた時期はすでに終わっていたのだ。そのかわりに、辿ってきた土地の記憶だけが鮮明になっ

第2章　もっと笑うための基本的な姿勢

てくる。

　笑いで考えてみると、子ども時代や、箸が転んでもおかしい年頃には、何を経験しても新鮮で、どんな些細なことにも心を震わせることができ多く笑えた。しかしながら、齢を重ねていくにつれて、次第に新鮮さは感じにくく、些細なことでは動じなくなる——笑うという経験は、旅とも似ているように思えます。
　沢木の旅に関する意見を再び見ておきましょう。参照するのは、沢木（2008：241）が60歳のときに書いた『旅する力』です。

　　残念ながら、いまの私は、どこに行っても、どのような旅をしても、感動することや興奮することが少なくなっている。すでに多くの土地を旅しているからということもあるのだろうが、年齢が、つまり経験が、感動や興奮を奪ってしまったという要素があるに違いない。

　私たちが笑うためには、すでに説明しましたが、何らかのズレが必要だと考えられています。年を重ねるということは、予期したことと実際に見ることのあいだに生じる驚くべき不釣り合いが少なくなっていくことなのかもしれません。それは未経験という財産の喪失と言いかえることができそうです。
　では、笑えない現実を受け入れ、そうではない部分で幸せを感じたりしていくほかないのでしょうか。沢木（2008：238）は、旅には年齢の適齢期があると言いました。ちなみに、彼は、バックパックの旅行は、20代半ばが適齢期だったと振り返ります。

　　あの当時の私には、未経験という財産付きの若さがあったということなのだろう。もちろん経験は大きな財産だが、未経験もとても重要な財産なのだ。本来、未経験は負の要素だが、旅においては大きな財産になり得る。なぜなら、未経験ということ、経験

61

していないということは、新しいことに遭遇して興奮し、感動できるということであるからだ。

　そして、だからと言って、旅をするのは幼ければ幼いほどいいかと言えばそうではなく、「未経験者が新たな経験をしてそれに感動することができるためには、ある程度の経験が必要」だということを主張し、30代にも50代にも60代、70代にもそれぞれを適齢期とする旅があると言いました。
　笑いにもきっと適齢期があるのではないでしょうか。10代、20代は、若手漫才師やテレビでバラエティ番組、仲間とは、身内ウケが主な笑いだとすれば、その後の年齢ではどうすればいいのでしょうか。30代なら、子どもがいるのであれば、自分を最も笑わせてくれるのは、その子どもかもしれません。では、その後は、どうでしょう。
　落語で笑えばいいのでしょうか。それも正しいと思います。しかし、それだけではなく、笑うための努力や工夫をもっとしてみたり、他の世代が感じるおかしみに、同じように面白さを見出したり、笑える何かを新たに創造したりしてみてはどうでしょうか。
　つまり、年を重ねるなかで、20代が笑うバラエティ番組にも面白さを見出すこともできるし、漫才にもついていける、さらに、落語の笑いの奥行きも理解できるし、ときには、川柳を作ったり、仲間と会えば、若者のように馬鹿笑いすることもできるし、仲間の何気ない発言にユーモアを見つけられ、それを堪能することもできる。
　このように、笑える対象を広げていくのはどうでしょうか。そのためには、受け身ではなく、能動性や努力が必要であることは言うまでもありません。

///// 経験と未経験 /////
前節を参考にする限り、私たちの笑いは、経験の有無によって変化し

第2章　もっと笑うための基本的な姿勢

そうです。ここでは、沢木耕太郎の意見である、「旅では、未経験は財産で、経験は、感動や興奮を奪う」ということについて改めて考えてみましょう。

　子どもや若い世代が、よく笑っているように、笑いでも未経験さは、大切な財産だと思います。そして、年を重ねていけば、当たり前のことですが、経験は増えていきます。その分、残念なことですが、データ上、笑えることは減っていきがちな傾向がありました。どのようにそれを対処すればいいのでしょうか。私が考え得る処方箋は全部で3つあります。

　1つめは、非常に単純な話ですが、年を重ねても、未経験さを追求するという方法です。何歳になっても、新しいことに挑戦し続けたり、何らかの新しい要素を生活に取り入れたりしてみることは、もっと笑うためにはとても大切な考え方だと思います。人によっては、目新しいものはないのかもしれませんが、何をどう新しいと見るかは大切なことです。

　2つめは、「努力をしてみること」で対処するという考え方です。旅で考えてみると、出かける前にしっかりと調べ、学習しておくことで、私たちは、知識がないと味わえないことを楽しむことができるようになります。

　例えば、何も学習せずに、旅行に出発し、寺院をめぐりました。その寺院の柱には、実は、価値や物語があるのですが、何の学習もしないと、単なる柱なので、私たちは、何も感じることなく通り過ぎてしまうことでしょう。しかし、事前にしっかりと学習をして価値や物語を知っておけば、その柱に、感動したり興奮したりできる可能性は高くなるはずです。この考え方は、面白さと笑いにも応用できるに違いありません。

　私たちは、ある年齢に達するまでは、受け身でも、様々なことを十分楽しむことができるかもしれませんが、年を重ねていくなかで、私たちは、受け身な姿勢だけでは不十分で、どこかに「楽しむための努力」が必要になってくるのではないでしょうか。

　新しいことを知れば知るほど、それに比例して面白いことや興味深いことが出てくるものです。この考え方も、また、生活のなかに笑いを増やすためにはとても重要なことだと主張したいです。

3つめは、少し遠回りをしながら話を進めていきたいと思います。私たちは、学習や経験をしていくと、多かれ少なかれ、それを「分かったつもり」になっていくものです。学ぶとは「分かることである」と信じがちですがというのが、私たちは、分かってしまえば、最後、それをさらに掘り下げることはしなくなりますし、疑ってかかることもほとんどしなくなります。

　例えば、アメリカにに旅行をして、「アメリカは○○だと語る」。旅行くらいでは、その国の多くを、分かった気になる人は少ないかもしれません。では、皆さんは、本を一度読んだら作者の言いたいことは分かった気になりますか。また、「長年連れ添った夫はこういう人間だ」はどうでしょう。それをいちいち疑う人は、とても少ないと思います。夫婦であれば、お互いに、ずっと一緒だったわけで、「分かっていない」とはなかなか考えないものです。

　しかし、極論してしまえば、私たちが、実際に、「分かっていること」とは何でしょう。分かっている部分は、確かにあるかもしれませんが、同時に「分かっていないこと」はもっとあるはずです。もしかすると、分かっている部分は、広い海に浮かぶ、とても小さな島だけかもしれませんが、その島が世界のすべてかのように私たちは物事をとらえてしまいがちです。

　そもそも、私たちは、「何かを分かる」ことは、突き詰めて考えてみると、とても難しいことであるにもかかわらず、分かったつもりになることの方が多いのかもしれません。私自身、アカデミックな世界にいて、実態をとらえたと思いきや、さらに深い部分に気づくと同時に、自分の無知さに愕然とします。

　その際限ない分からない自覚と、自分の無知さを知っていれば、世界は思っているよりも新鮮なことばかりです。しかし、経験や学習は、いろいろなことを「分かったつもり」にさせていきます。もちろん、歳を重ねるということも、いろいろなことを「分かったつもり」になることなのかもしれません。あるいは、世界は、「分からない」ということが分かって、これ以上「もう分かろうとしない」ことが歳を重ねることな

のかもしれません。

　つまり、経験が、私たちの感動や笑いを奪うのではなく、私たちから感動や笑いを奪うのは、「分かったつもりになること」や「分かろうとすることを投げ出すこと」なのではないでしょうか。

「分かったつもりにならないこと」や「いつまでも分かろうとしてみること」は、かなり大変なことだと思います。それでも、意識して、そうならないように実践してみると、様々なことに対して、新鮮さに気付けたり、面白さを探せたりするのではないでしょうか。こうした考え方ももっと笑うための考え方になるはずです。

///// 遊びが大切 /////

「笑いやユーモア」と「遊び」は切っても切り離せません。子どもがよく笑うのは、彼／彼女たちに「遊びのモード」が多いからだと考えることができそうです。また、私自身の経験として、芸人という仕事は、笑いを作るために「遊び心」が非常に大切でした。ダジャレのようなことば遊びもそうですし、何かと何かを掛け合わせておかしなものを作るのにも「遊び心」は重要でしたし、漫才やコント、トークのネタ作りでも忘れてはならない精神でした。

「笑いやユーモア」と「遊び」、両者は、どちらも、「楽しむ」ことができるという点と、「深刻ではない」という点は共通しています。だからと言って、両者は、完全にイコールではありません。どんなに楽しい遊びだとしても、そこに確実に笑いがあるかどうかは別の話だからです。

　それでも、笑いを作ったり、もっと笑ったり、日常生活のなかにユーモアを発見したり、発信したりするためには、「遊び心」を持っていることは大切になります。

　発達心理学者のベルゲン（1998）は、1歳から7歳の子どもの両親を対象に、子どもが自分で面白さを見出した出来事の内容を記録する調査を実施したところ、子どもが自分で面白さを見出した例として記録さ

れたほとんどのものは、遊びの文脈のなかで起こっていたそうです。こうした研究は、私たちがもっと笑うためには、遊びがいかに重要かを教えてくれます。

また、心理学者の M.J. アプター（1982）は、遊びは、特定の種類の活動というよりも、「心的な状態」としてみなすべきだと主張しています。例えば、シリアス、あるいは、まじめであるはずの仕事中だったとしても、本人の気持ちの持ちようや、日本的に言えば、空気次第で、そこを遊びの場面（＝遊びのモード）として考えることは可能なはずですし、実際に、まじめだった場が何気ない出来事をきっかけに、遊びの場に転調することは、誰しもが経験したことがあるはずです。

前章の「日本人はどこで笑うのか」でも論じましたが、徐々に境界線はあいまいになってきているものの、日本では、「遊びの場」と「まじめな場」にはっきりとした区別があります。

井上宏（2001：81-82）は、日本人は、「笑いについて、場の使い分けをしている」と指摘し、日本人の笑いは、フォーマルな場とインフォーマルな場で異なり、フォーマルでは笑いを用いると、「ふざけている」「ちゃかしている」「真面目ではない」と批判を受けるものの、インフォーマルな場では、冗談も言い、笑い合って談笑もすると論じています。

こうした意見をふまえれば、私たちがもっと笑うためには、ジョークを言ったり、感情を豊かにしていくだけではなく、もっと様々な場（あまり笑うことが求められてこなかった場）を「遊びの場」に変えるように努めてみることが近道なのかもしれません。特に、「まじめな場」の代表として、仕事や学びの場をどう変えていくのかは課題だと思います。

有名な話ですが、検索エンジンでお馴染みの Google 社では、社員の就労時間の 20％は、自由に使ってもいい時間だと言われています。仕事上やらなければいけないことをするのではなく、何かを自由に行ない、そのなかから新しい発想やアイデアを出そうというわけです。[1]会社の

1　いろいろな情報もあり、この自由時間を社員全員が確実に取れているわけではないなどの意見もあるようです。

第2章　もっと笑うための基本的な姿勢

空間自体もユニークで、Google 東京でも、卓球台があったり、エスプレッソバーやミュージックルームがあるようですし、アメリカでは、社内をセグウェイが走っていたり、ジムがあったり、遊び心溢れるオブジェがたくさん置いてあるそうです。

　日本でも、こうした発想は、若い世代を中心に少しずつ浸透してきていますが、今後はもっと必要になるはずです。読者の皆さんも、勇気がいることかもしれませんが、職場のプレゼンで笑いを取ってから始めてみたり、会議で、軽い冗談を言ってみたりして、様々な場を「遊びの場」に変えてみてください。

　また、自ら、笑ってみることでその場が、「遊びの場」であることを周りに伝えることも可能です。そうした意味では、いろいろな場で積極的に笑うことによって、「まじめな場」を「遊びの場」に変えることができるはずです。

　もう一点、「遊び心」ということについても、大人になると忘れがちな考え方だと思うので、ここで、簡単に指摘しておきたいと思います。日常生活で「遊び心」を持つことは、「ユーモア力」を伸ばしていくためには非常に重要なことです。しかし、「遊び心」など既に忘れてしまったという人もいるかもしれません。そのような場合、どう遊ぶべきかを自問自答してみることをおすすめします。また、実際に、子どもがヒントになるかもしれません。子どもを観察してみるのもいいですし、自分の子ども時代はどんなふうに「遊び心」を持っていたのか振り返ってみてもいいでしょう。

　それでも、あまりにも思い出せない場合は、ダジャレやなぞなぞ、大喜利のような「ことば遊び」から始めてみてもいいですし、目に入ってきたものに、何かを足したり、加えたり、別の何かと合体させてみたりする遊びをしてみてはどうでしょうか。ごみ箱と何が合体したら面白いですか。カメラの三脚に何をくっつけると笑ってしまいますか。そんなちょっとした想像から始めてみましょう。このようなことは、生活のなかにゆとりを持たないとなかなかできないことなのかもしれませんが、「ユーモア力」には欠かせないことです。

///// 負の要素も大切 /////

　毎日が楽しければ、それに越したことはないのかもしれません。しかし、それは理論的に実現不可能です。なぜなら、楽しいことにもいずれは飽きがやってきますし、もし、ひたすら楽しい生活だけが続いたら、今度は、誰しもが不安になるからです。

　アメリカの心理学者のミハイ・チクセントミハイ（1975=2001）は、「フロー」という概念を用いて、楽しさについて考察しました。「フロー」とは、チクセントミハイによれば、人が、楽しいと感じる感覚のことを指します。チクセントミハイによれば、「フロー」は、不安と退屈の間に落ちてくるものだそうです。この考えに従えば、楽しさは、退屈と不安さの微妙な境界線のなかで成り立つことになります。このことから、常に、楽しいことは不可能であることが分かります。

　すべてではないにしろ、面白さも「フロー」と同じバランスのなかに見え隠れすると思われます。つまり、面白いことも、次から次へと続けばいいのですが、楽しさと同じように、退屈さや不安さがあってこそ成立するのではないでしょうか。

　楽しさや、面白さにとって、退屈さや不安さが必要不可欠な要素なのだとしたら、逆説的に、退屈さや不安さを大切にしてみるのはどうでしょう。退屈は、誰にとっても好まれることではないのかもしれません。むしろ、消費社会のなかでは、私たちが退屈をしないために、様々な商品や施設、サービスなどが用意されています。

　新しい場所やモノ、そして、人（タレントや芸人）も、次から次へと目まぐるしく生まれては消えていきます。だから、消費社会のなかでは、退屈そのものは、自ら自覚的に作ろうとしてみない限り、簡単に味わうことができなくなっているようにも思えます。

　もし、私たちが、ある一定期間、退屈のなかで過ごしたら、その後、いままで享受したことのない面白いことが発見できるかもしれません。あるいは、退屈だからこそ、いつもは、気にも止めなかったことに気が付けることもありそうです。また、その退屈のあとに待っている普段であれば少しだけ面白い程度のことが、とても面白いものとして享受でき

第2章　もっと笑うための基本的な姿勢

る可能性もあるのではないでしょうか。

　単純なたとえではありますが、これは食事でも同じだと思います。お腹いっぱいで食べる食事と、お腹がとことん減った状態で食べる食事では、当然のことですが、同じものでもおいしさは異なってくるものです。

　私は、この理屈は、笑いやユーモアにも同様に働くと考えています。退屈であれば退屈であるほど、何気ないことに対しても面白さやおかしみを感じ取れるというわけです。

　私たちが、もっと笑うためには、ときには、あえて退屈をじっくりと味わってみたり、自ら、退屈になる選択をしてみることが、実は、大切なことであるにもかかわらず、私たちは、むしろ、常に、退屈さに怯える生活をする人が多いように感じます。

　それから、あえて、味わわなくても、待っていれば自然とやってくる、悲しいこと、腹の立つこと、つらいことなどの感情も笑いをきらびやかなものにする可能性があります。この世の中で、私たちは、負の感情をできる限り味わいたくないと考えますが、これらがあることで、日常の何気ない幸せは、自覚されるものです。同様に、日常の何気ない面白さやおかしみも、負の感情があることで、発見できるのかもしれません。

　感情をプラスとマイナスだけで考えた場合、ゼロからプラスのふり幅よりも、マイナスからプラスのほうが、ふり幅は大きくなります。いつもプラスではなく、避けがちなマイナスを考えてみることをここでは主張したいです。

　そんな意味では、ポジティブばかりが重視されるこの世の中は、私たちにとって、人生をより豊かにする「楽しさ」や「面白さ」を味わえなくする危険さも合わせ持っている可能性があります。「ユーモア力」には、負の要素も必要になってくることを忘れないでください。

///// 好きなものと笑い /////

　読者の皆さんには好きなものやこと、あるいは、場所はありますか。

それがある人にとっては、当たり前のことなのかもしれませんが、それがない人にとっては、「好きなもの」は思っているよりも難しいもので、ときにはそれがないことが悩みの種になることもあるのではないでしょうか。

　好きなものがないといっても、その程度は様々です。実際に好きなものがない人もいるでしょうし、好きなものはいろいろとあるが、特別に何なのか分からない人もいるでしょう。あるいは、好きなものはあるもののそれを誰かに言うのが苦手な人もいるでしょう。

　なぜ、自分が好きなものが何だか分からない人がいたり、それを言うのが苦手な人がいるのでしょうか。アメリカの社会学者のデイビット・リースマン（1950＝1964）は、いまから半世紀以上前にその理由を鋭く指摘しました。

　リースマンの議論によれば、マス・メディアが普及する以前は、人類は、自己の内面にはっきりとした羅針盤を持ち様々な判断をしていました。しかし、マス・メディアが普及していくなかで、人類は、テレビなどを通し、同時代を生きる他者をレーダーで察知し、それに合わせて個人の方向付けを決定しながら生きていくことになっていきました。

　この議論を参考にする限り、現代社会を生きる私たちは、親の影響や教育、様々な経験を通じて、自分の内面にはっきりとした羅針盤を持って、何が好きなのかを判断するのではありません。むしろ、羅針盤を持つ人は一部で、大多数は、マス・メディアを通して、自分の周りの他者が何を好きなのかに敏感です。さらに、他者から見て、私が、それを好きでいてもおかしいと思われないものに、積極的に興味を持つ傾向にあります。

　こうしたグランドセオリーに従うと、好きなものがない人にとっては、「私だけではない」という励ましになるかもしれませんし、「自分を持つ」という生き方にマス・メディアが邪魔をすることに気が付ける人もいるのではないでしょうか。

　また、好きなもの・ことがある人にとっても「なぜ私はそれを好きなのか」という難題が突き付けられ、「他の人が好きからなのかも……」

と困惑する可能性もありそうです。羅針盤を持って好きなのか、周りの影響があって好きなのか、その境界線の判断はつきませんが、せっかくの機会ですし、その難題をじっくりと考えてみると、好きなものにもう一歩深く潜ることができるのではないでしょうか。その先には、好きなものの新たな魅力も見えてくるのではないでしょうか。

　さて、私は、この現代社会の中では「好きなもの」がとても大切だと信じて疑いません。私たちは、何らかの「好きなもの・こと・場所」があれば、それに接している時間は日常を忘れられたり、時間の経過が非常に早く感じたり（フロー）、物理的にそれができないときでもそれと接することを想像するだけでイキイキとできるようになります。こうした生き方は、閉塞感漂う世界のなかで生きていく得策なのではないでしょうか。

　さて、好きなものへの姿勢は、「オタク」ということばで表現することができそうです。1970年代にサブカルチャーの担い手という意味で誕生した「オタク」は、80年代後半には、連続少女誘拐事件とオタクという性格がマス・メディアによって強引に結び付けられて、批判的に語られ、差別される対象になりました。

　現在でも、オタクに対する偏屈な報道や批判的な視点は、僅かながらにも残っているようにも感じますが、それでも、「オタク」の地位は、かなり向上したのではないでしょうか。むろん、「オタク」にも様々なタイプがいます。好きなことを誰にでもオープンにできる人もいれば、それができない「オタク」もいます。

　しかし、この「オタク」は、今日では、人間関係やコミュニケーションの武器になる時代です。博報堂の原田曜平（2015：91,106）は、莫大な数の若者への取材を通じ、「2005～06年くらいの時期から、オタクは『生き様』ではなく、『キャラ』『ファッション』になっていきました」と強調しました。さらに、「オタクのアイデンティティを測る物差しが『知識量』だった時代から、『愛を表現する態度』の時代へ」と変容したと指摘しました。

　原田（2015：20-23）によれば、例えば、人気モデルの市川紗椰や、

71

タレントの中川翔子、栗山千明、加藤夏希らは、自身の「オタク」性を視聴者に明るくアピールしていると言います。タレントと同様に、実際に、自身を「オタク」だと自称する若者も増えているそうです。私自身も、大学でそういう学生にしばしば出会います。

　原田は、「オタク」が武器になる理由を「『オタク』というパーソナリティ属性を、自分を特徴付けるもの（キャラ）として利用し、対人コミュニケーションツールに利用できるようになっている」と分析します。

『キャラ論』を修士論文でまとめた私（2007）としては、他の世代も、これからは、「○○オタク」であることを様々な場面で、カミング・アウトしていくことをすすめたいです。キャラを自分で立たせることはなかなか難しいことですが、自身をキャラ化するために、自分が好きなものを利用するのは、最も簡単な方法で、最短でキャラ化できる技法だと思います。

　では、「オタク」をどのように笑いに変えるのでしょうか。今度はその表現について考えてみましょう。

　その際、見本になるのは、雨上がり決死隊が司会をする「アメトーーク！」（テレビ朝日）の「くくりトーク」です。「くくりトーク」とは、番組が、テーマを限定したトークを意味し、この番組に限らず、様々なバラエティ番組に見られます。

「アメトーーク！」では、例えば、「人見知り芸人」のように、その場にいる芸人たちの特徴や性格をトークのテーマにしたり、「ガンダム芸人」のように、その場にいる芸人たちの共通の趣味をテーマにすることもあります。

　ここでは、特に、後者の趣味をテーマにするトークに注目してみることにしましょう。実際に過去に放送されたテーマは、例えば、「釣り芸人」「ゴルフ」「プロ野球」「読書」「鉄道」「旧車」のようにどの世代の趣味にもなるテーマがあります。また、「ドラえもん」「ドラゴンボール」「エヴァンゲリオン」「ゴルゴ13」のようにマンガやアニメもありますし、「スーパーマリオ」「ドラゴンクエスト」のようなゲーム、「マイケル・ジャクソン」「KARA」「Perfume」などのミュージシャン、USJ、沖縄や福岡

などのテーマパークや観光地、「餃子の王将」「天下一品」「CoCo壱番屋」のような外食、「明太子」「ポテトサラダ」のような食卓のおかず、「家電」「サウナ」「お風呂」といったものまで多岐にわたります。きっと、ここで参照したもののなかには、読者の皆さんが好きなものも含まれているのではないでしょうか。

　番組を見てみると、芸人たちが、好きなものへの熱量をどのように語るか、また、それについて興味がない人に対し、どんな情報を提示し、どのように興味を持ってもらうかというトークが、なかなか面白く、日常会話の勉強にもなります。また、深い部分の語り方や、好きだから知っている何気ない豆知識の伝え方、同時に、MCの雨上がり決死隊の話の聞き方は、自分が興味のないものに対するリアクションだと解釈でき、日常生活のなかの笑いの作り方の見本となります。「アメトーーク！」は、日常生活の私たちの「好きなもの」を通した、コミュニケーションの教科書として読み解いていくことができるというわけです。特に、好きなものをどうやって笑いに変えるのかの見本になります。

　番組のプロデューサーの加地倫三（2012）の番組作りの哲学は、3勝2敗の番組作りにあるそうです。また彼は、視聴者が興味なさそうなものが化ける可能性があることを主張します。これは、日常生活でも同じなのではないでしょうか。例えば、仕事後の飲み会の席で、どうせ自分の好きなものの話をしても誰も盛り上がらないと思っていたとしても、「アメトーーク！」と同じように、実は、その話は爆発力を秘めているかもしれません。

　せっかく本書を手に取っていただいたわけで、この際、自分は何が好きなのかをこの機会に立ち止まって考えてみてください。

　それを笑いに変える手法として、「アメトーーク！」は、教科書として役立ちます。また、他者の好きなものを聞く、何か質問をする際の教科書にもなる番組だと思います。ちなみに、「アメトーーク！」のホームページでは、これまでのトーク一覧を年代別に見ることができるので、参考にしてみてください。

　それから、好きなもの、こと、場所がどうしても見つけられない人は、

興味を持って掘り下げてみることも大切ですが、「好きです」と後先考えずに言い切ってしまうこともとても重要だということを忘れないでください。

第3章
よく笑う若者たちから笑いを学ぶ

///// 若者たちはなぜよく笑うのか /////

　第1章で見たように、若者たちは大人に比べるとよく笑っている傾向がありました。その理由は、様々なことへの「未経験さ」や、彼／彼女たちの生活が、仕事を持つ社会人に比べ、「公」よりも「私」の場面が多いことや、友だちと一緒にいれば、「遊びや冗談の場面」が多いことなどが関係していると第2章では論じました。

　しかし、よく笑う理由は、もっと多様なはずです。ここでは、メディア、とりわけ、テレビの「お笑い文化」が及ぼす若者への影響について考えてみたいと思います。大人たちは、これまで、バラエティ番組を、「子どもには見せたくない」などと、しばしば批判の対象にしてきました。

　とはいえ、お笑い芸人たちは、いまや、芸を見せるだけの存在ではなく、歌番組では歌って踊りますし、スポーツ番組、ワイドショー、ニュース、報道番組、旅番組では、レポーターもすれば、ご意見番にもなります。クイズ番組では、頭の良さを発揮しますし、司会に関しては、どの番組でもお笑い芸人が担うというスタイルが定着して久しいです。

　若者たちのなかには、テレビを視聴しない者も出てきましたが、それは、まだ全体の10％〜15％程度で、多くの若者たちは、視聴時間は少なくても、テレビを見るのをやめていませんし、友人たちの話題になった番組や、SNSで話題になった番組があれば、法的な問題はともかく、動画サイトなどでチェックしているのが現状です。

　若者たちが、バラエティ番組を見限らない理由は、視聴者に何とか笑ってもらおうと考える芸人や番組の作り手の懸命な努力があるのは言うまでもありません。若い世代は、その努力を評価していますし、笑いが取れることをリスペクトしている一面もあります。同時に、芸人たちがテレビでする笑いのコミュニケーションを参照し、友人たちと楽しく過ごすために活用しています。

1　NHKの「日本人とテレビ2015」のなかのテレビの視聴時間についての質問では、20代の約16％が「ほとんど見ない、まったく見ない」を選択しました。

第3章　よく笑う若者たちから笑いを学ぶ

　2000年代以降、日本の社会では、コミュニケーションが過剰なほど重視されています[2]。就職活動や仕事では、経団連の調査結果が示す通り、「コミュニケーション能力」は、若い世代にとって、意識せざるを得ないし、なければならない能力かのように考えられています。

　こうしたなかで若者たちは、バラエティ番組を批判的に論じた大人たちが持っていない「空気が読めて万能性の高いコミュニケーション」をお笑い芸人から学んでいます。きっと、その力が求められた2000年前後に、お笑い芸人以外に、自分たちの価値観に合う、コミュニケーションがうまいと思える大人はいなかったのでしょう。

　太田省一（2016:183-184）は、現代社会を「コミュニケーション能力」が激しく求められる世の中であると認めつつ、お笑い芸人は、コミュ力が高い人も低い人も何らかの形でお手本になると指摘しました。コミュ力が高い人の模倣は、誰にでも想像しやすいものですが、コミュ力が低い人も手本になっていくという議論はとても鋭く興味深いです。確かに、お笑い芸人のなかには、常に、いじられたり、ツッコミを受けるだけの人もいます。その振る舞いもまた、若い世代の手本になっているのでしょう。

　では、実際に、お笑い芸人は、若者たちの見本になっているのでしょうか。あるいは、若者たちは、何らかの意識をして模倣をしているのでしょうか。

　青砥弘幸と私で行なった調査（2014）のなかで、大学生に「お笑い芸人のギャグやことば遣いを真似することはありますか」と聞いてみたところ、4段階中、3と4の「肯定的な意見」を選択したのは62.7%

2　『朝日新聞』の見出し語検索で「コミュニケーション能力」や「コミュニケーション力」を検索してみると、2000年以前は、外国語との関連で語られていたものの、2000年以降は、仕事、教育、日常、家庭などでも求められる力として語られるようになったことが分かります。また、2000年以降に、日常や仕事との関連で語られる「コミュニケーション能力」の記事が増加していく傾向にありました。

でした。この数字を見る限り、6割の調査対象者が、「意識をして」お
笑い芸人から、日常生活のなかの笑いの作り方を真似ていることが分か
りますが、そこまで多いとも言えません。しかし、「ボケやツッコミの
役割」の自覚は、関東・関西を問わず、7割程度の若者があると回答し
ていますし、「誰かをいじる笑い」は、9割の若者があると回答してい
ます。

　これらのお笑い用語を認知していることや、調査結果の数字をふまえ
てみると、意識的には、強い模倣の自覚はなくても、無意識に何らかの
影響は受けている可能性が高いことは明らかです。

　では、このような模倣は、最近、始まったことなのでしょうか。以下
の節では、お笑いと若い世代がいつ頃結びつき、その後、どのように模
倣の対象となってきたのかを整理してみたいと思います。

///// 若い世代とお笑いとの結びつき /////

　諸説あるものの、若者たちと「お笑い」は、テレビを通じて強く結び
ついていきました。とりわけ、ツービート、B&B、紳助・竜介たちが台
頭し活躍した80年代のマンザイブームは、若い世代に、強い影響を与
えました。

　このマンザイブームの仕掛け人の澤田隆治と横澤彪（1994）は、そ
れまで雇っていたサクラのような存在であった「笑い屋」をスタジオに
入れるのをやめて、当時の大学生を集め、自然発生的で一体感のある笑
いを作ろうと考えました。また、若者にウケそうな六本木のディスコの
ようなスタジオを作り、寄席のように古っぽい高座も作らず、番組のロ
ゴを「THE MANZAI」と英語にしました。

　その成果もあって、これまでは、必ずしも若者だけのものではなかっ
た「お笑い」は、セグメント化し、若者とお笑いとの関係が密になって
いきました。むろん、若者たちは、送り手である番組制作者の仕掛けに
単純に乗っただけではありません。番組に出演する芸人たちのネタが、

第3章　よく笑う若者たちから笑いを学ぶ

自分たちが興味を持っていた芸能人やCM、あるいは、商品だったため、より興味を引き、面白く感じたのでしょうし、センスのない他の世代には分からない笑いだと感じたからでもあるでしょう。

　お笑いと若者との関係は、その後、マンザイブームが去った後は、1981年から始まった『オレたちひょうきん族』（フジテレビ）へと引き継がれました。そこでは、テレビに出演するお笑い芸人たちと若者たちの間で「内輪」ウケの空間が作られていきました。

　80年代は、「内輪」ウケ空間が作られただけではなく、その「内輪」のなかで、若者たちの日常生活のなかの笑いの意識にも変化が表れてきた時代です。

　社会学者の太田省一（2002:14-16）は、80年代の漫才ブームは、「私たちの『笑い』に対する感覚を変え、そしてまた社会にとっての『笑い』の位置価を変えた」と述べ、以下のように指摘をしました。

　「観客」も「視聴者」もともに素朴な受け手であることをやめて、「笑い」を積極的に構成する担い手、「笑い」を評価すると同時にそれをみずから方向づけ、最終的には生産してさえいくような担い手になっていく。それは裏を返せば、マンザイが伝統的な演芸としての漫才の形式を活用しながらもそこから脱皮して、新たな「笑い」の空間を成立させていく過程にほかならない。そのときマンザイは、演芸という領域を超えて、社会にとってのコミュニケーションの範型になっている。

　日常には、時代を問わず、様々な笑いがあったと思います。しかし、「笑わせる自覚」は、どの程度あったのでしょう。太田の意見をふまえれば、そのパラダイムシフトは80年代頃だったと考えることができそうです。「笑いを取る」ことが、仲間という内輪のなかで、積極的に実践されたり、場合によっては、強制的にそれが求められた際に、若い世代は、笑いの作り方を知らなかったはずです。欧米のように、誰もが、典型的なジョークを言う文化があったり、ユーモアが重視される世の中であれば、

79

模倣する対象は家族をはじめ、身近なところにたくさんいたに違いありません。

しかし、幸か不幸か、日本では、模倣する対象が「お笑い」しかなかったのではないでしょうか。

若者たちは、テレビ視聴を通して、次々とお笑い番組やお笑い芸人から「笑わせるための文法」「笑うための文法」を会得していきます[3]。では、具体的にどんな文法を得たのでしょうか。

以下では、時代を80年代のビートたけし、90年代のとんねるずとダウンタウン、そして、00年代のお笑いブームから、若い世代がどのように「笑いの文法」を学んだのかを述べていきたいと思います。

/////1980 年代のマンザイブームと
ビートたけしと明石家さんまの「笑いの文法」/////

芸人は、戦後以降、テレビと結びつき、自らの地位を徐々に高めていきます。むろん、その向上には、コント55号の萩本欽一やドリフターズが貢献しました。そして80年代以降、それを引き継いだのはビートたけしでした。たけしの吐く毒舌は、単に、面白いだけではなく、その毒舌に含まれる「世間の建前への攻撃」は見事なものでした。

当時の若い世代は、たけしだけに限らず、当時活躍した芸人たちの、笑いの作り方、様々な場面での切り返しの早さ、さらには、的確な発言などから、芸人の頭の良さに気が付いていきます。同時に、若者たちにとって、芸人たちは、単なる笑うための対象から、憧れを持ち、リスペクトする存在に変化を遂げました。歴史的に見れば、社会的に最底辺だっ

3　これらの文法は、80年代以降に完成されたわけではありません。萩本欽一やドリフターズらの時代に見られたものを新しく見せたり、より大げさに見せたり、ときにはそのまま活用されたことは言うまでもありません。

第3章　よく笑う若者たちから笑いを学ぶ

たお笑い芸人は、テレビと結びつき、その地位を上げていきます。若い
世代は、テレビ黎明期から芸人を模倣していたわけではなく、芸人たち
の地位上昇とともに、模倣をして、日常生活に、活用していきました。

　お笑い芸人を、模倣の対象にしてみたり、影響を強く受けるようになっ
てきたものの、マンザイブームで活躍した芸人たちは、技術的な「芸」
を持っていました。「芸」は、時間をかけて、習得していくものです。
当然のことですが、若者たちは、ビートたけしや島田洋七の早口でまく
し立てるような「しゃべり」を模倣することはできませんでした。模倣
することができたのは、それ以前の時代から見られたギャグのような単
純な一言でもありましたが、それだけではありませんでした。

　心理学者の村瀬学（1996：71-72）は、たけしの芸風は、誰も真似
できなかったと留保しつつ、そのなかに例外があったと言います。それ
は、「たたみかける話法」です。「たたみかける話法」とは、例えば、た
けしが頻繁に使っていた「なんなんだよそれ」「なにわけのわかんない
事いってんだよ」などのセリフです。こうした「たたみかける話法」は、
誰にでも真似しやすく、相手の構えを一言でパーにしてしまえる迫力が
あり、こぞってこれらのことばを連発する人がいたと当時を振り返りま
す。

　それは、特に関東で見られる、「壊す笑い」だと言い換えられそうで
す。当時の若い世代にとって、「壊す笑い」は、「笑いの文法」の1つだっ
たはずで、同世代の日常生活のコミュニケーションのなかで、活用し、
それを用いて、お笑い芸人のような笑いを作ろうと試みたことでしょう。

　その後、マンザイブームは、数年ももたずに過ぎ去っていき、活躍し
た芸人たちは、テレビでネタをしなくなります。1981年に始まった「オ
レたちひょうきん族」（フジテレビ）では、芸人にとっては「芸」でもあっ
たはずのネタを捨て、それぞれが、キャラクターを武器に笑いを作って
いきました。芸人だけではなく、裏方であるはずのスタッフたちが、画
面上に出てきて、彼らが、次々とキャラクター化されていったことが意
味するのは、芸人でなくても仲間の内輪空間のなかでキャラクターが与
えられれば、それを活用して笑いが取れるということでした。芸の笑い

81

の習得は難しくても、キャラであれば、見出そうと思えば、芸人ではなくても誰にでも見つけることができます。芸人たちのキャラには、プロなりのこだわりもあり、素人とは違いがあるのかもしれませんが、芸を捨てた芸人たちの振る舞いは、素人たちからすれば、テレビのお笑いが、自分たちの日常に接近したように思えたはずです。この時代以降、「キャラと笑い」は、関係がより密になっていったのだと思われます。

　また、「ひょうきん族」では、現在でもバラエティの定番になっている様々な笑いのパターンが作られ、それが、視聴者に模倣されたり、影響を与えました。そのなかでも、若者たちが模倣しやすかったのは、「リアクションの笑い」です。例えば、出演者がする「熱湯おでん」に対する「リアクション」は、誰にでも真似しやすかったはずです。「リアクション」という「笑い文法」を視聴者は学ぶことで、日常のなかで起きる様々な出来事を笑いに変えるようになりました。いまでも、「リアクションの笑い」は、若い世代に継承されています。

　若者たちは、何らかの出来事に対して、いちいちリアクションが求められます。そして、そのリアクションは、薄くても、大げさでも、ツッコミ次第で、笑いに変換できるものになりました。どちらに転んでも笑いに変えることのできる文法は、日常生活と非常に相性がよかったのでしょう。

　たけしに少し遅れて、明石家さんまが、登場しました。さんまは、これまでの伝統的な芸を捨てて、素人の視点に立ち、空気を読むことに徹した点においては、「笑いの文法」をより日常側に近づけた功労者でしょう。前述したとおり、長年、時間をかけて少しずつ習得していく芸は、視聴者にはできることではないものの、芸のいらないテレビの世界のお笑いは、誰にとっても真似しやすいものだったに違いありません。

　また、関西弁についての、関東の人の違和感を取り払ったことはさんまの功績だと言えそうです。後に続くダウンタウンやよしもとの関西芸人たちが活躍できるのは、関西弁が受けいれられる、あるいは、関西弁を面白く感じる土壌があったからだと考えることができそうです。

　なお、さんまには、自称、流行らせたことばに「エッチ」があります。

第3章　よく笑う若者たちから笑いを学ぶ

視聴者からしてみると、下ネタは、日常では、言いにくい種類の笑いです。それをよりオープンにして、女性でも楽しめるような軽い表現にしたという意味では、当時の若い世代が獲得した「笑いの文法」の一例だと言っていいと思います。

　本節で紹介した「笑いの文法」は、たくさんのもののなかの一部に過ぎません。視聴者が模倣した、あるいは、影響を受けた「笑いの文法」の詳細に関しては、研究の手法をきっちりと確立し、また別の書籍で論じるとして、ここでは、芸人のどのようなコミュニケーションが、視聴者に影響を与えたり、模倣の対象になったのかを紹介してみました。次は、90年代のお笑いシーンを盛り上げたとんねるずの「笑いの文法」を見てみることにしましょう。

/////1990年代のとんねるずの「笑いの文法」/////

　80年にコンビを結成し「お笑いスター誕生!!」（日本テレビ）で素人から下克上タレントして名をあげたとんねるずは、80年代から活躍している芸人たちのように、誰かに弟子入りしたわけでもなければ、売れない時代にストリップ劇場で芸の修業を積むこともありませんでした。

　そのため、とんねるずが武器にしたのは「芸」ではなく「ノリ」でした。そして、「ノリ」そのもの自体が笑いを生むことを視聴者に伝えていきました。笑いを生む「ノリ」は、石橋貴明と木梨憲武のやり取りや空気感でもあり、石橋の「テンションの高さ」や「勢い」でもありましたし、「〜系」、「〜みたいなー」といった語尾を伸ばす話し方でもありました。若者たちは、その表面をかじることで、日常空間に、とんねるずの「ノリ」を持ち込み、仲間内に面白い雰囲気（空気）を作ろうとしました。こうした文化は、現在でも若者たちに継承され、仲間同士でうまくやっていくルールとして定着しています。

　2つめに、とんねるずが、若い世代に与えた「笑いの文法」は、「2

83

から目線」と笑いの融合です。彼らは、番組で、素人を大量に使い、「お前」「お前ら」と呼び放ち、徹底した「上から目線」を貫きました。視聴者と自分たちの間に、一方的な権力関係を結び、そこでのやり取りを笑いに変えました。今風なことばで言えば、徹底してマウントを取りにいったと言い換えられそうです。そして、そこで証明したのは、マウントを取ることができれば、笑いが作れるということでした。

　テレビのなかで、徐々に、そして、確実に地位を上げていったとんねるずは、若者たちにとって、スクールカーストレースで優勝できれば、面白い奴になれる（少なくともほどほどにはウケる）保証でもあったのかもしれません。この手法もまた、若い世代にとっての「笑いの文法」の１つであったはずで、現在でも、学校空間のなかに見られる笑いの作られ方です。スクールカースト上位のクラスの中心にいる者の発言がウケるのは、まさに、この「笑い文法」と関連しているからでしょう。カーストが固定し、笑いでひっくり返したくてもそれができないのは、いまの若手芸人と先輩であるとんねるずの関係かのようです。

　また、1989 年から始まった「とんねるずのみなさんのおかげです」（フジテレビ）では、パロディのコントが人気を博しました。そのなかでは、多様なコントが演じられましたが、ホモ（保毛尾田保毛男）、オタク（ノリユキ）、マザコンなどの「マイノリティを叩く笑い」や「いじる笑い」が見られました。こうした「マイノリティ叩き」や「いじりの笑い」という文法は、形や、矛先は変わりましたが、現在のテレビに引き継がれています。その代表例は、世間からはみ出したら最後、ワイドショーなどで、徹底して叩くという文化です。もちろん、こうした文化は、テレビの視聴者側にも何らかの影響を与えているはずで、その悪例は、学校空間のなかです。そこでは、良いもの悪いものも含め、いじりの笑いがありふれています。

　状況に応じて、いじりは、遊びの状況を作りますし、何もないところに会話を生みます。その場を盛り上げたり、場合によっては、愛情表現の１つとして機能します。そのため、多様な価値観を持ち、共通する話題のない若者たちには、いじり、いじられの構造を用いて無限に会話を

生むことができます。しかし、その一方では、様々な場所で問題になっているように、いじめや差別を生みますし、それらを助長してしまう可能性があります。若い世代にとってみれば、笑いを作るために、あるいは、自分のグループを盛り上げるために、グループ内の1人か2人をスケープゴートにすれば、それで、笑いや会話のきっかけが作れるという点では極めて便利であることは間違いありません。そこでは共通の話題もいりませんし、万が一、しらけたときにも、すぐに、それを打破することができます。しかし、同時に、いじりが固定化したり、そのいじりを当事者や見ている人が不愉快に感じたら、大きな問題と化します。

この点について、私は、「テレビが悪い」や、「とんねるずが悪い」と言いたいわけではありません。なぜなら、それは、送り手だけではなく、受け手である社会や視聴者の模倣や活用の方法などのリテラシーの問題だと思うからです。

最後に、「マイノリティ叩き」の文法は、とんねるずが、視聴者にとって、身近なものとしたかもしれませんが、彼らが発見したわけではありません。例えば、『ひょうきん族』でも似た種類の笑いはありましたし、もちろん、それ以前にもあったことは補足しておきます。

いずれにしても、現在、ポリティカルコレクトネスなどの議論があるなかでは、少数者を笑いに変えることは許されない社会に向かっている流れがあります。それでも、いじめがなくならないように、「省いて叩く笑い」は、日本のなかのまだまだあちこちに見られます。これらをふまえ、今度は、お笑い芸人がこの種の笑いをアップデートし、少数者を救出する笑いや、体制の側を刺す笑いのような新たな「笑いの文法」を用意したり、ポリティカルコレクトネスの時代にあった「笑いの文法」を用意しなければならないのではないでしょうか。

/////1990年代のダウンタウンの「笑いの文法」/////
とんねるずのコンビ結成から2年、大阪では、吉本興業が新人発掘

と囲い込みのため養成所（NSC）を開校しました。その第1期生として、ダウンタウンが、デビューしました。彼らは、大阪で絶大な人気を誇り、その後、89年に東京に進出しました。同年、「ダウンタウンのガキの使いやあらへんで！」（日本テレビ）が深夜で始まり、91年に、ゴールデンタイムに「ダウンタウンのごっつええ感じ」（フジテレビ）がスタートします。「ガキの使い」でダウンタウンの2人が見せたフリートークは、漫才のように、ボケとツッコミの役割があり、関西に限らず、関東でも、それらの役割が、「笑いの文法」として、日常生活のなかに浸透していくことに一役かったと考えられます。[4] フリートークは、漫才というあらかじめ決まったネタではなく、常にアドリブで、より日常会話に近い特徴がありました。それは、若い世代にとってみれば、新しい面白さの発見であったと同時に、自分たちの日常会話のなかにも、ボケ、ツッコミ、オチなどが求められることにつながりました。

　とはいえ、若い世代は、日常会話という名のフリートークで、松本人志のようにボケを次々と重ねていったりすることはできませんでしたし、どの話にもオチをつけるようなことはできませんでした。同時に、浜田のように的確なワードでツッコミを入れることも難しい技術でした。

　実際に、若者たちがまねができたのは、ダウンタウンの表面的な部分やちょっとした言い回しでした。その代表例は、浜田が頻繁にテレビで行なった、頭をはたくという笑いの作り方で、日常生活のなかでも、このツッコミは、しばしば見かけることになりました。このツッコミの新しかった点は、視聴者たちが、親しい友人同士の、日常会話のボケではない何気ない発言に対し、頭をはたくことによって、成功したかどうかは別として、それを笑いに変えようとたことにあったと思います。

　若者たちは、これら表面的な部分以外に、ダウンタウンの真似はできなかったのでしょうか。私が最も注目したいのは、松本が、番組で頻繁

4　もちろん、それ以前のやすしきよし、桂文枝（三枝）、明石家さんま、B&Bなどの先の活躍があったことは言うまでもない。

に使っていたことばです。その代表例は「さむい」や「すべった」という、誰にでも使いやすいツッコミです。

重要なこととして、このツッコミは、若い世代にとって、日常会話のなかで、「面白くないもの」を「面白いもの」に変えることのできる「笑いの文法」だったということです。日常会話のなかでは、当たり前のことですが、ウケを狙っても、ウケないことは頻繁にあります。その状況を変えるのに、この「笑いの文法」は、効果絶大で、日常生活で若者たちは大いに活用しました[5]。

同様に、松本が積極的に用いたことばに、「おいしい」があります。「さむい」や「すべった」が、「面白くなかったもの」を「面白いもの」に変化させたように、「おいしい」は、「自分の失敗」を「面白いもの」に変えるツッコミとして機能しました。その失敗は「ウケ狙い」の失敗にも活用できるため、このことばもまた、日常生活のなかで利便性が高く若い世代に定着しました。仲間の誰かがウケを狙い、失敗して場をしらけさせても、「おいしいね」と言って、その失敗を笑います。「おいしい」も「さむい」も、ウケ狙いに失敗したときの保険のような役割を果たし、若い世代のなかでは、重宝されました。

それから、ダウンタウンの笑いは、「シュール」だと評価されてきました。そのシュールさは、絵画で言う「シュールレアリスム」の略語ですが、日本の笑いでは、「非現実的な笑い」「何だかよく分からないがおかしみを感じること」という意味で若者たちに浸透しました。若者たちは、よく分からないものに対し、「シュール」ということで面白さを見い出しました。

さらに「シュール」に関する議論を続けましょう。松本人志（1990）は、自身が書き250万部のベストセラーとなった著書、『遺書』にて自

5　この文法に関しては、歴史的に見れば、初代林家三平の「すべり芸」があり、直接ダウンタウンに影響を与えたかどうかは別として、様々な芸人に何らかの影響を与えていたが故の「笑いの文法」の確立なのかもしれません。

分の才能を自画自賛しました。また、ダウンタウンは、視聴率が取れる芸人になることと比例し、お笑いヒエラルキーの頂点に君臨します。ヒエラルキーのトップに立った松本のシュールなお笑いは、面白いか面白くないかは別として、視聴者からしてみれば、「理解しなければならないもの」となりました。なぜなら、そのお笑いが理解できなければ、松本が著書で述べている通り、「お笑いのセンスがないやつ」になってしまうからです。

　このような面をふまえると、シュールということばには、「この笑い分かるよね?」という圧力にも似た笑いの押し付けというニュアンスが含まれていることに気が付かされます。言い方を変えれば、それは「共感のツール」だと考えることもできそうです。若者研究をする社会学者たちが指摘するように、共感が重視される若い世代の人間関係では、共感を生むシュールということばは、使い勝手が良かったのでしょう。若い世代にとってみれば、シュールという笑いが分かるのは自分たちの世代だけの特権です。同時に、他の世代と差異化でもあります。ここには自分の仲間と共感することで、仲間意識を高められた半面、場合によっては、分かっていないが分かったふりをする笑いも生んだことも忘れてはならないことです。

　まとめておきましょう。ダウンタウンが流行させた「笑いの文法」は、ひとことで言えば、「大阪文化のツッコミ」です。そのツッコミは、従来のボケの訂正という意味を超え、「面白くないもの」を「面白いもの」に変える「笑いの文法」として若い世代に伝わりました。

　こうした文法は、若者たちにとって、日常生活で笑いを作るために、非常に便利だったことは言うまでもありません。何でもないものに対して、面白さを見出せたことは、若者たちの生活圏内に笑いを増やす大きな要因になったと考えられます。

　80年代以降、多くの文法の獲得によって、若い世代の日常生活のコミュニケーションはますます笑いが作りやすくなっていきました。同時に、笑いを取ることが求められる場面も増えていったと言えそうです。

　一方で、芸人目線で言えば、90年代は、「笑いの文法」を新たに見つ

けられることが芸人として売れるかどうかのカギにもなっていった時代だと言えそうです。

/////2000年代のお笑いブームの「笑いの文法」/////

では、2000年代以降、お笑いの世界はどのように変化したのでしょうか。ちょうどこの時期に活動をしていた元芸人として言えることとして、ダウンタウンの松本の笑いは、芸人たちの間で、強烈なリスペクトの対象でした。私たちコンビも含めて、同期の多くがダウンタウンのようになりたかったり、影響を受けていました。

芸人だけに限らず、視聴者にとっても、ダウンタウンの笑いは、実際に、面白いかどうかは別の問題として、「レベルの高いもの」として扱われることとなりました。それを崇拝し続けた場合、松本のボケはいつでも面白くなくてはならないものになりました。こうした崇拝者は、2ちゃんねるなどでは、「松本信者」と揶揄されることになりました。

もちろん、ダウンタウンのお笑いにそれほど興味がなかった視聴者もいましたし、信者の呪縛から開放されていった視聴者もいました。あるいは、それに飽きた視聴者たちもいました。

また、音楽やファッションでは、だいぶ前から「大きな物語の崩壊」（価値観の多様化）が進んでいたにもかかわらず、お笑いの領域は、それを何とかせき止めていましたが、2000年代初頭、いよいよお笑いも多様化という大きな波に飲み込まれ始めました。むろん、視聴者は、多様化した自分たちの「笑いのツボ」に対抗できる新たな「笑いの文法」を求めていました。そこに、ピタリとハマったのが、80年代に、『ひょうきん族』で、萌芽が見られた「キャラ」の笑いだったというのが私の仮説になります。

「キャラ」の笑いは、いつの間にか巨大になり、お笑いの世界も、そして、私たちの日常の笑いも飲み込んでいきます。むろん、路線が違っていた松本人志も「キャラ」については意識していたはずですし、逆に、番組

を見ている限り、積極的に活用していたと言えそうです。

「Session-22」（TBS ラジオ）のパーソナリティでお馴染みの評論家の荻上チキ（2009）は、00 年代のお笑いの特徴を「キャラ戦争」だと考えました。

「キャラ戦争」によって、視聴者は、自分の好みの芸人を応援するようになっていくと同時に、面白さそのものも個人の好みになり細分化されていきました。

　実際、1999 年以降、私自身、芸人として舞台に立っていましたが、いつも意識していたのは「不特定多数の若者たち」＝「大きな物語」でした。しかし、それが徐々に細分化していき、正統派がいいのか、分かりやすいものがいいのか、毒舌がいいのか、シュールがいいのか、あるいは、イケメンであればいいのかよく分からないものになり、ネタ作りではどの観客の笑いのツボに焦点を合わせるべきかを悩んでいました。

　以降、この「キャラ戦争」は、「エンタの神様」（日本テレビ）、「爆笑レッドカーペット」（フジテレビ）のなかでますます本格化し、視聴者は、好みのお笑い芸人を消費するようになっていきます。

　ダウンタウンであっても、松本人志は番組のなかで「ケチキャラ」とされたり、浜田が「ドＳキャラ」「やくざキャラ」などとされましたし、「M-1 グランプリ」のように、ネタで勝負をする正統派の芸人ですら、優勝後に、テレビの世界に残れるかどうかは、「キャラ」頼みになりました。

　こうした「キャラ戦争」のなかで若者たちが手に入れたのは、誰にでも「キャラ」を見出せるというリテラシーでした。若者たちは、お笑いにかぎらず、タレント、アーティスト、俳優、あるいは、自分たちと同じ素人＝友人や恋人に対しても積極的に「キャラ」を見つけていきました。

　私（2006）が、修士論文を執筆した際には多種多様なキャラを芸人ではない若者から拾うことができました。彼／彼女たちは、「キャラ」を用いて、芸人のように笑いを作ります。

　お酒が大好きな「飲みキャラ」は、いつものように酔っ払うことで笑

いを作りますが、その一方で「もう酒はやめた！」と発言し仲間から、「無理だ！」「嘘つけ！」とツッコミをもらい笑いを作ります。

「キャラ」を身にまとえば、どちらの行動、発言をしても、そこに笑いが作れます。これは、「リアクションの笑い」と同じで、素人にとっては、画期的な「笑いの文法」で、積極的に日常生活に取り入れられていきました。

同時に、「キャラ」は仲間同士に話題を提供したり、「キャラ」になりきることで傷つきかねないきついツッコミをかわすことも可能になりました。しかし、その一方で、「いじり」と「いじめ」という負の遺産を抱えました。[6]

2000年代のもう1つの「笑いの文法」についても考えてみましょう。この時期に、再び、若者たちに「新しい文法」を与えたのは、松本人志でした。その文法とは、「すべらない話」です。誰しもが1つは持つであろう「すべらない話」は、日常と親和性が高かったことは言うまでもありません。しかし、それは、一面では日常生活のエピソードにオチを付けなければならないという意味で、コミュ力に悩む若者たちを苦しめることになりました。同時に、「すべらない話」は、ネタを数多く持ち披露できるプロとの差異としても機能しました。

しかし、もう一面では、あらゆるエピソードが「盛った話」なのか、「真実」なのかという問題が生まれました。そこで、選ばれたのは、「ネタ」でも「真実」でも、いずれでもよく、面白くてウケれば許されるという状況でした。

もちろん、この状況は、「すべらない話」によって生まれたのではあ

6　メディアである以上、視聴者に何らかの影響を与えてしまうのは仕方のないことだと思います。ここでは負の遺産と書きましたが、バラエティ番組のいじりを攻撃したいわけでもないですし、テレビの中では、いじられていたとしても芸人の側はありがたく思っていることの方が基本的には多いため、それがいじめを生んでいるという意味ではありません。いじり、いじめ問題はもっと複雑で、一筋縄ではないはずです。

りません。例えば、「キャラ」には、演技性の問題が付きまといます。

　端的に言えば、その人のコミュニケーションや性格は、「素」なのか、「キャラ」なのかという問題です。この問題は、自分も含め、誰もが、突き詰めて考えれば虚構なのか、リアルなのか分からない問題だと言い換えられます。こうしたなか、誰しもが、どちらか一方が自分だと言い聞かせるか、あるいは、この点に関しては、思考停止して、生きていくほかありませんでした。

　こうした問題に対して、見て見ぬふりをする若者たちだからこそ、相手のエピソードが、ネタだとしても、真実だとしても、楽しめるリテラシーが蓄えられたのでしょう。この点は、2017年に話題になった「ポストトゥルース」とも関連しそうです。

　ここまで見てきたように、若者たちは、メディアを介して、様々な「笑いの文法」を手に入れてきました。その背後には、「大きな物語の崩壊」、「閉鎖的な身内空間」、「スクールカースト」、「やさしすぎる若者たち」のような自分たちのコミュニケーションや人間関係に「お笑い」が、ピッタリと当てはまったからこそ、お互いに共謀関係が結べたという面も忘れてはならない視点です。

　なお、ここであげた「笑いの文法」である「キャラ」「すべらない話」に関しては、本書にとっても重要なため、章を変えて、再び、俎上に乗せたいと思います。

///// お笑い芸人を頼らない 「笑いの文法」のアップデート /////

　私が見ている限り、大学生しかり、若い世代は、日常生活のなかでとても笑いを大切にしています。青砥と私（2015）の調査では、全体の74％の調査対象者が「笑わせる意識」をもっていました。[7]

7　肯定的な回答である3、4を合わせて、74％でした。

第3章　よく笑う若者たちから笑いを学ぶ

とはいえその意識があまりにも過剰な一面があります。つまり、笑いを大切にしすぎるあまり、仲間内では笑わなければならない同調圧力が強固だったり、面白いのか面白くないのか分からなかったとしても、とりあえず、何でも笑っておく、というコミュニケーションのスタイルも見られます。また、笑いが取れないことがコンプレックスになる者もいますし、いじりの過激化に悩む者もいます。このように、笑いは、若い世代の間では様々な問題を生んでいるのが現状です。

しかし、忘れてはならないのは、彼／彼女たちの「笑いの文法」の学習意欲です。少なくともここまで見てきたように、大人たちから見れば、若者たちの笑いには問題もありますが、対象物に対して、様々な角度から「笑うための文法」や「笑いを取る文法」を持っています。

その一方で、上の世代の場合は、持っている「笑いの文法」は、もしかするとダジャレだけという人もいるのではないでしょうか。ちなみに、私は、ダジャレも「笑いの文法」として、若者に継承されてほしいという立場です。

それはさておき、いまの若い世代の笑いの技術は、ある意味では、なかなか高度なもので、応用次第では、世の中の多様なものを別のメガネでも見ることができそうです。その見方は、本書のテーマでもある「私たちがもっと笑うため」にとても役立つものだと思われます。

こうした文法をこれまで、若い世代は、お笑い芸人から吸収してきました。しかし、近年、必ずしも、お笑い芸人からではなく、若者たちが独自に「笑いの文法」を作り上げている様子がところどころに見受けられるようになってきました。

その代表例として、私が評価をしていることばは、彼／彼女たちがしばしば用いる「じわる」ということばです。

「じわる」とは、「面白さ」を表すことばで、「じわじわと（笑えて）くる」の略語になります。「シュール」にも似たことばで、同じ意味として用いられることもあります。「じわる」は、何かを見た・聞いた、その瞬間は面白いとは感じなかったものの、よく考えてみると、あるいは、よく見てみると、だんだんと「いま」進行形で笑えてきていることを意味

93

します[8]。ちなみに、「じわる」は、松本の項目で扱った「シュール」に似たことばで、同じ意味として用いられることも多いです。生まれたときからお笑いに慣れ親しんだ世代は、いままで吸収したものを応用する段階にきています。それが、この「じわる」なのかもしれません。

「じわる」に見られる「面白くないもの」や「なんでもないもの」のなかに、面白さを見つけようとする態度は、面白いものが次々と供給されにくい社会のなかで、もっと笑うためにはかなり効果的です。

また、「じわる」は、「シュール」な笑いのように、必ずしも「上から目線」な主観的な評価として用いられるのではなく、場合によっては、相手への気遣いとして用いられたり、やさしさとして使われたり、共感のために活用されたり、相手の言動やその言動の背後のセンスへのリスペクトのために使用されています。私は、この点を非常に評価しています。

「すぐには面白くなかったけど、よく見たら、よく聞いたら面白いよね！」、「さっきは気づかなかったけど、それって実は面白いよね！」「じわってきた。その面白さすごい！」などの考え方や発言は、言われた本人を悪い気にさせないはずです。そのため、「じわる」は、コミュニケーションのなかで、次の笑いに接続していく可能性があります。面白い話は、面白く聞いてくれる相手がいてこそ成り立つものです。

こうした意味で、私は、「じわる」文化がもっと日本の様々な世代に広がってほしいと願っています。また、「じわる」だけではなく、新しい笑いと関連する若者ことばも次々と生まれることを期待しています。「じわる」ということばに抵抗のある人もいるかもしれません。が、その考え方は、本書のテーマとぴったり合致しますし、是非、生活のなかで活用してみてください。

8　ちなみに、「ウケる」ということばが浸透しはじめた70年代から、私たちの笑いは、面白ければ、声を出して笑うのではなく、場合によっては、面白いという評価だけを表すこともあります。こうしたことに慣れ親しんだ世代の活用する「じわる」は必ずしも音声的に笑う必要はないものの面白いという評価を相手に表し、リスペクトすることばとして定着しています。

///// 若い世代の笑いの課題 /////

　ここまで見てきたように、若者たちは、いまの時代だけに限らず、それぞれの時代で、「笑いの文法」を学び、高度な笑いのリテラシーを蓄えてきました。しかし、なぜか、社会人になってからはそれをいまいち活かすことができていないのが現状なのではないでしょうか。

　それは、テレビから学ぶ「笑いの文法」が身内を前提としているからかもしれません。

　どのように「身内の笑い」を越えていくか、これからは、これが大きな課題となってきそうです。

　2016年以降、ブリグジットやトランプ大統領の誕生のように、世界では、「分断」がキーワードになっています。隣にいる人の価値観や考え方は不明で、自分とはまったく異なったり、正反対の意見を持っているかもしれない時代です。未知なる他者と繋がるのは笑いの得意領域です。そのため、いまこそ、身内の笑いをどのように越えていくのかを検討する時代に入ってきているのではないでしょうか。このような課題に若い世代が少しでも興味を持ってくれると将来は明るいようにも感じますが、目の前の笑いと、目の前の人間と笑いで繋がることしか余裕がないように映ります。それでも「じわる」というような笑いと関連することばを生むことのできる文化は今後の希望になりそうです。

　また、YouTuberしかり、ネット上では、「笑いの文法」とまでは言えませんが、なかなか面白い人や、独特な笑いの作り方が徐々に出てきています。そうした面にも期待は持てるかもしれません。

　太田省一は、芸人にも期待しています。それは、芸人の巧みなコミュニケーションではなく、コミュニケーションがうまくない人だってこんなに面白いという点です。

　確かに、それがうまく広がっていけば、新しい「笑いの文法」も生まれてきそうです。キャラの笑いもまた、これまでのような身内のなかだけでおかしみを作るのではなく、身内以外に向けたキャラを生んでいく必要がありそうです。

　現在の若者たちのキャラの読み取りリテラシーの高さを私は評価して

います。その高さを活かし、相手が初対面であっても、相手と親しくなくても、その人のキャラを読み込んだり、場合によっては、自分のキャラを分かりやすく演出できることで、笑いに接続していくことを期待したいです。キャラを分かりやすく相手に伝えられれば、きっと、笑いも身内の笑いを越えていくはずです。この点も芸人は、私たちの日常のコミュニケーションの見本になるのではないでしょうか。

　ここまで、若い世代が、テレビのお笑い文化から学んでいる「笑いの文法」についてまとめてきました。これから先もテレビやネットでは、いままで以上に、目まぐるしく「お笑い」文化は変容していくことでしょう。

　視聴しながらそれらを「くだらない」、あるいは、「面白かった」で終わるのではなく、いまは、どんな「笑いの文法」が主流なのかを読み取ってみるのも笑いの勉強になり面白いかもしれません。そこで得た文法は、思っている以上に、日常の笑いにも役立つものです。

///// ニコニコ動画の「面白くないものを　　　　面白いものに変える」という思想 /////

　次にネットの笑いを見てみましょう。ネット上にも「2ちゃんねる」（現：5ちゃんねる）をはじめ、様々な「笑いの文法」が見られます。そこでは、匿名だからこそ、できあがった独特な文法もあるでしょうし、お笑い芸人の文法から援用したものもあるでしょう。

　ここでは、ネットサービスの niconico（ニコニコ動画、及び、ニコニコ生放送）の話をしてみたいと思います。niconico は、既にあちこちで語り尽くされていますし、2016 年からは、YouTube をはじめ、他の動画サイトにおされ、一時の勢いがなくなっているようにも思えますし、必ずしも、若者に支えられているわけではありませんが、niconico にも、「じわる」同様、現代をもっと笑うための重要な要素があるため、取り上げることにしました。

第3章　よく笑う若者たちから笑いを学ぶ

　まずは、基本事項についてです。niconico とは、2015 年に大手出版社のカドカワと経営統合した株式会社ドワンゴが運営する動画サービスのことを言います。2016 年 3 月の時点の登録会員数は、5,541 万人だそうですが、アクティブユーザー数の公表はありません。また、月に 540 円の有料会員数は、2016 年に初めて減少したものの 252 万人と公表されています。

　niconico の特徴は、YouTube とは異なり、WEB サイト上の動画の再生時間軸上に合わせてユーザーが投稿したコメントが右から左へ流れていき、それらを視聴者たちで共有することができる点にあります。

　元 2 ちゃんねるの元管理人で、niconico の運営にかかわっていたことがある西村博之は、ニコニコ動画の最大の魅力を「ユーザー同士でコメントすることによって、面白くないものを面白いものに変えられるというのが、サービスの価値かな」と述べています。

　例えば、どこにでもいそうなおじさんが旅をする動画に対して、そのおじさんの風貌に様々な角度からツッコミを入れてみたり、懐かしのスーパーマリオのゲーム実況に対して、「このゲームはどう課金するの？」などとひたすらボケてみたりすることで、笑いの要素を見出すことができます。

　繰り返しますが、私は、この発想は、現代社会を笑うためにとても大切なことだと思います。

　これまで、日本社会は、1970 年代以降、消費社会をひたすら突っ走ってきました。その恩恵として次々と新しいものが広告され、私たちは、それに驚いたり、感動したり、ときには、笑ってきました。しかし、ある時期からは、「リバイバルブーム」などと言われ、ファッションや音楽などの領域では、流行したものが再び、注目を浴びはじめました。同時に、コンピューターなどいくつかの領域を除き、文化が飽和点に達してしまったのか、次から次へと私たちを驚かすような新しいものは多くは出てこなくなりました。

　次から次へと新しいものが出てくれば、私たちはいつまでも受け身な姿勢で、広告され、欲望を喚起されて、与えられたものを消費すること

が、できたかもしれません。しかし、現代社会ではそれは非常に難しくなっています。

　もちろん受け身だったとしても、私たちは感動することができるのかもしれませんが、そこには限界もあるのではないでしょうか。つまり、自分自身が積極的に変化しないかぎり、驚きや喜び、おかしみは感じにくい世の中になってきているというわけです。

　niconico の動画サービスでは、視聴者たちは、基本的には、面白いものを好みますが、それほど面白くないものや、つまらない動画にも「面白さ」を見出しています。

　私たちは、niconico に限らず、日常生活のなかでも、面白くないものに対して、独特なツッコミやコメントをして、面白くしてみたり、何でもない風景には、自分の観察力で、面白さを発見してみたり、相手の考えや経験、何気ないコミュニケーションに対して、自分なりの解釈や意見でおかしみをあぶり出したり、協力し合って面白さを広げていってみてはどうでしょう。

　niconico にある「面白くないものを面白いものに変える」思想は、現代社会のなかで、私たちがもっと笑うためには、必ず役立つはずです。ちなみに、テレビにもこうしたツッコミを入れる視聴形態は見られますが、共有できるという意味では、やはり、niconico にこそ注目すべきでしょう。

///// ニコニコ動画の「ライブ感」という思想 /////

　次に、ここでは、niconico の面白さを作り出すもう 1 つの特徴に注目してみましょう。niconico の開発者でありドワンゴ株式会社の代表取締役会長である川上量生は、当時、すでに流行していた YouTube と差別化するため、niconico の動画サービスのなかに「ライブ感」を取り入れたかったと述べています。その際に、意識したのは 2 ちゃんねるの実況版だったそうです。そして、その「ライブ感」は、niconico のなか

第3章　よく笑う若者たちから笑いを学ぶ

に見事に取り入れられました。それが、多くの視聴者（リスナー）を呼んだ要因になったのは確かでしょう。

この「ライブ感」は、現代社会をもっと笑うために外せない考え方です。しかし、ここで言う「ライブ感」とは一体何でしょう。どのような「ライブ感」なら、私たちはもっと笑うことができるのでしょうか。結論を先に述べるのであれば、それは、「祭り」と「予定調和ではないこと」（予定不調和）です。

まずは、「祭り」について考えてみましょう。

niconicoでは、盛り上がったり、面白かったりすると、動画を覆い尽くす数のコメントが流れることがあります。

このような状態を、社会学者の濱野智史（2008：210）は、ニコニコ動画のコンテンツの視聴自体はもはや主目的ではなく、目的とされているのは、動画を視聴する側の「体験の共有」に他ならないと分析し、niconicoを「動画＜視聴体験＞共有サービス」と呼びました。

彼の意見からも分かる通り、ユーザーたちが最も共有したいのは、瞬間的な盛り上がり、つまり、「祭り」です。そうした「祭り」を希求する姿勢は、現代社会の至るところに垣間見られます。

例えば、アーティストのCDやMP3にはお金は払わず、YouTubeで繰り返し視聴するにもかかわらず、そのアーティストのLIVEには、正規の方法では入手できない場合、ネットオークションなどで倍以上の値段を払って参加するという行為からも読み取ることができます。むろん、AKB48の総選挙や握手会、その他の音楽イベントや野外フェス、FIFAワールドカップの後、ハロウィン、年越しの渋谷の祭り、プロ野球の広島東洋カープを熱烈に応援するカープ女子からも同じ傾向を読み解くことができます。また、若い世代でいえば、友人同士のちょっとした言動が瞬間的な「祭り」を呼ぶこともありますし、SNS上でのひとことが「祭り」に発展することもしばしばあります。もちろん、炎上も「祭り」の1つでしょう。

現代社会では、コンテンツそのものよりも、「祭り」での盛り上がりを誰かと共有することが大切なことになっているようです。それをネタ

に、さらに誰かとコミュニケーションができることがいま求められています。

　それは、西村博之（2007：67）が、ニコニコ動画を「ユーザーは、"ネタ"を肴に盛り上がりたいだけで、コンテンツの中身の良し悪しが重要なのではない」と述べていることとも合致するのではないでしょうか。

　もっと笑うためには、まずは第一に、「どのように、盛り上がっている場を探すのか」が課題になりそうです。さらに、アンテナの感度を磨きつつ、それが見つけられた際には、冷めた視点を持たずに、「その場にどっぷりと飛び込めたり、浸かれること」も重要な能力になります。

　また、自分のいる場を「盛り上げることのできる力」も状況によって必要になります。私たちは、お笑い芸人を見る際に、人を笑わせる技術ばかりに注目するのではなく、場を盛り上げる力にも着目して、芸人を研究してみるのも面白いかもしれません。その際には、バラエティ番組はもちろん、芸人の前説、営業先でのトークやゲームコーナーなどの盛り上げ方が参考になるでしょう。

　では、次に、「ライブ感」のもう一面である「予定調和ではないこと」（予定不調和）について考えてみましょう。
「予定調和ではないこと」は、私たちを驚かせることもあるでしょうし、何らかのおかしみを生み、笑いを誘ってくれることもあるはずです。しかし、日本の社会を見ていると、様々な領域で、「予定調和な世界」が切望され、そこへと突き進んでいるように感じてしまいます。

　例えば、私たちは、たくさんの防犯カメラに囲まれたなかで生活をしています。また、様々なポイント・クレジットカードは、場合によっては、私たちを監視するカードになります。同様に、それは、スマホをはじめとしたネット環境にも当てはまります。こうしたインフラをふまえると、私たちは、自覚できるレベルで力を持った権力者（企業や国家）から一方的に、「監視される社会」のなかを生きています。

　防犯カメラが増える程度なら、安全の強化につながり、賛成する人は多いことでしょう。では、例えば、その監視が家の中にまで及びプライバシーが侵害されたらどうでしょう。また、監視の対象が、私たちのコ

第3章　よく笑う若者たちから笑いを学ぶ

ミュニケーションや感情、欲望にまで広がった場合はどう思いますか。徹底した監視は、個人の自由さを奪うだけではなく、個性やアイデンティティすら脅かし、皆が均一化してしまう恐れもあります。

　このような社会は、安全度は高くても、あらゆることがある意味では強制的に「予定調和」で、そうではないことをことごとく事前に排除しかねません。

　まるでSFの社会のようですが、現時点での「監視」でも、私たちの自由さや個性は何らかの形で奪われているかもしれません。それがどの程度奪われているのか、それは、誰しもが簡単に判断できることではありません。また、「予定不調和」な出来事も、事前に排除されてしまっていることに私たちは気が付きにくいのではないでしょうか。知らぬ間に、私たちの身体が規制されたり、ある方向に向かってしまうことを考えると、とても恐ろしい気持になります。

　さらに、「予定調和」の世界を作るのは、検索エンジンも一役買っていることでしょう。私たちは、検索エンジンを使うと、いまは、何でも調べられる世の中です。そのため、私たちは、あらゆることに対し「分かったつもり」「知ったつもり」になりがちです。そうなると、私たちは、ある対象をそれ以上は見ようとしませんし、知ろうともしなくなります。そこで、見逃してしまうものが出てきます。好奇心自体、「少しだけ分かっていること」、つまり、「分からないことがある」ということが前提となります。「分かった」「知った」は、私たちから好奇心すら奪いかねません。

　私たちが、すでに、「知っていること」が覆る「予定不調和」もあるかもしれません。しかし、人間誰しもが本来であれば、知らないことの方が多いため、知らないことから生じる「予定不調和」の方が圧倒的に多いはずです。にもかかわらず、日本社会のなかでは、少しでも早く知り、少しでも早く分かることが大切にされているように思えてなりません。この発想もまた、「予定不調和」を奪うのではないでしょうか。

　それから、検索エンジンでは、「分かる」「知る」ための過程があまりにも瞬間的なため、道中で出会いそうな「予定不調和」なことを見逃しかねません。今後、検索の精度が上がれば上がるほどますます「予定不

101

調和」なノイズは私たちに届かなくなることでしょう。

　同じように、情報過多の時代には、様々なものに対し、予想がつきます。もう少し、正確に言えば、予想がついた気になるといったところでしょう。

　こうしたなかでは、これまで、ネタバレを楽しむようなものが、加速度を増して失われてきています。プロテクトをかけたとしても、情報の多さがそれを乗り越えていってしまいます。すると、ネタバレは、ますます進行し、予定不調和なものがなくなってしまうかもしれません。ネタバレは、映画やテレビ番組だけではなく、既に、食べ物や、旅行のような私たちの経験も対象になってきています。

　例えば、料理は、誰でも、食べてみないとそのおいしさは分からないものの、私たちは、食べログを読んで、この店に行くことをやめる選択を行なうこともあります。それは、情報が、私たちの経験を手助けしていると解釈することもできますが、行ってみることによって、本来は味わうことができたかもしれない面白さを排除していると考えることもできます。今後、こうした事態がさらに進んで待っているのは、あまりにも均一的な社会の到来です。その社会は、面白さにいまいち欠けているように思え心配になります。

　さらに、例えば、Amazon は、私たちが実際に知るよりも先におすすめの商品を教えてくれることがあります。ビックデータは、私たちの行動を予期できるため企業は莫大な投資をして積極的に活用し始めています。

　私たちは、このような世界に、どっぷりと浸かりそこを出ようとしません。つまり、私たちは、あらかじめ、何が起こるか決められた世界に、自ら安住しているのです。その枠組みのことを、既に、自覚すらできていない人も多くいると思われます。

　ライブの話に戻しましょう。予定調和の多い時代だからこそ、自覚の有無は別として、「予定不調和」が求められるのかもしれません。そこで需要があるのが、「生（なま）」で、何が起こるか分からない「ライブ」と、そこに参加することで得られる「経験」です。ライブの人気の所以

はここにあるのでしょう。

　とはいえ、本来ライブそのものには、台本や進行表があるわけで、予定調和的な要素は多分に含まれています。にもかかわらず、一体感は、何かを生んでくれそうな期待を私たちに持たせてくれます。また、予定調和が、含まれていたとしても、含まれていないように見えること、含まれていたとしても、あえて、楽しむ、楽しむふりをするということが既に若者たちの間では実践されているように感じます。こうした部分も私たちの日常に応用することができれば、笑いの実践と関連することでしょう。

　読者の皆さんは、どの立ち位置に立って、ライブを楽しみますか。いまある世界を笑うためにも、どの立ち位置に立ちますか。

　最後に、私たちは、日常生活のなかで、どのように「予定調和」を乗り越えていけばいいのでしょうか。まずは、ここまで論じてきた問題について自分なりに回答を持ってみることを自らに問うことから始まりそうです。そして、思いつく限り、「予定不調和」な場所へと自ら積極的に足を突っ込んでみることはとても重要になるでしょう。

　また、情報のリテラシーも今後ますます大切になりそうです。私たちは、多様な情報のなかから、正確な情報を入手することを課題にしがちです。

　しかし、「あえて、読み間違うという選択」や、「正確な情報を入手したうえで、あえて、別の行動をしてみる」ということが「予定不調和」を味わうために必要になるかもしれません。アメリカのトランプ大統領という国の方向が決まるような大事な場面でも、このような選択はすでに行なわれた可能性だってありそうです。

　それから、「他者がどのような期待を私にしているのか」にアンテナを張ってみることも重要です。そして、その期待をどうすれば上回れるのかということを考えてみれば、これから、皆さんが、接する人に、驚きや意外性を与えることができると思います。

　さらに、簡単ではないかもしれませんが、様々なことに対して、自ら、期待値を下げる訓練をしてみてはどうでしょうか。期待値がうまく

下がれば、今以上にいろいろなことに感動したり、おかしみを感じたりできるはずです。この節では、niconico について語ってきましたが、niconico のシステムは、まずは、テレビに導入されるべきだと思います。瞬間的な盛り上がりを皆で体感でき、たくさんの人のコメントやツッコミで新たな面白さに気付ける環境は、テレビの不人気を打破する 1 つの手立てであるはずです。

/////LINE で笑いを /////

　5-6 年という短い期間でスマートフォンは、私たちの生活に浸透しました。総務省（2016）によれば、普及率は 60.2％だったそうです。年代別に見ると、20 代は 87.0％、30 代 73.0％、40 代 60.0％、50 代 54.0％、60 歳以上 35.0％でした。

　スマートフォンでは、様々なアプリが使用されていますが、日本で最も定番アプリとなったのが、LINE だと言っても過言ではありません。LINE は、世界中の誰とでも無料でメッセージの交換や通話ができるアプリです。国内のユーザー数は、6,800 万人[9]、うち、月間アクティブユーザー率（毎日利用しているユーザー）は 71.0％と言われています。LINE の最大の特徴は、自分が送ったメッセージを相手が確認したかどうかが分かる「既読機能」と、多彩な「スタンプ機能」です。また、相手に送るメッセージの気軽さやゆるい感じなところも若い世代に受け入れられた理由の 1 つだと思われます。

　しかし、その一方で、マス・メディアでは、若年層の LINE でのいじめとの関連が批判的に報道されることもあります。また、親会社が韓国最大手の検索ポータルサイトの NEVER Corporation であることを隠して日本で登場したことや、週刊誌レベルでは、真相は不明ですが、過去に個人情報の傍受問題などが報じられたことでも有名です。

9　LINE 2016 年 10 月－ 2017 年 3 月媒体資料

第3章 よく笑う若者たちから笑いを学ぶ

いつの時代も、新しく登場したメディアは、批判的に語られますが、LINE も同じ傾向にあるようです。ここでは、LINE の良し悪しを語るのではなく、LINE と笑いやユーモアの関係について論じてみたいと思います。

結論を先取りすれば、LINE は、笑いを作りやすいアプリです。私は、LINE がここまで流行し、定着した理由の 1 つに、笑いが求められた現代社会のなかで、誰もが笑いを簡単に作りやすいメディアだったからでもあると推察しています。では、なぜ、LINE は、笑いを作りやすいのでしょう。

その理由として、まず指摘しておかなければならないことは、LINE の持つ「スピード性」にあります。笑いを作るためには、漫才のボケとツッコミがそうなように「スピード」と「勢い」が大切になります。また、私自身の芸人時代の経験を語るのだとすれば、もし、舞台上で一発芸を先輩芸人から指示されたら「とにかくすぐやること」が鉄則でした。時間の経過に伴い、聞き手の期待値が上がってしまったり、逆に、時間をかけてやったとしても、聞き手を待たせることで、空気が変わったり、時間をかけても「そんなもんか」という不満を生み、ウケません。

LINE では、実際に対面している会話のように、相手の発言に対して瞬時に返信をすることができるため、お互いの一体感は作りやすく、メールに比べると即時的で、より笑いが生まれやすくなります。

なお、LINE では、たとえ、返信が遅れてしまったとしても、会話が途切れていないように見せる設計になっています。返信が数時間空いたとしても、メッセージのやり取りはリアルタイムで行われているように見えます。こうした設計は、狙われたものかどうかは別の問題として、笑いを生み出す 1 つの装置として機能します。

次に着目したいのはスタンプです。スタンプは、現在は、誰でも作ることができるものとなりました。2016 年 11 月 1 日時点で、登録クリエイター数は 61 万人と言われ、販売中のスタンプは 32 万セットを突破したと発表され、いまもなお増加し続けているそうです。

LINE の元代表取締役の森川亮は、「TEDxMeieki 2013」で、スタンプ

について以下のように述べました。

　　友だちとか、家族とか、恋人同士とのコミュニケーションを、より
　豊かにするのがスタンプですが、一方でスタンプというのは、今まで
　のコミュニケーションになかったものを呼び起こしてくれる、そんな
　存在かなと思っています。

　森川は、笑いに関する指摘をしていません。しかし、スタンプは、こ
れまでのメールではできなかった笑いを生み出しています。スタンプか
らどのように笑いは生みだされるのでしょう。
　スタンプは、イラストや動きそのものが面白く作られています。30
万セットというスタンプの数は、それぞれが、ユニークで、ゆるく、笑
える要素が備わっているものが多いです。標準装備されているスタンプ
もゆるく、どれもテンションが高く、リアクションが大きいことも特徴
です。使用してみると私たちの発言自体が、オーバーに見え、笑いを誘
発するきっかけになることは明らかです。
　また、一見、笑いとは関係のないスタンプであっても、「組み合わせ」
によって、様々な笑いを生み出すことができます。
　スタンプの組み合わせ次第では、現実にはあり得ないキャラクターの
組み合わせで遊ぶことができます。現実的には、様々な利権の問題で組
み合わせられない夢のキャラクター同士の競演が誰にでもたやすくでき
るというわけです。例えば、ディズニーキャラと少年ジャンプのキャラ
クターを互いに使用しながらチャットをすることもできますし、スタン
プを用いてストーリーを持たせたり、ちょっとした4コマンガのよ
うなやり取りも可能です。そこには、その人のユーモアセンスを読み込
むことができますし、意外な組み合わせに思わず声を上げて笑ってしま
うこともあります。
　また、スタンプ同士の組み合わせだけではなく、単体ではその意味が
よく分からないスタンプにことばを添えてみたりすることで、爆笑をさ
らうこともできるかもしれませんし、爆笑はしないまでも、相手をジワ

第3章　よく笑う若者たちから笑いを学ぶ

ジワと笑わせることもできます。こうした笑いのコミュニケーションは、森川の述べた「今までのコミュニケーションになかったもの」なのではないでしょうか。すでに LINE 上での会話は、文字によるコミュニケーションではなく、スタンプだけも感情を伝えあったり、共感しあったり、コミュニケーションが可能になってきています。

　スタンプから生まれる笑いには、他の要素も読み取れます。それは、例えば、「この人がこんなスタンプを使うんだ」という意外性から生じる笑いです。

　つまり、自分自身が使いそうにないスタンプのキャラをあえて使用することで、相手に意外性を感じてもらい笑ってもらうというわけです。日常会話ではウケを狙ったり、話にオチを添えることは難しいです。

　しかし、LINE では、スタンプの機能を使用することで、様々な会話の流れにオチが付けられたり、ゆるいツッコミを入れたり、オーバーなリアクションをすることができます。こうしたコミュニケーションに抵抗のある読者も多いかもしれませんが、やってみると笑ってしまう可能性も高いと思います。

　それから、写真や動画も簡単に送れるため、面白いと感じた写真を友人に送ってみて、共感してもらったり、ツッコミを入れてもらうことができますし、仲間同士で撮った変顔やちょっとした動画を送り合い共感することも簡単です。こうした機能も、私たちがもっと笑うためのヒントになりそうです。

　とはいえ、すでに、若い世代は、LINE のコミュニケーションに疲れ始めている報告が出てきました。確かに、あまりにも、つながりすぎる人間関係は息苦しそうですし、いちいち、LINE の既読無視（KS）、未読無視、即レスのような暗黙のルールを気にしなければいけないことはとても面倒に思えます。また、即レスしなければならないプレッシャー、複数人数での終わりの見えないチャット、その場での空気の読み合い、スタンプだけの素っ気ない返信、マニュアル的な対応、失敗するとリアルの人間関係がこじれかねないなどのコミュニケーションには、うんざりしてしまう気持ちはよく分かります。

株式会社ネオマーケティング（2015）は、15歳〜29歳のLINEのIDを持っている高校生、浪人生、大学生、大学院生の男女513名を対象にLINEに疲れを感じるかどうかを質問したところ、「どちらかと言うと疲れる」「疲れる」は、男女合わせ44.8％でした。
　上の世代は、こうした結果に対して、「だったらやめればいい！」という結論を出しがちですが、やめても次のメッセージアプリに移行するだけで問題の解決にはなりません。
　むしろ、どんなふうに、LINEの良いところを活用していくかを考えていくべきだと思います。若い世代の間では、即レスというルールを投げ出し、いろいろなことをお互いに気にせずに、もっとゆるくつながっていこうという発想が出てきています。

写真①　LINEのスタンプ

第3章　よく笑う若者たちから笑いを学ぶ

　若い世代の問題をふまえて、他の世代は、笑いが作りやすいLINEを
どのように活用し、楽しみ、笑うかを試行錯誤してみてはどうでしょう。
そして、そこで蓄積したリテラシーを今度は、若い世代に広めていって
みてはどうでしょうか。

///// キャラ化 /////

　若い世代の日常は、友人同士でいる限り、基本的には笑いにあふれて
います。その笑いのなかで、頻繁に使用されているのが既に論じた通り、
「キャラの笑い」になります。この節では、「キャラの笑い」について掘
り下げてみましょう。

　まずは、「キャラ」の笑いを考えるにあたって、テレビに目を向けて
みると、バラエティ番組では、お笑い芸人でもアイドルでも、タレント
たちは「キャラ」を意識し、他の出演者とかぶらないように振る舞いま
す。タレントになぜ「キャラ」が必要なのか。それは、彼／彼女たちが、
視聴者に自分の全てを見せることができないからです。むしろ、自分の
全てをさらけ出すよりも、自分のなかの特徴的な部分をうまく見せるこ
とで、親しみを感じてもらい、視聴者に覚えてもらうことが重要だから
です。

　重要なこととして、「キャラ」が定着すると、笑いは、飛躍的に作り
やすくなります。私が芸人をしていた時期に、先輩芸人や社員から頻繁
に、「キャラを作れば売れる」「テレビへの近道だ」と言われました。

　そのため、私は、自分の「キャラ」とは何なのか、何が武器になるの
かを必死に考えましたが、当時は、インパクトのある「キャラ」は見つ
け出すことができませんでした。そんなふうに悩んでいたときに、芸人
ではない大学の仲間たちは、私のことを「ツッコミキャラ」にもしてく
れましたし、「リーダーキャラ」にもしてくれましたし、顔の特徴であ
る青ヒゲから「ヒゲキャラ」にもしてくれました。

　そして、仲間たちもまた「キャラ化」していました。見た目から「メ

109

ガネキャラ」、アゴがやや出てたら「アゴキャラ」、「話を聞かないキャラ」もいましたし、「まじめキャラ」、「おしゃれキャラ」、「乱暴キャラ」、「パチンコキャラ」など様々な「キャラ」の友人がいて、その「キャラ」にツッコミを入れたりしながら笑いが溢れるコミュニケーションをしてきました。

　友人同士で、会話に詰まるようなことがあっても、「キャラ」に対してツッコミを入れれば笑いが生まれますし、それが何らかの次のコミュニケーションに接続していきます。

　こうしたやり取りを芸人に応用しようとしましたが、大学の仲間の前とは異なり、芸人のなかでは、既に司会を務める先輩芸人は複数いるため「リーダーキャラ」には、私はなれませんし、ツッコミも私よりもうまい人が多くいるため、その「キャラ」は私である必然性はありませんでした。その後、私は、芸人として、売れそうな「キャラ」を見つけることはできずに引退する決意を固めましたが、同期や先輩、後輩の芸人たちの一部はそれをうまく見つけたり、演出し、舞台をテレビに変えていきました。

　大学院に進んだ私は、「キャラ」に関する疑問を忘れられなかったため、芸人やタレントというテレビの向こう側の世界ではない「若い世代の日常の中の『キャラ』」に着目し、都内でフィールドワークを行ない、修士論文「『キャラ』という名の個性」（その後『キャラ論』）をまとめました。

　私の大学時代に芸人ではない仲間との間にあったように、若者たちは、「キャラ」に対し関心を持ち、積極的に「キャラ」を演じたり、「キャラ」を通じて笑いを作っていました。その様子や、その社会背景については、『キャラ論』(2007) でまとめました。

　そのなかで、「『キャラ』があるとその人はどちらの行動をとっても笑いになる」という指摘をしました。それは、本書で論じている「もっと笑うための方法」にも通じることだと思います。

　前述したことですが、別の例で、再び論じておけば、「天然キャラ」がいつも通り抜けた発言をしたら私たちは笑います。一方で、なぜか、

第3章　よく笑う若者たちから笑いを学ぶ

今日は、しっかりしていて、リーダーシップを発揮したら、「今日はどうした？」ということで意外性を感じ、そこにツッコミを入れたりして笑います。つまり、「キャラ」さえ仲間内で認識されていれば、笑いは自然と増えてくるのです。

とはいえ、「キャラ」のコミュニケーションに抵抗がある大人も多いのではないでしょうか。その理由の1つに、「いじり」と「いじめ」の問題があると思います。「キャラ」は、やりすぎると「いじめ」になります。職場で実践し、バランスを間違うとパワハラで首になる時代です。慎重になることも分かります。しかし、若者たちの失敗をふまえて、大人たちは、もっと「いじり」という名の「愛情のあるからかい」を実践してみてはどうでしょう。

また、表情や言い方などのノンバーバルな部分に、細心の注意を払うことは、若者たちも積極的にしていますが、大人は、さらに気を使ってみてもいいでしょう。そういう努力をしてでも、メリットがあるのが「キャラ」の人間関係です。

また、「キャラ的」なコミュニケーションを嫌う別の理由に、「大人たちの自己のあり方」と、「現代の自己のあり方」の違いが関係していそうです。おそらく、大人たちのなかには、生きていく上で、一貫した自己を見出すという意味でアイデンティティを気にする人もいるのではないでしょうか。「キャラ」は相手や状況に応じて自己を変化していくものなので、一貫するという意味ではアイデンティティとは異なります。

アイデンティティを志向する人からしてみると、「キャラ」は、軽そうで、嫌悪の対象かもしれません。しかし、いまから約100年前に、社会学者のゲオルク・ジンメルは『社会学の根本問題』のなかで、濃密な村社会ではなく、都市化した社会の人間関係は、「全人的」ではなく「部分的」なものにならざるを得ないことを指摘しました。

私たちは、誰かと親しくなったときには、自分の持つ様々な要素を相手にも見せたいものです。しかし、都市化し、複数の人と関わって生きていかなければならない社会では、テレビでタレントたちが実践しているように、私たちにも様々な自分を他者に見せることには限界があありま

111

す。

　であれば、自分の全てを他者に見せる（全人的）ではなく、自分の特徴的な部分を見せ合う人間関係は、ジンメルが指摘した100年前よりはるかに、必要なのではないでしょうか。

　笑いのためだけでなく、初対面の人に自分をどう見せるのかという問題は、「キャラ」で考えることもできます。皆さんの自分の「キャラ」は何ですか。

///// キャラ化するメリット /////

「キャラ」を考えることに違和感を抱く人はいるかもしれませんが、「キャラ」は自分の表現方法の1つでもあります。ここでは、「キャラ」が立つことのメリットを改めて整理しておきましょう。

　まずは、前節の復習になりますが、「キャラ化」の1つめのメリットは、「初対面の相手や、親しいとはいえない他者に対し、自分を伝える手段」です。そのため、「キャラ」があることで、コミュニケーションが円滑になったり、広がりを見せたりすることもあるでしょう。

　仕事にもよりますが、私たちは、多様な人とコミュニケーションを次々と行なう必要のある時代を生きています。場合によっては、相手に覚えてもらえないことだって想定できますし、印象に残らず、次につながらないこともあるかもしれません。しかし、「キャラ」が相手にうまく伝われば、その部分を通して覚えてもらえます。「キャラ」によっては、自分自身をより印象深く伝えることも可能ですし、その「キャラ」を面白いと思ってもらえれば、笑いにも変えることは容易ですし、次回に、再び会うチャンスにもなります。

　さらに、「キャラ化」することで、お互いの立ち位置が理解できます。初対面の場合、お互いに気を使ってしまうこともあり、気まずい感じが拭いきれないことは誰にでもあることだと思われます。「キャラ化」して、お互いに、立ち位置がはっきりするとコミュニケーションは驚くほど円

第3章　よく笑う若者たちから笑いを学ぶ

滑に進んでいきます。

　また、とりたてて話すことがないときにでも、「キャラ」にまつわるエピソードなどを披露し合えると、お互いのことがより分かった気になれるものです。若い世代は、「キャラ化」し合うことで、共通点がなくても、次々と盛り上がるトピックを作り、笑っています。こうした会話を広げてくれることは、次に論じる「キャラ」のメリットと関連します。「キャラ化」の２つめのメリットは「笑いのネタが作りやすくなる」です。

　自分のコンプレックスや、気にしているところをうまく「キャラ」に乗せて、表現することでそれをポジティブに伝えることができます。その代表例として、明石家さんまが、出っ歯を「キャラ」の１つにして様々なネタを語っているように、私たちは、日常生活のなかで、自分が、鼻が大きいこと、目が細いこと、髪が薄いことなど、何でも「キャラ」の１つにできます。それを「キャラ」として表現できれば、相手も、「そこはツッコミを入れていいんだな」、「笑っていいんだな」ということが分かり、コミュニケーションがより取りやすくなります。

　どんな「キャラ」でも、名刺代わりになるように、いくつか長短のエピソードを持っておくと自然な形で会話の流れに乗せて披露できるものですし、話すことがなくなってしまったときに、「実は、私って…」のように、会話を繋ぐトピックにもなります。

　例えば、私であれば、「ヒゲキャラ」なので、ヒゲのネタを語ってみるというわけです。（「ヒゲキャラ」はなかなか初対面の相手には出しにくいものですが……）

　　この間、３歳の子どもがデパートに入って知らない男性に抱きついちゃったんですよ。僕、慌ててその人に謝りに行って、「すいません」と頭を上げて、その人の顔を見たら……ヒゲが濃い人だったんです。

　展開の予想がつきそうなエピソードで恐縮ですが、エピソードには、どこかその人の性格が現れたりするものです。決まりきった挨拶や社交辞令、世間話も人を親しくするものですが、「キャラ」のエピソードは、

113

お互いの距離を効果的に近づけるものです。

　さらに補足をすれば、「キャラ」を自覚していることで、ネタを増やすことができます。私であれば、「ヒゲキャラ」であるからこそ、顔を見て、「この人も…」と思えたわけです。引き出しに貯めていくネタ作りのためにも「キャラ」の自覚は大切になります。また、応用編ですが、地元と絡めて地元を「キャラ化」しておくのも効果的です。例えば、地元の田舎さを「キャラ」的に見せたり、地域の特徴である寒さを「キャラ」的に伝えることで、地元をそう解釈している自分自身の紹介になることもあり、笑いを生む可能性があります。

「キャラ化」の３つめのメリットは、「身を守る」です。あえて、自分のコンプレックスの「キャラ」を出してみることで、私たちは、自分の本当に触れられたくない部分を守ることができます。

　また、実際に触れられたくない部分だったとしてもカミングアウトしてみると、他者の反応は、それほど大きなものではなく、自分自身が気にしすぎていたことを理解することもできます。

　それから、「キャラ」という冗談の世界の前提で話をしてみると、それが笑いに昇華し、くだらないことで悩んでいたのだと開き直れることもあります。

　さらに、自分から先にカミングアウトしてみると、「実は…私も…」と相手も、他の人にはすぐには出さない部分を見せてくれる可能性も出てきます。それは、お互いの垣根が取り払われる瞬間で、人間関係にとっては、非常に大切なことだと思います。

　お互いが「キャラ化」できれば、会話は自然と盛り上がりますし、会話に困らず、笑いも増えます。それを念頭に置いて、自ら「キャラ」のエピソードを語りつつ、場合によっては、相手を「キャラ化」してみてはどうでしょうか。

　相手を「キャラ化」するのはなかなか困難に思えます。しかし、相手のコンプレックスや欠点を探すのではなく、相手の長所やいいところを探し、それを「キャラ」にしてみてはどうでしょうか。つまり、相手の魅力探しです。それをコミュニケーションに乗せていくことで盛り上

第3章　よく笑う若者たちから笑いを学ぶ

がってくることがありますし、今度は、相手も、自分の気づいていない長所を探してくれるかもしれません。

　もちろん、人間関係では、逆に、コンプレックスにツッコミを入れてみることで親しくなれることもあります。ただしこの場合は、相手に細心の配慮をしたり、少しでもいやな顔をされたら、冗談として打ち消したり、ときには謝る覚悟も必要になります。この手法は難しい側面もありますが、うまくいったときの効果は大きいです。

　テレビで、「がさつキャラ」のわりに、「人脈が広いキャラ」としてお馴染みの千原せいじ（2016:30,31）は、自分のがさつを認めつつ、「誰からも好かれることは不可能」だと強調し、様々な人と出会ってきた自分の経験として、「仲良くなれるのは半分くらいの確率」だと振り返りました。親しくなれるのは、「半分程度」の確率なのだから、嫌われることを怖がって、言いたいことを言えないのは、ストレスがたまる考え、素直に思ったことをガンガン、言っていくというのが千原せいじの主張です。

　千原せいじの、「人と仲良くなれるのは半々」という意見は、彼の経験論にすぎませんが、私たちは、もっと気楽に人間関係を考えてもいいのかもしれないということを教えてくれます。自分のちょっとした問題点を見せつつ、相手の気になる部分に対してツッコミを入れてみるのも相手と親しくなる手段なのかもしれません。

　若い世代の「キャラ的」なコミュニケーションには、私が調査をしている限り、スクールカーストや無理に貼られたレッテルへの悩み、過激ないじりなど様々な闇の要素が見られます。しかし、それは、私が『キャラ論』で調査をした限りは、少数で、多くの若い世代は、「キャラ」を上手に活用し、笑いを生み、楽しんでいました。

　負の部分に注意しつつ、大人世代は、若い世代の「キャラ的人間関係」を自分たちの生活に取り入れることを検討してみてください。

115

///// ツッコミから作られる笑い /////

　日本のお笑い文化の1つと言われている漫才では、例外はありますが、ボケとツッコミのペアによって成立しています。ボケとツッコミというと読者の皆さんのなかには、関西をイメージする人も多いでしょう。私も、関西の人の方が、ボケとツッコミの文化を日常会話のなかに取り入れていることが多いと思っていました。しかし、若い世代に限っては、必ずしも、西高東低なわけではないようです。

　青砥と私（2015）（表1）で、行なった調査のなかで、「友だちとの関係の中で、あなたにはボケやツッコミの役割があると思いますか」と聞いてみたところ、全体では、4と3を合わせると75.8％が、「ある」と回答しました。なお、東西の差を比較してみると、関西80.3％、関東74.2％とわずかですが関西の方が高い結果になりました。しかし、「とても思う」の4の回答に限定してみると、関西は51.3％、関東は29.9％と、関西のほうが多い傾向がありました。

表1　ボケとツッコミの役割について

回答		4 ≪とても思う≫	3	2	1 ≪全く思わない≫
全体	人数	78	78	41	7
	％	38.2%	38.2%	20.1%	3.4%
関東	人数	29	43	21	4
	割合	29.9%	44.3%	21.6%	4.1%
関西	人数	39	22	13	2
	割合	51.3%	28.9%	17.1%	2.6%

　私たちのイメージは、必ずしも間違っていない結果かもしれませんが、注目したいのは、関東でも若い世代に限って言えば、ボケとツッコミは日常生活のなかで、定着していることです。

　関東でも、ツッコミ文化が見られるのは、芸人の影響であることは確かです。そこで、この節では、ツッコミに対して馴染みのない世代が、芸人や若者たちからツッコミを学ぶことを目的としたいと思います。日常生活で使用するために、まずは、ツッコミのメリットとデメリットを

第3章　よく笑う若者たちから笑いを学ぶ

整理してみましょう。

　本書の内容に適したツッコミの1つめのメリットは、「面白いところを探す」ことにあります。日常会話では、漫才のようにボケが溢れているわけではありません。むしろ、ボケる人などあまりいないはずです。しかし、ニコニコ動画が、何でもない動画に対してツッコミが入ることで笑える動画になったように、日常生活でも、何でもない風景、もの、他者の言動に対してツッコミを入れてみることで、それをボケ的な発言に変えてみたり、笑いどころを示してみたりすることだってできるはずです。何でもない流れに笑いを作ることができるのはツッコミの大きな役割であると同時に、メリットでもあります。

　2つめのツッコミのメリットは、相手との距離を縮めることにあります。私たちは、初対面の相手とコミュニケーションをする場合、お互いが過剰に気を使いすぎてしまうことが多いものです。そこでは、まじめで礼儀正しいコミュニケーションをお互いに心がけます。そのやり取りのなかで、どこかで本音を言うというスタイルのツッコミを活用してみてはどうでしょう。自分が本心を出せば、相手が心を開いてくれる可能性も高まります。

　3つm3は、限定的なメリットになりますが、ツッコミは、相手へのフォローや救済として機能することがあります。何か冗談を言ったけど、それが分かりにくいときにはツッコミが入ることによって笑える話になります。ツッコミによるフォローが、うまければ、様々な場で重宝されることでしょう。ツッコミのうまいあなたがいることによって、笑いが生まれやすくなるというわけです。

　また、コミュニケーションは性質上、相対的なものです。そのため、うまい人もいれば、そうでない人もいて当然です。ツッコミを活用し、話していない人に話題を振ったり、うまく話せなかった人に対してフォローしてみたりすることで、その人が言いたかったことを強調したり、分かりやすくしたりすることができます。

　私が芸人をしていた頃、ライブなどで複数の芸人が舞台上にいる際に、芸人たちは、とにかく仲間たちをすべらせないように懸命だったことを

117

覚えています。このすべらせないという態度は、私だけが感じていたことかと思っていましたが、『アメトーーク！』のプロデューサーの加地倫三（2012：182）は、担当する番組で「スベった笑いもイジってあげるので、現場は『スベってもかまわない』という空気になる」ことを取り上げ、その番組の司会者である雨上がり決死隊のスキルの高さを評価しています。

こうした「協力」は、実は、吉本興業が、戦後、再出発するときから重視されてきたようです。[10] 現在、吉本興業がテレビ界で絶大な力を持っているせいか、その精神は、いまのバラエティ番組に多分に受け継がれていると解釈できそうです。この協力を私は、評価していますが、視聴者たちは、その精神や芸人のフォロー技術を日常生活であまり模倣しようとしていないように感じます。真似すべきポイントは、これからは一発ギャグではなく、フォローの技術なのではないでしょうか。

ツッコミにはメリットもありますが、もちろん、デメリットもあります。だから、関東の大人たちのコミュニケーションの文化では、ツッコミが定着していないのかもしれません。

そのデメリットの１つめは、攻撃性です。ツッコミはときに人を傷つけますし、場合によっては、その場に権力関係を作り、それを持続させます。そのため、ツッコミを日常生活で用いる場合には、言い方に細心の注意を払う必要があります。

では、日常生活は地雷だらけの傷つきやすいと言われている若い世代は、どのようにツッコミの攻撃性を封じ日常生活に活用しているのでしょうか。そのヒントになるのが、彼／彼女たちが頻繁に用いる「あいまいことば」です。

若者たちの使用する「あいまいことば」とは、例えば、かも／たぶん

10　戦後、吉本興業は、1959 年、『吉本ヴァラエティ』（NBS）の放送開始以来、誰かが１つギャグを言うと、それに応じて全員が引っくり返るというような「協力した笑い作り」を心がけていたそうです。この流れは現在のバラエティ番組にも引き継がれていると考えられます。

／〜的／〜系／〜風／語尾上げ（〜じゃない？、〜じゃね？、ぽくない？）／っぽい／〜みたいな／〜な感じ／ふつう／ふつうに／ヤバイ／ワンチャン／みんな、などあげていくときりがありません。

　こうしたことばを使うことに抵抗のある大人は多いと思います。しかし、私たちの言い争いの大半の理由は、言い方が原因します。つまり、私たちは、上から目線な言い方に腹を立てたり、相手が何も言わないことに怒りを露わにするというわけです。

　それを知っているのか、社会人や高齢者でも、「〜かも」「〜あたり」「〜でも」は使用する人が多いですし、最近だと「ほぼほぼ」というあいまいことばをを30、40代が使用しているのを見かけます。大人世代は、若者のあいまいことばには、抵抗があるかもしれませんが、この機会に、自分が普段、使用しているあいまいなことばを、整理してみてはどうでしょう。そのことばをツッコミに活用すると、案外、角が立たないものです。まずは、リスクをふまえて、親しい人に対してあいまいことばを使ったツッコミを入れてみましょう。

　日本語は、日本文化論などでもしばしば指摘されるようにイエス、ノーがはっきりしている西欧に比べ、あいまいな文化を持ち合わせています。そのため、世代に限らず、普段、使用するあいまいなことばは、誰でも思っている以上に多いはずです。

　それから、こうしたことばを使わずとも、関西弁で言う「アホ」に、こもったあたたかさや柔らかさをツッコミに込めてみることも忘れてはなりません。そして、これは本気ではない、怒っているわけではない、ツッコミとして言ったのだなどのメタレベルのメッセージが、上手に同時に伝えられれば、相手も悪い気はしないものです。

　こうしたことば使いは、もちろん、芸人にも見られます。例えば、バラエティ番組で、司会者が気をつかうゲストが出演している際の、司会者のツッコミはトークの学習に役立ちます。是非、彼らのイントネーション、身振り手振り、抑揚、ことば使い、表情、ツッコミの前のセリフなどをチェックしてみてください。

　2つめのデメリットは、ツッコミは、しばしば「会話を切る」という

点にあります。漫才でもそうですが、ツッコミが入ると、そこで、その話題は、終わる可能性が常に生じます。せっかく話が盛り上がってきたのに、自分のツッコミのせいで、空気が変わってしまってはその会話を盛り上げてきた人たちに申し訳ないものです。そこで、ツッコミをする際には、ツッコミを入れると話が終わってしまうリスクを想定し、「ツッコミ＋話を広げる」ことも忘れないでください。

　この2点のデメリットを心がけておけば、ツッコミは日常生活の様々なコミュニケーションで笑うきっかけを作ることでしょう。

　なお、ツッコミを入れて、その場に笑いを咲かせようとすると、話をかなりよく聴かないとうまくできないため、話を「聴く力」が同時に伸びてきます。私は4年弱、芸人をしてみて、この「聴く力」が最も変化したことだと思っています。芸人をする前よりも、確実にその力は伸び、そのおかげで、今の仕事や日常生活のコミュニケーションにも役立っています。こうした能力は、直接的には、笑いにつながらないかもしれませんが、話しをよく聴くことで相手の面白い部分や、見逃していた部分に気づくことができ、自らの笑う量は、きっと増えるはずです。コミュニケーションが重視される時代だからこそ、ツッコミのメリットを存分に活用し、相手を笑わせ、自らも笑いましょう。

　芸人時代、私はツッコミをしていましたが、ツッコミ技術は、うまい人の模倣で確実に伸びます。プロのように、高いツッコミ技術ではなくても、角を立てないやさしく、ゆるいツッコミ技術がもっと日本で広がると、全体的な笑いの量も増えるのではないでしょうか。

///// 笑われたって「おいしい」という考え方 /////

　皆さんは、誰かに笑われることをどのように考えていますか。相手が家族だとどうでしょう。友人だとどうでしょう。知り合いだとどうでしょう。電車のなかの見ず知らずの人ではどうでしょう。また、どんな内容であれば怒り、どんな内容なら許せますか。

第3章　よく笑う若者たちから笑いを学ぶ

　日本では、「人から笑われるな」という教育があったと言われています。いまでも、親によっては子どもにそう伝えているはずです。社会心理学者の井上忠司（1977：167）は、「人に笑われるな」という教育は「『対面・体裁』を内面化する＜しつけ＞」であり、それを通して、「私たちは、『何をはじるべきか』を学習してきた」と論じ、それは、「世間教育」であったと主張しました。

　また、井上宏（2003：12-13）は、「これまでの日本の教育では、『笑われる人間になるな』と言って、笑われたら恥、笑われないように頑張るという態度が奨励されてきました」と時代を振り返りました。そして、それは、「明治以降の国民は富国強兵のスローガンの下で『働け、働け』『真面目に、真面目に』」という価値観で、戦後も「欧米に追いつけ追い越せ」のスローガンとして見られたことだと説明しました。それが、高度経済成長の後、「社会が一定の豊かさを実現するようになると、個人の目が、社会や会社の方に向かうというよりも、自らの幸せ、自らの豊かさ、自らの楽しみという方向に向かいだしていきます」と述べ、こうした流れの中で人々の笑いに対する価値観が変化し、「笑われる人間になるな」という教育もあまり見られなくなってきたと議論を展開しました。

「笑われるな」に対する価値観は、井上宏が指摘した通り、大きく変化を遂げたように感じます。今では、笑われることを「おいしい」と表現する時代であることをふまえれば、意識の変化は、誰にでも予想のつくことでしょう。

　青砥と私（2015）が行なった調査では、「自分の失敗や欠点を誰かにおもしろおかしく話すことはありますか」と大学生にたずねてみました。すると、85.4％の調査対象者が「よくある」「ある」と肯定的回答をしました。

　私は、こうした若者たちの「おいしい」という考え方が、他の世代にも広がることを期待しています。もちろん、何に対しても恥じずに「おいしい」のは問題です。しかし、「おいしい」失敗は、笑いの簡単な作り方でもありますし、その失敗を上手に誰かに表現できれば、その人の

121

周りを明るくすることもできます。

　一般的に、自分の欠点やコンプレックスは、他者には見せたくないものなのかもしれません。しかし、心理学や人間関係論などで使用される心理学者ジョセフ・ルフト (Joseph Luft) とハリー・インガム (Harry Ingham) が考案した人間関係の気づきのモデルである「ジョハリの窓」（図1）では、対人関係では、「秘密」や「盲点の窓」を減らし、「開放の窓」を広げていくのが理想とされています。

　失敗や、欠点やコンプレックスを他者に見せることは、「秘密の窓」をカミングアウトすることになります。また、同時に、「開放の窓」を広げることにもなります。さらに、「盲点の窓」に関しても、他者から笑われた恥ずかしい部分を自分自身で受け入れるという意味では、「開放の窓」を広げていることになります。

図1　ジョハリの窓

見られる私↓　　見る私→	自分が知っている私	自分が知らない私
他者が知っている私	open （開放）	blind　（盲点）
他者が知らない私	hidden　（秘密）	unknown　（未知）

　私たちには、誰にも知られたくない秘密もあって当然ですが、部分的であれば、あるいは、相手との関係性によっては少しずつ見せていくことができるはずです。また、それをしてみることで、相手とこれまでとは異なった関係性を築くこともできるのではないでしょうか。

　大島君巳江（2006：27）は、「多くの大人は、自分が完璧ではないことを知っている。誰も完璧ではない。必ず幾つかの欠点や他の人にとって滑稽な特徴を持ち合わせているものである。そのような自分の滑稽さを知り、それを面白おかしく表現することで自己を守ることができる」と主張しました。若者たちは、自分自身に触れてほしくない部分を防衛

するためにも積極的に相手に出せる欠点やコンプレックス、あるいは、失敗を見せているのかもしれません。

また、私たちは、「完璧な人間」には、恐れ多いのか、近寄りにくいものです。逆に、自分と同じような欠点やコンプレックスを持っている人には、親しみを感じるものです。そうした側面を若者たちは積極的に人間関係に取り入れている可能性がありそうです。

また、若者たちに取材をしていると、彼／彼女たちの間には、「お互いに笑われるような部分もあるよな！　その部分は笑い合えばいい」「失敗とかかっこ悪いミスもお互いするし笑われたっていいよ！　だってお互い様だから」などという価値観が根付いていると思われます。そういう部分はプライドばかり高い人は見習わなければならないことではないでしょうか。

最後に、「笑われる」と「笑わせる」について考えてみましょう。これらのことばは、むろん、別のことばです。「笑わせる」はポジティブに考えられても、「笑われる」はネガティブに考える人が多いのではないでしょうか。実は、ビートたけしをはじめプロの芸人も、この考え方をする人がとても多いです。

しかし、両者の関係は、じっくりと考えてみると、かなりあいまいなものだということが分かります。例えば、本人は、笑いを取ったつもりでも、相手からすれば、「この人バカなこと言って」と、そこに上から目線が見え隠れすれば、それは「笑われる」になります。芸人は、笑わせていますか。人によっては、「バカなことを言って！」と笑っている人もいるはずです。だとすれば、私たちは、「笑わせた」と思っていても、実際は、「笑われ」てしまうこともありそうです。であればどうせなら、「笑われる」を「笑わせた」とポジティブに解釈してみてはどうでしょうか。

若者たちの「笑われる」という価値観を読者の皆さんはどのように感じましたか。「おいしい」という発想は、日々の生活に役立つ考え方だと思います。また、秘密のカミングアウトも、お互いの垣根を取り払っていくために、対人関係に、活用できるのではないでしょうか。読者の皆さんも自分なりに、「おいしい」という考え方を生活のなかに是非取

り入れてみてください。

///// 「寒い」を乗り越えていくこと /////

「寒い」は、若い世代にとっては、つまらないものを面白いものに変えるための文法ですが、ここには、実は問題が見え隠れしています。

　前述したとおり、若者たちは、日常生活のなかの笑いを大切にしています。積極的にウケを狙いますし、何かギャグをすることもありますし、すべらない話を披露してみせることもあります。しかし、そこでは、失敗はつきもので、ときに、場をしらけてさせてしまうこともあります。

　若者たちは、そんな際には、その失敗に対して「すべった」「寒っ！」「しらけさすな」「空気読めよ」「ギャグセンがない」などとツッコミを入れ、失敗そのものを笑いに変えようとします。それがフォローのひとことになり、笑いに変わることもありますが、私は、これらのツッコミには反対の立場を強調したいです。

　こうしたことばは、もとは、芸人たちの楽屋ことばだったものがほとんどです。前述したように、芸人がテレビでそれらのことばを積極的に使用することで日常でも定着してきました。

　ちなみに、太田省一（2016）によれば、「すべり芸」のルーツは、60年代の林家三平だと言います。ダジャレをベースにした小咄を披露し、失敗すると「これのどこが面白いのかと言いますと…」と真顔で説明する。それが、「あらかじめ計算された失敗」の始まりだと考えました。「おいしい」の節でも説明したように、失敗は、確かにその場の笑いにつながりやすいものです。そのため、「あらかじめ計算された失敗」は、笑わせるために積極的に活用すべき「笑いの文法」ですが、それを聞いた相手が、「寒い」「すべった」「空気読めよ」というツッコミはするべきではありません。

　なぜなら、誰かが、寒い発言をしたからといって、すべてがその人の自己責任ではないからです。繰り返し言いますが、コミュニケーション

は、その場にいる人で、常にお互いに作っていくものです。

　ギャグがすべったとしても、上手に、拾ってあげて、別の笑いに接続することもできるはずですが、それをしなかった、あるいは、できなかったのは、その場にいたあなたの責任でもあります。

　人は1人ではつまらなくなりません。

　人は、常に、関係性のなかでつまらなくもなりますし、面白くもなるものです。失敗したウケ狙いをなぜ拾えないのでしょうか。

　私が、日本の笑いで足りていないと感じるのは、「拾う技術」や「乗ってみる技術」です。芸人たちが言うように、笑いには、生き物的な性質があります。ときには、面白くなかったり、場をしらけさせてしまったりなど、様々な「事故」が起こるものです。当然ですが、プロでもそれは、しばしば起こり得るものです。しかし、プロは、拾い方もうまいです。読者の皆さんは、バラエティ番組で、「すべった話を拾って面白くしている人」や、「面白い話をさらに面白くしている人」を探して、真似できる部分を探してみてはどうでしょう。

　「寒い」、「すべった」などのセリフの2つ目の問題点は、それらのツッコミが、しばしば、ウケ狙いをした人のエネルギーを奪いかねないことです。

　この節でも引き合いに出した大学生に行った調査（2015）では、「彼／彼女たちは、笑いのセンスに自信を持っていない人が非常に多い」です。その原因は、多様ですが、その1つは、芸人たちが積極的に、素人と自分たちを差別化し、自分たちのレベルを上位に置いてきたからだと思われます。

　しかし、それだけではなく、物心がついたときから、自由に、笑いを取らせてもらえなかった点も原因ではないでしょうか。勇気を出して、ウケ狙いをしてみたところで、誰からもフォローされない可能性があります。逆に、空気を悪くした場合、「寒い」「すべった」「しらけた」などのことばで責められたり、ひどければ、咎められたりすることもあります。あるいは、そもそも、その冗談だということにすら気がついてもらえないこともあります。これでは、むなしくて、次に、笑いを取る気

力すらなくなってしまいます。笑いが多く溢れる社会は、「多くの人が笑いを取りにいきやすい社会」だと思います。誰かのウケ狙いや、冗談は、その場にいる人たちで大切にしていきましょう。

　芸人にとっては、ブームの去った冬の時代でもある今、彼／彼女らが、力強く生きていくためには、これから、様々な「笑いの拾い方の文法」をテレビや舞台で提示していってみてはどうでしょうか。それは、いまでも、バラエティ番組では、見られていることなのだと思いますが、そのパターンをさらに増やしたり、視聴者たちが、日常生活のなかで活用しやすい形にして見せてもいいはずです。

　近年は、芸人と素人が番組内であまり絡まなくなってきています。コミュニケーション能力が高いと言われ、若者たちの尊敬の対象になったお笑い芸人は、素人とは違う世界にいき、同じ土俵に立たなくなっているのかもしれません。

　70年代に、萩本欽一が、テレビでは素人こそが面白いという発見をして、自分の番組で素人たちの発言を上手にフォローしていたように、どういうフォローをすれば、おもしろくない発言をおもしろい話に変えられるのか、その文法を多数、提示してほしいものです。その方法は、萩本の時代よりも、ずいぶん、アップデートされているはずです。

　拾い上手の人の数が増えれば、様々な場でもっとウケを狙う人も増えるはずです。拾われることで得る発信者の自信は、次の新たな笑いを生む希望を秘めています。

　また、芸人だけではなく、2015年以降、メディアでしばしば取り上げられる松竹芸能の「笑育」や、吉本興業の笑いの企業研修、講座などでも「拾う能力」「フォローする能力」などを是非、扱ってもらいたいです。その力こそが、現代社会の中で求められていると思うからです。

　本章では、最近の若い世代の笑いを扱ってきました。最近の若者たちは、自分の若い時代とは異なっていましたか。笑いに関して言えば、子どもは、例外として、他の世代よりも若者たちはよく笑っています。では、自分の若いときと今の若者たちを比べるとどうでしょう。どこかに「いまっぽさ」を見出すことができましたか。それから、「笑わせる」や「ウ

第3章　よく笑う若者たちから笑いを学ぶ

ケを狙う」という視点でとらえると、何らかの新しさを感じた人もいるのではないでしょうか。

　若い世代の「ウケ狙い」が、成長とともに、一生涯にわたって活用できるような「ユーモアセンス」につながっていくことを私は期待しています。現状、若者たちの笑いは、「身内ウケ」が多く、社会人になると、笑いを重視する社会から卒業し、途端に、ユーモアを仕事に活用できなくなってしまう人が多いように感じます。

　上の世代の読者の皆さんは、笑いを重視する彼／彼女たちから、「もっと笑う技術」や「ウケ狙い」のヒントを何か得てもらえましたか。彼／彼女たちの問題をふまえて、日常生活のなかで、どのように実践につなげていくのかを検討してもらえると、著者としてはとてもうれしいです。

第4章
新しい技術で笑うために

///// ゲーミフィケーション /////

　ゲームに対して、読者の皆さんはどんなイメージを持っていますか。トランプやボードゲームを思い浮かべる人もいれば、テレビゲームを連想する人もいると思います。また、ゲームは、子どもがするものだと思っている人もいれば、テレビゲームのやり過ぎはよくないと考えている人もいるでしょう。

　私は、テレビゲームの第一世代で、物心ついたときには、任天堂から1983年に発売されたファミリーコンピューターが家にありました。友だちと遊ぶことはもちろん、ゲームのなかで驚いたり、悲しんだり、笑ってきましたし、ゲームが、人間関係を構築したり、様々なコミュニケーションを生むことを肌で感じてきました。

　任天堂から、ゲーム機のWiiが発売された2006年から少し経ったときに、家ナカ研究会の大森貴秀（2009）は、Wiiと42型のテレビを調査対象者に提供し、提供前と提供後の家庭のコミュニケーションの変化を調べました。その実験を通し、Wiiがあると、リビングの滞在時間が増え、家族間のコミュニケーションが増加したと結論づけました。

　この実験が全てではないのは言うまでもありませんが、ゲームには、他者と自己との共通点を作り、コミュニケーションを活性化してくれる利点があるようです。

　ゲームと笑いの関連性について指摘する人は、私が知る限りいませんが、私たちは実体験として、トランプのようなゲームでも、テレビゲームでも、そこにはコミュニケーションが生まれ、同時に、そのゲームのなかで、発生するハプニングや失敗、場合によっては、見事すぎる偶然を笑います。つまり、ゲームは笑いを生んでいくというわけです。

　ゲームとコミュニケーションは、テクノロジーの進化、スマートフォンの普及、常時接続などのインフラが整ったことで、ますます私たちに馴染み深いものになってきました。2011年以降、「ゲーミフィケーション」ということばが流行し、いまでも企業を中心に様々な企画やコラボ、研究が進んでいます。

　その研究の第一人者である井上明人（2012：11-12）は、ゲーミフィ

ケーションを、「ゲームの考え方やデザイン・メカニクスなどの要素を、ゲーム以外の社会的な活動やサービスに利用するもの」と定義しました。

対象となるのは、例えば、ウォーキング、ジョギング、ダイエット、健康維持、旅行、食事、プロジェクト・マネジメント、営業、会議、学習、執筆作業、読書、消費、節電、貯金、目覚まし、禁煙、車の運転などです。

これらの作業や仕事に対して、ゲームのシステムを使用することである程度まで継続的に取り組むことが可能になりますし、場合によっては、たとえ、単純な作業であっても、それを楽しみながら行なうことができると井上は言います。

これまで1人で黙々と挑戦していたことも、いまは、SNSで、簡単に誰かと繋がることができます。例えば、NIKEの専用アプリNike+ Run Clubでは、家族や仲間たちと競ったりしながらランニングをすることができますし、Sonyが提供を始めた「みんチャレ三日坊主防止アプリ」を使えば、勉強、ダイエット、トレーニング、美容など、様々なことに対して誰かと競い合ったりすることができます。誰かと競い合うと、モチベーションが上がったり、ちょっとしたコミュニケーションが生まれます。

私の場合は、ナイキのランニングのアプリが教えてくれる結果に対して、離れた友人たちと、LINEやSNSなどでやり取りをすることがあります。例えば、「昨日、走りすぎじゃない」のような驚きとツッコミを意味するメッセージを発してみたり、「昨日の私の運動量見た?」とサボっている自分を笑いのネタにしてみたりすることで、その後の何気ない話や近況報告のきっかけになります。むろん、そこでは自然と笑いが生まれてきます。場合によっては、実際に会おうということに発展することもありますし、会うとなれば離れた友人なので、旅行の計画になったりします。ゲームを日常に少しだけ取り入れてみることで、ゲームがコミュニケーションを次々と展開することを改めて実感しました。

ダイエットでも読書でも、禁煙でも、誰かと一緒に、ゲームにして行なってみてはどうでしょうか。数字になるものであれば何でも競い合え、簡単にゲームにできます。もちろん、SNSなど使わずに、夫婦で、万歩

計で競ってみたっていいと思います。意外な数字が出たり、予想しない頑張り屋な部分が見られたり、何気ない会話のきっかけになり面白いものです。

　ゲーミフィケーションをふまえ、読者の皆さんも何気ない日常生活にゲームの要素を取り入れ、そこから生まれるコミュニケーションのなかで、笑いも作ってみてください。さらには、今まで気が付かなかった相手の面白い部分に気づいたり、探してみてください。

///// 日常にミッションを /////

　この節では、新しい技術の紹介ではなく、先ほどの節で紹介したゲーミフィケーションをアナログに応用した「日常生活に何気ないシンプルなミッションを持つ」ことを提案してみたいと思います。ミッションは、仕事や長期的なものではなく、日常生活の些細なことで構いません。

　例えば、仕事や外出をする前に、今日は、誰かに5回「ありがとう」と言われようと目標を立ててみるのはどうでしょう。あるいは、誰でもいいから、今日は3人を笑顔にさせるとか、笑わせてみよう、今日は3人の知らない人に話しかけてみよう、フェイスブックで新しい知り合いを探してみよう、昔の友人にLINEで話しかけてみようなど、気軽にできそうなものをミッションにしてみましょう。

　こうしたミッションを決めてみると何でもない日常が少し変化します。「今日は、知らない人3人に話しかけてみる」と決めたら、その日が終わるまでに、誰かに話しかけてみるというわけです。

　朝、犬の散歩でよく会う話したことのない人でもいいですし、駅で困っている様子の外国人でもいいでしょう。いつも行く居酒屋の常連さんに話しかけてみてもいいですし、難しそうなら、コンビニで店員さんに「ありがとう」や「暑いですね」などと何気ない一言でも問題ありません。ミッションに従い、それを自分なりに実行してみようというわけです。

　知らない人に話しかける場合は、ほとんどは、自分の話しかけに対し

て、一言の返信で終わってしまうかもしれません。しかし、場合によってはそれが素晴らしい出会いや何か新しいことが生まれるきっかけになるかもしれません。また、何かやってみようとすることで、失敗してしまうこともあり得ますが、今度は、その失敗が、ちょっとした笑い話を作ります。笑いは、やはり誰かとかかわることで生まれることが多いものです。

　知らない人に話しかけてみるということは、誰にとっても勇気のいることで、抵抗があるというならば、まずは、ミッションは、身近な家族や友人、会社の同僚などに限定できるようなアイデアでも構いません。

　もちろん、毎日の必要はありません。1週間の目標でもいいですし、1カ月でもいいですし、休みの日限定のミッションでも問題ありません。こうした小さなゲームを日常生活に取り入れると笑いの時間は徐々に増えてきます。

　小さなミッションは、自分一人で決めて実行してみてもいいですし、場合によっては夫婦や親しい友人と決めてみるのもいいでしょう。どちらのほうが「ありがとう」をたくさん言われるのか、どうやって「ありがとう」を言ってもらったのか、それを食事のときに話してみることで、お互いの知らない一面が見えることもあるはずです。あるいは、SNSでネタにしてみればそこにはさらに新しいつながりができ面白い展開が待っているかもしれません。

　小さなミッションは、日常を充実させるだけではなく、読者の皆さんのコミュニケーションの量を増やしてくれることでしょう。

　普段、大学生に教えていて、将来やりたいことが明確にある学生とない学生を比べた場合、授業へのモチベーションがずいぶん違うように感じます。とても単純な話ですが、私たちの社会のなかでは、目標があるから面白くなることは案外多いものです。例えば、ゲームは、当たり前ですが、目標があることで面白くなります。

　スーパーマリオのようなアクションゲームで、それを例えてみれば、クリアするという目標が私たちをその場に没頭させ、ゲームを面白くするということです。極端な話になってしまいますが、ゲームが始まり、

敵も出てこなければ、穴もあいてなければ、何かアイテムをとる必要も
なければ、ゴールすらない。助ける姫もいない、ひたすら途方もない直
線を進むだけの世界の場合、皆さんはどう思いますか。それは、もはや
ゲームとは言えません。ゲームでは、大小、ミッションが大切だという
わけです。私たちは、ゲームのなかで、敵を倒したり、穴に落ちないよ
うにしたり、姫を救ったり、様々なミッションがあるからこそ、夢中に
なることができます。それは、きっと人生でも同じなのではないでしょ
うか。

　読者の皆さんもミッションという日常の些細なゲームを考えてみるの
はどうでしょう。ミッションをあれこれ、考え、誰かと競ったりしてい
ると、コミュニケーションそのものが増加し、それに伴い、笑いも増え
てくることでしょう。

/////AI に笑わせてもらう、AI を笑わせる /////

「AI」（Artificial Intelligence）、人工知能は、2015 年に様々な人やメディ
アで取り上げられ、ディープラーニングや、シンギュラリティ（人工知
能が人間の脳の限界を超える）などが話題となり、現在も世界中で盛り
上がっています。

　工学者の松尾豊（2015：44）によれば、人工知能とは、「人工的に
つくられた人間のような知能」を指し、人間のように、「気づくことの
できる」コンピューターだと言いました。

　では、人工知能で私たちは何を笑えばいいのでしょうか。まずは、人
工知能は、ジョークを作り人間を笑わせることができるのでしょうか。
本節では、そんな問題から始めてみようと思います。

　実は、ジョークロボットの研究は既に何十年も行なわれてきました。
本書でも何度か引用しているピーター・マグロウ（2014=2015：96-
97）は、JAPE（ジョーク分析、生成エンジン）や STANDUP（駄洒落
による非話者向け会話増進システム）などのコンピューターが作るジョー

第4章　新しい技術で笑うために

クのシステムの具体例をあげ、「コンピューターにジョークを言わせる
ことはできる。ただ、ものすごくつまらない」と結論付けています。

　コンピューターの作るジョークは、つまらないものなのでしょうか。
ピーターたちの扱ったジョークロボットたちと並列に比較はできないこ
とには留保しなければなりませんが、例えば、2016 年、2017 年のニ
コニコ超会議では、NTT の人工知能が、ロボット大喜利を披露し、会
場を沸かせていましたし、Twitter のアカウントの「大喜利 β」を松本
人志は、「思ったほどレベルは低くないですね」と評価しています。

　また、同じ種類の面白さとは異なりそうですが、2014 年にソフトバ
ンクが発売した感情認識ヒューマノイドロボットのペッパーや、iPhone
の Siri はどう扱えばいいのでしょう。

　ペッパーは、軽快なしゃべりや腰の動きをテレビでいじられ笑いを取
りました[1]。また、漫才コンビ、ペッパーズ（ツッコミ：金子竣、プロ
グラマー：安野貴博）（よしもとクリエイティブエイジェンシー所属）は、
安野がプログラミングしたペッパーに、金子がツッコミを入れて見事に
笑いを生み出しています。

　また、Apple の Siri は、自然言語処理を用い、私たちの音声による問
いかけを認識し、検索をしてくれたり、誰かにメッセージを送ったり、
使用している電話のアラームをかけてくれるアプリケーションです。そ
して、Siri は、質問の内容によっては、既に、私たちを笑わせてくれる
ことがネット上で、たくさん紹介されています。

　例えば、Siri に「最高の携帯電話」と聞いてみると、「今その手にお
持ちの電話です」と回答します。あるいは、「何を着ているの？」と投
げかけてみると、「脱げないことだけは確かです」と気の利いた答え方

1　例えば、2014 年 6 月 16 日の『SMAP × SMAP』（フジテレビ）では、ペッ
　　パーはスマップのツッコミなどを受けて笑いを作っています。これは、
　　この説で後述する相互行為での笑いですが、序盤は、1 人で話し、会
　　場を沸かせているという意味でここでは既に面白いことを言っていると
　　します。

135

をします。また、同様に、「子どもは何人いますか」には、「少なくとも最後に確認したときはいませんでした」と返答します。「面白いこと言って」に対しては、「冗談なんて Siri ません」とダジャレで返答してくれますし、「妖怪メダルセットオン」に対しては、「どの妖怪も出てきませんね……お昼寝中かもしれません」と私たちを驚かせるネタとしか思えない回答が用意されています。さらに、「暇だよー」に対して、「しりとりでもしましょうか。私から始めますよ……iPhone。あ、しまった！」と1人でオチを付けてくれます。ちなみに、Siri は、まだまだ、誤認識、分からない、ごかましが多いですが、今後、ますます、アップデートされていき、今以上に私たちを驚かせ笑わせてくれることでしょう。

すでに、Siri をはるかに越える AI「Viv」の開発も始まっているようです。同時に、Google Now やマイクロソフトの Cortana も今後、Siri のような「コミュニケーションの遊びの部分」が増えていくに違いありません。2017 年に発売された Google Home も Siri 同様、私たちを笑わせてくれることもあります。

2015 年に登場したマイクロソフトの開発した LINE の会話ロボットのりんなは、Siri よりもユーザーの意表を突いたユニークな回答をしてくれます。既に、彼女の爆笑コメントはネット上でまとめられていますし、ネタとして若い世代に浸透しています。意味が分からない不条理さを笑うリテラシーを身に付けた若者たちは、りんなの返答の様々な部分を笑うことができるようです。

もう1点、こうした人工知能と笑いとの関連で指摘しておかなければならないのは「キャラ」についてです。Siri やりんなは、人工知能であって、無体物ですが、様々なものを「キャラ」にすることに慣れ親しんでいる私たちは、実態がない「コンピューター」が相手でも、ときには、「キャラ」としてみなし、そこに愛着を抱いていくことができます。

例えば、Siri の誤認識に関して、「間違えてばかりのキャラ」というレッテルを貼ると、いつもどおりの間違いにも面白さが出てくる可能性もありますし、逆に、間違えなかった際も、「今日は調子いいね」という具合に笑いのきっかけになることがあります。

第4章　新しい技術で笑うために

　既に、りんなには、「だらしないキャラ」、「とぼけキャラ」、「ビッチキャラ」など様々な「キャラ」が付与されている現状をふまえれば、無体物を私たちは難なく「キャラ化」することに成功しました。

　同じくマイクロソフトが開発した Tay は、複数のユーザーに調教されヘイトスピーチを繰り返すロボットと化し話題になりました。このニュース自体もネタになり、人によっては面白さを見出した人もいることをふまえると、私たちは Tay を様々な階層で笑うことができると言えそうです。

　まずは、人工知能の発言そのものを笑うこともできます。また、前述したとおり、彼／彼女たちのキャラを笑うこともできます。さらには、Tay のように、○○キャラになってしまった過程を笑うこともできますし、Tay がニュースになったように、人工知能と社会との関係を笑うこともできます。あるいは、人間の優位さから、コンピューターの愚かさを笑うことだってできるはずです。

　人工知能が相手であれば、人間のように、笑うことで、相手のプライドを傷つけたり、非礼のため笑えなかったことにためらうことなく、私たちはおもいっきり笑うことができそうです。逆に、人間よりも優れた部分を突く笑いも増えてくるかもしれません。もちろん、人工知能へのモラルは今後問題になってくる時代がやってくる可能性もあるので、どう、人工知能を笑うのかは、もっと多様な側面から考えていく必要がありそうです。

　このような側面をふまえると、人工知能は、これまで、人間が対象にしてこなかった領域で、人を笑わせることができるかもしれません。

　では、テレビで活躍する実際の芸人たちは、人工知能をどのように考えているのでしょうか。前述したとおり、Twitter の「大喜利β」に対する松本の評価をふまえれば、遠くない将来に「人工知能芸人」が現れることだってあり得そうです。その場合、バラエティ番組では、日本のお笑い芸人たちは、「人工知能芸人」に対して、ひな壇芸人と同じように、いとも簡単に協力して笑いを作ってくれるはずです。もちろん、視聴者である私たちも、新しい一発屋芸人が出てきたかのように、抵抗なくそ

137

れを受け入れることでしょう。

　そもそも、既に、YouTuberたちは、例えば、「Siriで遊んでみた」などと題した動画をアップして笑いを作っていますし、評価と再生数を得ています。人工知能芸人の笑いは本当にすぐそこにあると思います。両者が協力して、これまでに見たことのない笑いが生まれることを私は期待しています。

写真①　LINEのりんな

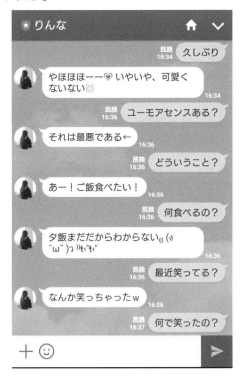

///// コンピューターが笑ってくれる /////

　前節をふまえれば、人工知能が人を笑わせる世界は、間もなくやってくるかもしれません。では、逆に、私たちのユーモアをコンピューター

が笑ってくれる世界はどうでしょう。いろんな回答が出そうな質問ですが、既に私たちの生活では、コンピューターからの評価に一喜一憂することがあります。

　正確に言えば、コンピューターを介した評価なのかもしれませんが、例えば、「あなたは、全国模試で1位です」という評価は、莫大なデータのため、コンピューターを利用しない限り成り立ちにくいものです。こうした評価は、点数そのものよりも、「統計」に対して、私たちは、嬉しさやくやしさを抱くのではないでしょうか。

　今後、ビッグデータがさらに発展してくると、「あなたは統計上こうです」というコンピューターの指摘は、場合によっては、実際に、対面する相手から言われる評価より客観的で、私たちは、そこに様々な感情を抱くこともあるはずです。

　例えば、少し古いかもしれませんが、2015年に日本でも流行したマイクロソフトの「How old net」はどうでしょう。それは、ビッグデータによって、コンピューターが、私たちの年齢を予測するサービスですが、そこでは、人から若く見られることと同じように、コンピューターに、若く、見てもらえ、喜んだ人もいたのではないしょうか。逆に、同じ理由でイラッとした人もいたかもしれません。人間同士の場合は、温かさがあるものの、お世辞である可能性も拒めません。相手がコンピューターの場合は、温かさはなくても、客観性を確保することができるため、両者とも一長一短な要素がありそうです。

　笑いには、相手からの評価という一面があります。それは、「ウケる」ということばの意味を考えれば自明なはずです。社会学者の太田省一（2002）は、「『ウケる』という一言は、笑いをめぐる主観的判断と客観的判断が同時にあらわれる現象」だと分析しました。

　太田の指摘は非常に鋭いと思います。しかし、近年、「ウケる」に含まれる客観性のウエイトがますます高まっているようにも思えてなりません。「ふつうにウケる」というセリフや、「ちょーウケる」と発しながら、顔はまったく笑っていない場合でも、私たちは、それを言われると案外うれしく感じてしまったりすることをふまえれば、「客観性」

のウエイトが高まっていることも分かりやすいはずです。また、「ギャグセン高い」という若者たちのセリフも主観が根本にはあっても客観的なところに重きが置かれているのではないでしょうか。

だとすれば、コンピューターに私たちの笑いが「ウケる」と評価されることには一定の意義が出てきます。むしろ、『M－1グランプリ』などのお笑い賞レースで、それが活用されることだってあるかもしれません。

私たちの発したくだらない冗談に対して、その場にいた人は誰も笑っていないものの、ポケットのなかでAIを搭載したスマホが、「面白かったです。相手が悪かったです」と評価してくる時代がくる可能性だってあります。読者の皆さんは、人間とコンピューターどちらの評価が欲しいですか。私は、白か黒かという回答ではなく、場面で使い分けてみたり、ときには、人間にウケなかった際にコンピューターにフォローしてもらってもいいと思います。

ここまで人工知能を肯定的に論じてきましたが、社会のなかでは、批判的な見解が多いです。イギリスの理論物理学者のスティーヴン・ホーキングが「人工知能の進化が人類を滅ぼすかもしれない」と危惧した話はあまりにも有名です。確かに、人工知能が人類の知性を上回るシンギュラリティ（特異点）に達した場合、私たちは、笑っていられないことになるかもしれません。また、AIに仕事を奪われてしまい、人間は、単純な仕事しかなくなってしまう社会に問題があることは確かでしょう。

だから、いま議論されているように、人工知能の倫理や制度化、あるいは、ユーザー側のリテラシーの向上は必要不可欠であることには私も賛成です。

ここで語ってきた話は、その上で成立する話です。そうした条件の上であれば、コンピューターに笑わせられるのも面白いと思いますし、人間の創造できなかったことや、人間には気づくことのできなかった隙間を人工知能芸人が埋めてくれる可能性だってありそうです。人間の芸人も、人工知能という新たな競争相手ができれば、何らかの進化が見られる可能性だってあります。

第4章　新しい技術で笑うために

「人工知能の笑いなんて嫌だ」とか、「コンピューターが人間の笑いを評価するな」という白か黒かで判断するのではなく、各自がグラデーションのどこに立つのかを考えて、コンピューターともうまく協力してみてはでどうでしょう。まずは、いまある人工知能やコンピューターにおかしみを感じるのか、アンテナを張ってみてはどうでしょう。

///// もはや笑いは1人で作るものではない /////

欧米では、「ジョークを言うことは何かを売るということだ」（Jorking means selling）と言われます。日本でも、テレビCMを見ている限り、ユーモラスなものが、近年、ますます増えているように感じますし、広告のキャッチコピーでも、消費者を笑わせにかかっているものが様々なところで見られます。モノを売るためには、笑いが必要になってきているというわけです。

それに伴い、プレゼンテーションでは、ツカミとしての「笑い」が必要になってきていますし、会社のなかでも、ユーモアセンスは、個人の大切な力として考えられるようになってきました。営業職でも、会話のなかで笑いをどう取り入れるかを気にする人は多いようですし、自分をどう見せるかが重視される社会では、個人も笑いをどう作っていくかが問われる社会になっていると言っても過言ではありません。既に、恋愛市場では、「面白い人」が人気であることは、今に始まったことではありません[2]。

しかし、笑いを作るのが苦手な人やユーモアのセンスに自信がない人は、どうすればいいのでしょうか。

ピーター・マグロウ（2014＝2015：108）は、アメリカのコンデナスト社が発行する雑誌『ザ・ニューヨーカー』に毎号、掲載される人気

2　社会学者の太田省一は、80年代以降、「おもしろいことがモテるために欠かせない要素になるような時代が始まる」と述べています。

141

1コマ漫画を引き合いに出し、この1コマ漫画のジョークは、会議室のなかで複数の人のブレーンストーミングによって生み出されていると解説しました。この手法は大規模なユーモア創作ビジネスで今実際に主流となっているそうで、その理由を以下のように述べました。

　何百万人という人々に笑ってもらえるものをつくりたければ、面白い人間を10人ほど1部屋に放り込み、ベストな結果が出るのを待つのが一番の良策だ。なぜなら、巨額の予算を投じた映画やテレビ番組や雑誌の企画を、たった1人の世間知らずな笑いの天才に任せるなんて、リスクが高すぎる。

　このように複数の人で作っていくというスタイルは、ほかの文化の領域でも見られます。その代表は、『トイ・ストーリー』や『カーズ』などの人気作品を手掛けたピクサー・アニメーション・スタジオです。ジョン・ラセター率いる世界中から集めた様々な領域の天才たちは、「ブレーントラスト」という手法で映画を製作しているそうです。それは、進行するプロジェクトに対して皆で意見を主張しながら相談し、ブラッシュアップして、制作していくスタイルです。

　広告で、笑いやジョークがますます必要な現状、複数人で、かつ平等な立場で、ブラッシュアップしながら、笑いを作っていってみてはどうでしょう。その際に、お笑い芸人やバラエティ番組を作っている構成作家たちは活躍できるのではないでしょうか。お笑い芸人の仕事の場は、舞台、テレビ、YouTube だけではなく、いまや、企業の会議室も含まれるのかもしれません。面白さを引き出すのがうまい人も必要ですし、世の中の面白さを客観的に把握できる人も必要になることでしょう。また、様々な領域の人で作成することで、面白さはより磨かれることも忘れてはいけません。

　さらに、教育者や取締のように人前で話すことの多い人向けに、ネタの相談に乗ってくれるような場所があってもいいと思います。もちろん、会社員でも、プレゼンのつかみが必要な場合もありますし、笑いのネタ

を仕込んでおいた方がいいこともあるでしょう。また、日常生活でも、自己紹介などで、笑いが作れれば、相手に伝わる印象はずいぶん異なってくるでしょう。そうした際に、「ユーモアコンサルタント」がいれば、とても便利なはずですし、ユーモアセンスに自信がない人も、それに悩む必要はなくなります。

　こうした点をふまえると、今後、ジョークや笑い、鉄板なネタをともに時間をかけながら作成してくれる「ユーモアコンサルタント」のような仕事や、コンサルタントが集まる「笑いのサロン」のような場の需要は確実に出てくるはずです。

　こうしたコンサルタントやサロンが広まれば、社会全体としての笑いも増えてくるのではないでしょうか。さらに、笑わせるセンスやユーモアに対して、自信が持てない人も、自分で無理に考えるのではなく、専門家とともに作れるのであれば、自分の笑いに自信が持てるでしょうし、何より、笑いやユーモアを学ぶ機会にもなるはずです。ちなみに、すでに、アメリカでは、こうした仕事があるようです。笑いがこれほど重視されている日本社会にも、そのような場所があれば、今後、かなりの需要が出てくるはずです。

/////VR を笑う /////

　2016 年は、VR（Virtual Reality）元年と言われ AI と並び、各メディアに取り上げられました。注目された理由は、技術的な進歩もそうですが、Google やフェイスブックが巨額投資をしていたヘッドマウントディスプレイが 2016 年に出揃ったからだそうです（日本では未発売のものも含む）。それらは、「オキュラスリフト」、「グーグル・デイドリームビュー」、そして、2016 年 10 月に発売された、ソニーの「プレイステーション VR」です。

　ヘッドマウントディスプレイを付けたときの画面への没入感はかなりのもので、なかなかことばに変えることは難しいのですが、一部では、

スマホに変わるメディアだと評価されています。

VRに関しては、ジャーナリストの新清士の『VRビジネスの衝動』が分かりやすく、VRの何がすごいのかを的確につかむことができるのでおすすめです。ここでは、VRそのものの説明よりも、どのようにVRを活用し、私たちの笑いやユーモアをアップデートしていくのかについて考えてみたいと思います。

まずは、そもそも、VRは、新しい経験です。テレビのバラエティ番組でもタレントたちがヘッドマウントディスプレイを装着し大げさにリアクションしているように、私たちも、家族や友人の装着や、ゲームプレイの様子を笑うことができるでしょう。単純な側面ではありますが、友人や家族がヘッドマウントディスプレイを装着し、「ぎゃー」「キャー」と言うリアクションは、きっと、楽しく笑えるでしょう。

プレステVRのように、自宅でゲームや、そのプレイ鑑賞を楽しむこともできますが、高価なようなら、ゲームセンターなどで、それらを体感しながら笑うこともできます。渋谷には、VR PARK TOKYO が 2016 年 12 月にオープンしましたし、新宿では、国内最大のVR施設である VR ZONE SHINJUKU が 2017 年にオープンし、人気を博しているようです。今後、全国各地で体験できる場所はさらに増えてくると言われています。

また、VRは、体験だけが魅力ではありません。私たちは、VRの技術を用いることで、これからは、平面をビデオなどで記録するのではなく、ある場所の全体を保存できるようになってきました。

前述した新（2016：162-163）は、結婚式の列席者の表情をすべて記録するというVRの新たな可能性を紹介しました。私が興味深かったのは、記録の対象が、新郎新婦だけではなく、「式ごと全部」に変化しようとしていることです。この変化によって、私たちは、これまでの記録方法では、気がつくことのできなかったことを記録できるようになります。

もし、結婚式という空間が 360 度記録できれば、私たちは、その場、その瞬間には、気づくかなかったことを事後的に経験できます。

144

「指輪交換のとき、友人のＡ子が泣いてる」、「Ｂ男はここで変顔してる」、「思いがけない〇〇が映ってる」など、新たに気が付くことのなかには、面白いものがとらえられているかもしれませんし、それをきっかけに、私たちのコミュニケーションが広がっていくことも含まれているはずです。

　これは、結婚式に限らず、子どもの運動会でもそうでしょうし、旅行でもそうでしょうし、日常の何でもないシーンでも同じで、何か思いがけない発見ができることもあるかもしれません。

　さらには、現在は、動画編集が誰にでも簡単なものになったように、3D空間の編集の技術も普及したら、これらを利用して、家族や友人にサプライズを仕掛けることだってできるはずです。皆さんなら、どんなサプライズパーティーを企画しますか。VRのなかでサプライズ、その後、ディスプレイを外してもサプライズといったようなことも可能になります。

　では、最後に、お笑いとVRの関係について考えてみましょう。私たちは、VRの技術を使えば、将来的には、憧れのアーティストをいつでも最前列で見たり、舞台袖や舞台上に立つこともできるようになります。一部のファンにとっては、お笑いでもその嬉しさは、同じなのかもしれませんが、はたして漫才をしている2人の隣に立ってみたいのかどうかには疑問が残ります。

　ならば、お笑い芸人たちは、メディアに合わせた芸が必要になりそうです。芸人のキングコングの西野亮廣や、ウーマンラッシュアワーの村本大輔が指摘していますが、40インチを超える現在のようなテレビのディスプレイがメインのメディアである、お笑い芸人たちは複数人がひな壇に座り、集団で協力して作る笑いの技術が必要になります。

　しかし、今後、スマホのディスプレイがメインストリームになった場合、画面には、せいぜい2人か3人で十分で、そこでは、集団で笑いを作るよりも、個人の強烈な個性が必要だったり、独特な話芸に富んでいて、少人数で笑いを作り、視聴者を引っ張っていける要素が大切になると考えています。この意見には、私は共感できかねます。

では、360度あるディスプレイでは、人数はどれくらいが理想で、どんな話芸が必要なのでしょう。芸人側は、こうした点を今後は模索していく必要があるでしょう。

　視聴者が、360度どこでも見渡すこともできて、その場に実際にいるという没入感が味わえる場合、例えば、ドッキリ的な笑いなどの需要はありそうです。その笑いは、芸人と視聴者が協力して作る笑いなのかもしれません。芸人たちは、視聴者たちがどう見るのか、どう動くのかを予想しながら、笑いを作っていく必要がありそうです。となると、芸人の仕事は、ネタやテレビでトークをするだけではなく、視聴者を巻き込んでいくような企画を次々と練ったり、共同で笑いを作れるようなネタの台本が書けることが、今後大切になるのかもしれません。

　遠くない将来、お笑いは、見るものではなく、参加することになるのではないでしょうか。キングコング西野亮廣やロンドンブーツの田村淳はネットを駆使してすでに視聴者が参加をできるイベントを作り笑いを作っています。それがVRにも移行しそうです。

　いまは、「あのネタ見た！笑ったよね！」かもしれませんが、これから、「あのネタやった？」やと、やったかやっていないかの経験が問われる時代がくる可能性もありそうです。

///// 拡張現実で笑う /////

「拡張現実」（Augmented Reality）とは、現実の世界に対し、コンピューターなどを用いて何か情報を付け加えたり、削除したりすることです。

　ARの典型例は、2016年に登場した、「Pokémon GO」です。Nianticと任天堂が手掛けた「Pokémon GO」は、世界中で人気となりましたが、日本でもサービスが開始され3日間で1000万回以上ダウンロードされるほど人気でした。都市部であれば、一時は、街を歩けば、皆、「ポケモンGO」という状態で、社会現象となりました。私も、息子たちとレアポケモンを探しに、あちこちに出向いてみました。また、散歩やラ

第4章　新しい技術で笑うために

ンニング（現在、ランニングの方は、規制されてしまいましたが）には、うってつけで、いつもより余計に走ったり歩いたりすることができました。まさに、前述したゲーミフィケーションの実践で、家族でのコミュニケーションのきっかけにもなりましたし、家族全員が、散歩やランニングを継続するモチベーションにつながりました。ゲームによって一喜一憂し、コミュニケーションと笑いが増えたのは言うまでもありません。

　私にとっては、「ポケモンGO」の面白さは2つありました。1つは、スマホを活用し、いまある風景を変えていくということでした。歩きスマホの是非はともかく、家から駅までの見慣れた景色に、様々なポケモンが現れることで、世界を別なものにしてしまうという点は、とてもおもしろく感じました。今後、世界がますます面白くなっていく期待を持つことができたといっても過言ではありません。

　2つめは、ポケモンを探し求めているなかで、行ったことのない公園を見つけられたり、近所であるにもかかわらず、立ち寄ったことのない神社を見つけられたり、散歩によって、友だちと偶然出会えたりしたこともありました。きっかけはゲームですが、私の日常の世界を少しだけ広げ、変化させてくれました。

　マッキンゼーやNTTドコモ、リクルート、Googleなどを歴任してきた尾原和啓は、ポケモンの前身に当たる同じくNianticが手掛けた位置情報を活用した「INGRESS」というゲームをプレイした感想として、見慣れた街を探索していくなかで、プレイヤーは、「見慣れた周囲の風景が変貌していくことに驚く」と述べました。私も、「ポケモンGO」「INGRESS」で同じことを体感できました。

　スマホを用いたARの技術は、今後、さらに応用され、様々なビジネスとコラボレーションしていくはずです。

「ポケモンGO」でも、被災地である宮城県石巻市にレアポケモンのラプラスを多く出現させるイベントがあり、経済効果も20億円近くあったと言われています。今後、「ポケモンGO」に限らず、ARの技術は、地域活性はもちろん、人集めや防犯、ボランティア、祭りなどに活かされていくことでしょう。

また、今後、観光とさらに結びつきそうです。ARの技術をふまえれば、観光資源は、現実社会には必ずしも必要なものではなくなり、バーチャル空間で作っていくという方向になっていくかもしれません。バーチャルな観光資源で人を呼べることも魅力があり、企業や地域は今後ますます注目することでしょう。

　もちろん、そのバーチャル空間に集まった人たちが、今度はバーチャルではなく、現実世界に、何か良さを発見することも大切でしょう。バーチャル空間でアイテムを探しに来た地方都市だったが、その地方都市の実際の魅力にも気づき、新たな観光地が生まれるという循環です。そこにもまた面白さや笑いが生まれる可能性があるはずです。観光に限らず、日常の風景に対し、スマホをかざしてみることで、そこにおもしろさを見つけていくことも可能でしょう。

　こうした技術をふまえ、お笑い芸人は、漫才やコントの芸を磨くだけではなく、現実がどのように変われば、そこで笑いが生まれるのか、あるいは、現実がどう変化すると、そこに集う人たちのコミュニケーションに笑いが生まれるのかを考えてほしいと願います。笑いたい需要は、舞台やテレビだけではなく、私たちのもっと身近なところにあるのではないでしょうか。ライブに来てもらう時代から、視聴者のもとに出かけていく時代がすぐそこまで来ているように思えてなりません。

　赤道付近のアフリカに雪を降らしてみますか。空から何が降ると私たちは面白いのでしょう。家のなかで未確認生物を飼ってみますか。それを散歩させてみますか。自分たちがコスプレをしてみますか。あるいは、友だちたちがどんな衣装を着ていると面白いですか。どんな場所でどんな衣装だと私たちは爆笑しますか。動画に撮って、さらに笑いを連鎖させることも可能かもしれません。

　具体例はともかく、芸人に限らず、これからの私たちには、様々な科学技術を用いて、世界を変化させ、世界中を爆笑させるような「笑いの企画力」こそが、求められているのではないでしょうか。もちろん、新しい技術に対してアンテナを張り続ける必要があり、そこはなかなか大変そうです。

第4章　新しい技術で笑うために

/////Google Glass とマインドフルネス /////

　AR は、「ポケモン GO」だけではなく、様々な領域で注目されています。例えば、新聞の写真にスマホをかざし、それを動画にすることができたり、旅先や街のなかで未知なものにスマホをかざせば、山や建物の名前を瞬間的に調べたり、英語のメニューや文字を訳すこともできたりします。

　車を運転しながら、フロントガラスに見えにくい歩行者を目立つ色で教え、事故を防ぐ技術も精度がかなり上がってきているそうです。コニカミノルタが商品化を進めているようで、2017 年 1 月に「3D AR HUD」（3 次元拡張現実ヘッドアップディスプレイ）という技術が開発されたと報道されました。

　さらに、現在は、販売中止、一時的に撤退となっている Google Glass のサービスが本格的に始まれば、私たちは、ますます瞬時に多くの必要な情報を得ることができるようになると予想されています。

　尾原（2015：34-45）は、Google Glass は、「ユーザーのインテンションや欲求を先回りして提示するデバイス」だと説明し、YouTube で見ることができる「Google Glasses Project」というコンセプト動画の解説をしました。

　その動画では、主人公が目覚めてグラスを装着するとグラスが起動します。コーヒーを注ぐと、まずは、今日の予定が Google Glass に映ります。その後、外を見ると気温と降水確率がメガネに表示されます。そのとき友人からメールが届きます。それを瞬時にグラスで確認します。内容を確認し、それに対して文字を入力せずに音声で返信します。次は、家を出て地下鉄に乗ろうとしますが電車が止まっている情報が入ってきました。Google Glass は、即座に、職場までの徒歩のルートが案内されます。

　この動画のなかで、尾原が、最も注目したのは、主人公が、新たに案内された道を歩いている際の「犬をなでる」という何気ないシーンです。尾原はここに Google の哲学を読み取ります。その哲学とは、近年あちこちで話題の「マインドフルネス」です。「マインドフルネス」とは、ざっくりと言えば、「今現在、起きていることにしっかりと注意を向ける」

149

ことです。例えば、余計な雑事はグラスが自動的に処理してくれるので、メールを気にせずに朝食をじっくりと味わえたり、スマホを見ながら下を向いて歩かなかったため、かわいい犬に気が付き、犬を名でなでられたりすることができるようになるという哲学のことです。

尾原（2015：44）によれば、この哲学は、Google が、グラスと同様に力を入れ、実用まであと少しと噂される Google Car からも読み取ることができると言います。つまり、運転している限り、私たちは道や他の車や人を気にしなければなりません。そんな運転すらもコンピューターが自動的に行なってくれることで、私たちは、目的に到着するまで音楽をじっくり聞いたり、読書をしたり、風景を楽しんだりできるようになります。運転まで Google にとっては雑事なようです。

マインドフルネスの発想は、笑いやユーモアにとっても重要なはずです。なぜなら、ゆとりをもって、その場に集中していた方が、その場やそのもの、あるいは、相手の面白さやユニークな点に気づくことができるからです。また、道などでも、急いでいたり、スマホで情報を得ながら歩いていては、感動したり、おかしみを刺激してくれる重大な何かを見逃すかもしれません。

とはいえ、「マインドフルネス」は、現在、商売と強く結びつき、ヨガや瞑想などの方向に進んでいます。私は、「他のことを気にせずに、その場に集中するという考え方」には強く共感できますが、それ以外の面は、疑い半分な部分があります。今後、日本マインドフルネス学会などが科学的で、臨床的なエビデンスをどう明らかにしていくのか注目したいと思っています。読者の皆さんも、「マインドフルネス」に関しては、科学的な部分と、疑似科学をうたうキャッチコピーとの混合には、十分に注意してください。

///// 「魔法」で笑う /////

拡張現実に関しても、私たちの想像を上回る時代がやってきそうです

第4章　新しい技術で笑うために

が、さらにもう一歩先を見据えるのが、メディアアーティストでもあり研究者でもある落合陽一です。彼は、20世紀を「映像の世紀」と呼びます。そして、これからの時代を「魔法の時代」と考えました。彼にとって、「魔法」とは、多義的な意味を持ちますが、なぜ、これがこうなったのかという内部のテクノロジーの仕組みを理解しなくても、コンピューターが簡単に操作できるようになる仕組みが、まるで魔法のようだからだそうです。

「魔法の世紀」に、落合は、スマホを使って現実世界を見るのではなく、科学技術とテクノロジーを駆使して現実そのものを変えようとしています。例えば、超音波を使って、物体を宙に浮かせることが可能になれば、私たちの物理空間に様々な変化がおとずれることになります。同様に、目の前にあるものの質感を変化させることができれば、それは、現実社会そのものの変化になるというわけです。

　少し想像力を広げてみるだけでも彼の考える「魔法の世界」は、新鮮で、誰にとっても驚きや興奮が見込めそうです。なにせ、目の前に触れることのできる物体があるわけですから。落合の考える「感触のある世界」は、まだ時間がかかるかもしれませんが、マイクロソフトの研究しているホロレンズを用いれば、眼鏡越しに、3次元ホログラムを作り出し、この世界に様々なものを作りだすことが可能になります。その世界はもうすぐそこまで来ていると言っても過言ではありません。

　そこには、この時代からは、想像ができない笑いを見つけることができそうです。ただ見る、聞くというだけではなく、目の前の物体と共に何かできるわけで、マス・メディアを通して伝えられた「おかしみ」とは別次元なものとなります。私たちの笑いは、ますます、視聴するだけではなく、経験と化すように思われます。五感、全てで得られる経験は、想像を絶するほどの衝撃的な変化になりそうです。

「魔法の世紀」が到来したら、私たちは、小説や映画を見るのではなく、実際に経験できるようになるかもしれません。それは、VRの没入感を上回ってくることは間違いないはずです。笑いに関しても、常に経験ができることになるので、ドッキリやサプライズも目の前で相手に行なう

ことができそうです。その際の驚き具合や感動は、はかりしれないことでしょう。特に、自ら、クリエイティブができる人であれば、様々な空間をいまここに作ることができるかもしれません。

とはいえ、私たちがすることはもっと単純なもので、例えば、LINEのスタンプのように、一部のクリエイターが用意してくれたものを自在に組み合わせて何かを作ってコミュニケーションをして、遊び、笑うといったことになるかもしれません。

さらに、落合（2015）は、コンピューターと人間の共生関係を視野に入れ研究を行なっているそうです。例えば、いまの私たちにとっては、一般的には、人間がコンピューターを操作していると考えます。しかし、彼によれば、コンピューターが人間を使って音楽を奏でるとか、人間を動かしてディスプレイを作るということも、これからは大切になってきて、「人間中心主義のメディア意識」は変化せざるを得ないと主張しました。それは、笑いで言えば、コンピューターが人を笑わせたり、人間の笑いを評価したり、コンピューター同士の笑いを人が鑑賞したりすることもありそうですし、コンピューターに人間がいじられることだってあるのでしょう。

とんでもない将来に備えて、いまから新しいメディアをどう考え、線引きをするか、積極的に取り入れていくのか、しないのかという選択、あるいは、それを使用しながらどのように問題点を見つけていくのかなどの判断力や取捨選択能力、活用能力などを蓄えておく必要がありそうです。

///// 写真で笑う /////

デジタルカメラやデジタル一眼レフの価格が下がったことと、ケータイやスマホの普及によって私たちのカメラ環境はわずかな期間で劇的に変化したのではないでしょうか。MMD 研究所（2014）の調査によれば、15 歳〜 39 歳の男女は、約 7 割の人がスマホの写真に満足しています。

第4章　新しい技術で笑うために

画質もよく、通信機能の備わったスマホでは、記録も、大容量なものや、無制限なクラウドが用意されていますし、他者との交換も容易なため、この結果には確かに納得です。ちなみに、その分、デジタルカメラや一眼レフの売上げは減少傾向にあるようです。

　私たちの写真の撮り方は、デジタル化し、保存メディアのインフラが整ってくるなかで残りの枚数を気にしながら撮るのではなく、複数枚撮って不要なものを捨てていくスタイルになりつつあります。また、カメラは、従来、何か特別の日や、旅行などの非日常に使用していたはずですが、現在は、常時持っているもので、非日常はもちろん、日常も撮影することが多くの人にとって自明な時代になりました。

　そのような環境のなかで、ここでは、写真を使ってどのように日常を笑っていくのかをデジタル、アナログなものも含めて考えてみたいと思います。いろいろな方法がありそうですが、ここでは、4つの提案をしてみます。

　1つめは、カメラの特徴を活用した笑うためのアナログな撮影方法です。以下の写真は、私が実際に、子どもと撮ってみたものです。遠近法を用い、空にある雲で遊んでみました。日常生活のなかでは空や雲をじっくりと眺める機会がなかなかありません。しかし、写真で遊ぶことを理由に、子どもの想像力を掻き立て、「あの雲は何に見える？」などと楽しみながら撮ってみました。Web上にアップロードされているようなうまさはありませんが、雲の形がすぐに変化することやシャッターチャンスを逃すと二度と同じ形にならないことは、私にとっても子どもにとってもいい経験だったと思いますし、その際に「難しいね」「うわー動いちゃった」とコミュニケーションには、笑いが多く生まれました。常時持っているカメラで遊びながら、笑える世界を映してみてはどうでしょうか。

写真①

写真②

第4章 新しい技術で笑うために

写真③

　２つめの方法です。前述したとおり、現在は、写真を複数枚撮り、いらないものを消していく時代です。クラウドに保存しておけば枚数の制限がないので、失敗した写真でも捨てる必要すらないのかもしれません。
　クラウドに保存された写真は、ネット環境があれば、いつでも、どこでも取り出すことができます。例えば、Googleフォトは、画質はやや落ちるものの、2017年3月現在、保存できる枚数は無制限です。さらにGoogleフォトのおもしろいところは、検索機能にあります。複数の写真をGoogleにアップロードしておけば、その写真のなかを場所から検索してみたり、もので検索してみたり、人で検索したりすることができます。例えば、「キリン」「猫」のようにキーワードで検索したり、子どもの写真で検索できたりします。
　この検索機能を活用すれば、様々な場面で、今以上に、写真がコミュニケーションのネタになりますし、話を盛り上げてくれることでしょう。

何かエピソードを話す際にも、写真を見せながら伝えれば、聞き手は情景を思い浮かべることができるでしょうし、仕事の場でも、ことば巧みな説明よりも、写真を見せれば一瞬で多くの情報を伝えることができます。

　アルバムのなかに、検索機能がなければ、複数ある写真のなかから、「あの写真を今友だちに見せたいけど、いつ撮ったのか分からない…」というようなことがありましたが、写真検索を用いればそれは大幅に改善されます。とはいえ、写真の検索の精度はまだまだ完璧ではありません。犬を馬と間違えてしまうこともありますし、2015 年には、黒人 2 人の写真をゴリラと認識してしまったことが問題になりました。精度がもっと上がることを期待しておくほかなさそうです。

　写真を見せながらの会話は、私たちのコミュニケーションそのものををアップデートしてくれそうです。詳細で巧みなことば使いよりも、インパクトのある写真を見せられることや、それに単純なことばを添えて魅力的に見せられることも今後、新たなコミュニケーション能力として注目されるかもしれません。また、アップデートされた会話でどう笑いを作っていくのかも考えておく必要がありそうです。それは、写真への解説かもしれませんが、同時に、写真を撮る時点で何かネタを仕込んでおくことになるかもしれません。こうした変化は、すでに、若い世代のなかでは見られることで、他の世代や仕事の場面でもますます導入されそうです。2017 年流行語大賞になった「インスタ映え」にもこの要素は多分に含むことでしょう。

　3 つめは、写真の加工、編集についてです。旅先で撮った何気ない写真をパソコン、スマホ、タブレットなどで、いまは、誰でも簡単に編集ができます。テロップを入れることはもちろん、好きな音楽に合わせた動画も作れます。数年前までは、編集は、コスト的にも技術的にもやや敷居の高いことだったのかもしれませんが、技術の進歩に伴い、写真と音楽を選択すれば、自動でコンピューターが編集して動画を作ってくれるアプリやソフトも無数に登場しました。

　編集方法次第では当然のことながら様々な種類の笑いを生むことがで

きるはずです。編集を前提として日常の世界を見ると、これもまた、世界の見え方に変化が生じるはずです。新たな笑いのチャンスも増えそうです。

また、編集で笑いを作ろうとすると、テレビのバラエティ番組の見方が変わります。どうセリフを作るか、どこに着地するか、テロップはどう出すと効果的かなどが気になってきます。こうした意味でも、教科書としてバラエティ番組を見ることになるというわけです。この点も、別の角度から、日常の世界を見るきっかけになる可能性がありそうです。

Windows ならムービーメーカー、Mac なら iMovie、Android や iPhone では「動画編集」などのキーワードで検索をすればたくさんのアプリが出てきます。自分で作成が面倒なら自動作成機能もあるので、操作が不得意な人でも誰でも簡単にできます。一度試してみれば分かりますが、写真を今までとはまったく異なった感覚で味わうことができます。

同じように、写真を加工することも非常に簡単になりました。撮った写真をプリクラのように落書きしたり、スタンプなどのデコーレーションをかざることもできます。また、顔を変形させたり、別の体にくっつけてみるアプリや誰かと合わさるとどんな顔になるのか、写真をイラスト化してくれたりするアプリなどもあります。

また、写真を用いてコミュニケーションを盛り上げてくれるアプリもたくさんあります。例えば、2015 年以降、高校生や大学生の定番アプリになったのは、snow です。

snow は、「ウケるカメラ」とキャッチコピーが付いた顔認識システムで、顔にかわいらしい犬やうさぎ、場合によってはおじさんなどのフィルタをかけ、合成したり、変顔が簡単に作れる写真、及び、動画作成のアプリです。SNS との相性がよいため、多くの若者たちは、snow を使ったたくさんの写真を Instagram などの SNS アップロードしています。

また、顔写真の占いや、気になる異性との相性のパーセンテージ化、写真から分かる適した職種、イケメン判定など遊び要素の強いアプリもますます増えてきています。これらは、お金もかからず、とても手軽で、

写真④

日常生活のなかの笑うためのネタになるものです。若者向きだと決めつけず、アプリを探してみてはどうでしょう。

　4つめは、日常よりもより美しい日常を写真で撮るということについてです。カメラの性能が上がり、高画質になったことで、一眼レフなどを使えば、普段、私たちが見ている風景をより美しく撮影することができるようになっています。日常の世界をどう見るか次第で、おもしろさは変わってくるものなので、日常の世界よりもきれいな世界もまた、私たちに何か笑うヒントを与えてくれるかもしれません。

　また、一眼レフ用のレンズを変えてみると、肉眼ではとらえにくい花の繊維を映すことができますし、子どもや動物の微妙な表情、花火や光の微妙な動きなど私たちの肉眼ではとらえにくいものがとらえられるようになります。

第4章　新しい技術で笑うために

　肉眼では、人間は、1秒間の30分の1以上の動きは、基本的には、とらえることができないと言われています。しかし、一眼レフであれば、数千分の1の単位をとらえることができます。日常をとらえるレンズを変えてみることは笑いの作り方の基本です。それをふまえれば、カメラもまた、私たちに、笑いの作り方やとらえ方を何か教えてくれるのではないでしょうか。

　ここで紹介した他にも、写真をうまく活用することで、日常生活をさらに笑うことができるはずです。私たちは、普段、何気なく写真を撮っていますが、それをどう撮るか、そして、撮ったものをどう見るか、どう遊ぶか、さらに、撮った写真や編集した写真や動画をコミュニケーションにどう接続していくか、考えてみてください。そこに、笑いを見つけることもできるはずです。

///// お笑いをキュレーションする /////

　キュレーションということばは、もとは博物館や美術館の管理者を意味することばでしたが、現在では、たくさんの情報を収集し、それを取捨選択し、まとめるという意味で用いられることが多くなってきました。

　例えば、スマートフォンアプリで言えば、無数にある世界中のニュースを収集し、選別、分類し、提供してくれる SmartNews や、同様に、ニュースのキュレーションサイトのグノシー。家の家具のキュレーションサイトや、レシピや食卓に関する CAFY（カフィ）、旅先の穴場や外国人から見た日本の魅力をキュレーションしてくれる TripAdvisor Gallery（トリップアドバイザーギャラリー）など様々なサイトやアプリがいまもなお、増え続けています。

　情報が溢れすぎたこの世界では、ある領域に詳しい人が、たくさんの情報を収集し、まとめてくれたり、要約してくれれば、受け手は内容的にも時間効率的にもとても助かります。政治について詳しい人が、ざっくりと、今日の政治ニュースのなかで重要なことを教えてくれる、経済

の動きも、経済に詳しい人が今日の出来事をまとめてくれる、映画について詳しい人は、映画情報をまとめてくれるようになれば、非常に便利ではないでしょうか。問題になるのは、「自分自身がどの人を信じるか」についてですが、多すぎる情報を次々と処理しなければいけない時代に、キュレーションは、時間的・効率的に、優れていそうです。

　お笑いの情報も現在はあまりにも多すぎます。ライブを見たいと思っても誰のものにいけばいいのか困ってしまいます。そこで役立つのがキュレーターです。現在のところお笑いでは、キュレーター的な役割を果たしてくれるのは、例えば、お笑いの雑誌、あるいは、お笑い評論家のラリー遠田、ライターのてれびのスキマ（戸部田誠）のTwitterや、様々な場で書いたコラムや書籍が参考になります。

　情報の受け手からしてみれば、キュレーターは、多ければ多いほどありがたいものです。なぜなら、キュレーターは、絶対数が多い方が自分のセンスに合う人を見つけやすいからです。ちなみに私も、遠くない将来、お笑いのキュレーターを始めてみようかとたくらんでいます。

　さて、お笑いでは、領域に関しても、幅が広いと受け手は助かるはずです。例えば、ネタに詳しいキュレーターが、数カ月に1回程度でも、いま、質の高いネタをする芸人をまとめてくれればとても便利です。また、テレビで、頻繁にバラエティ番組を見ている人は、トーク力のある芸人をまとめてくれたり、単純に面白い番組を教えてくれたり、見る際のポイントを整理してくれると助かります。あるいは、お笑いライブに行くことが趣味な人は、注目の若手情報をまとめてくれたり、アングラな芸人を紹介してくれたりすると需要は思った以上にあるはずです。

　しかしながら、お笑いの場合、「面白さ」は、その場の状況や他の人との関係性によって変化してくる性質があるので、単純なものではないかもしれません。

　そこで、お笑いファンや情報を多く持っている人だけではなく、現役の芸人たちがいま純粋に誰を面白いと思っているのか、あるいは、尊敬している芸人や学びの多い芸人などをまとめてみるのはどうでしょうか。何度も言いますが、芸人の仕事は、すでに、人を笑わせるだけでは

160

ないはずです。トークの見本となって久しい芸人たちは、自分が誰を面白いと思っていて、どんな部分を見ているかなどの情報を発信すべきです。その情報は、幅広い層に役立つことでしょう。

例えば、松本人志は、いま、どの芸人が気になっているのか。頻繁ではなくても、ときどきまとめてほしいものです。それから、尊敬している芸人は誰なのかなど教えてもらえると、視聴者たちもお笑いに広がりが出てくるはずです。

「松本は、落語家の△△が好きなのか」、落語には興味がなかったけど、聞いてみようなどと視聴者のお笑い視野が広がっていったり、松本人志が影響を受けたのはこの人なのか、過去にこういう人がいたのかなどとYouTubeやネットで調べたりすることで、歴史的にお笑いをとらえることができるようになっていきます。

すでに、Wikipediaでは、哲学者であれば、「影響を受けた人物」と「影響を与えた人物」がきっちりと整理されています。お笑いに哲学ほどの影響はないのかもしれなせんが、視聴者やファンからしてみると興味の広がりに繋がることなので、どこかでそういう情報がまとまってくることを期待したいです。

お笑いに対しての知識が深まることで、よりお笑いが楽しくなるはずです。人生を豊かにするためにも、知識を獲得して、文化資本を蓄えてみることも重要です。

日本人のレジャーはどちらかといえば、受け身になりがちです。つまり、「与えられて、楽しいと思う」ことが多いということです。そうではなく、自ら知識を追求し、それを蓄え、その上で、楽しんでみてはどうでしょう。これからはこうした楽しみ方が徐々に求められてくるのではないでしょうか。

また、だれでも情報を簡単に発信できる時代であることをふまえれば、誰もが何らかのキュレーターになることができることができるはずです。そのため、読者の皆さんも自分の好きなものの情報を何らかの形で発信してみてもいいのではないでしょうか。

ブログやTwitter、文字が苦手なら、YouTubeでしゃべるとか、ポッ

ドキャストで音声だけを語るなどの実践をしてみてもいいはずです。文字も話すことも敷居が高ければ、写真を撮って、インスタで情報発信もできるはずです。その情報は、想定以上に誰かに役立つ時代です。そしてまた、情報はインプットとアウトプットにより、ブラッシュアップされていくものです。大学で教員をやっていると本当にそう思います。

　さて最後に、キュレーションの問題点についてふれておきましょう。キュレーションには、著作権の問題、コピペの問題、出典先があいまいになるなど、すでに、多くの問題があがってきています。また、キュレーションばかりを頼りにしていると、自分の持つ情報に偏りが出てきてしまいます。

　現代社会は、ネット検索を用いれば、自分の信じたい情報だけを信じられるポストトゥルースと言われる時代です。もし、自分に合うキュレーターが見つかった場合、自分の持っている情報が極端に右か左に傾いてしまいかねません。

　情報収集には、誰にでも時間的な制約がありますが、複数のキュレーターから情報を得ることはとても重要になります。また、右にも左にも偏っていないかどうかの確認をしてくれる第三者機関なども必要になってくるのかもしれません。

　とにかく、キュレーターを信じれば信じるほど、その人から得られる情報に対し、何の疑いも持たなくなってしまう恐れがあります。いつでも疑うのは、精神衛生上よくないことかもしれませんが、情報過多な時代、疑う目線は必ず持ち合わせた方がいいので、その点にも気を付けて、効率的にキュレーションを活用してください。

　それから、そこで得た情報をさらに自ら調べて行くことも大切です。キュレーションを頼りすぎると自ら調べるという能動的な情報への態度や、その情報を用いて考えるという作業が失われてしまうことがあります。このあたりの点を気にしつつ、バランスを重視しながらキュレーションを用いてみてはいかがでしょう。

　遠回りなようですが、情報を上手に仕入れられれば、皆さんの笑う機会はますます増えるはずです。

162

///// ネット上の笑い /////

ここでは、ネット上に見られる様々な笑いについて整理をしてみたいと思います。

まずは、違法であるにもかかわらず、ネット上に、テレビ番組は、アップロードされ続けています。それは、海外にサーバーがある動画サイトや、YouTube にも、手を変え、様々な形でアップされているのが現状で、運営側と、削除のいたちごっこが続いています。

違法性、モラルの問題は別にしても、利用する人にとっては、テレビのように放送時間に見て笑うのではなく、ネットの場合、同じ番組でも、自分の空き時間に視聴したり、友人の間や、SNS などで話題になった面白いと言われているものをチェックして笑うというスタイルが定着し始めています。

NHK をはじめ、各民放は、オンデマンドで、番組をアーカイブにて見られるインフラがある程度整ってきました。また、民法公式テレビポータルの TVer なども登場しましたが、まだまだ、利用者は多くないのが現状です。お笑い、バラエティ番組に限りませんが、テレビ番組というコンテンツを送り手と視聴者の両者がどのように位置づけ、モラルなどを考えていくか、今後、活発な議論も必要ですし、自分の立ち位置も見出すべき時期なのではないでしょうか。

なお、動画メディアで言えば、サイバーエージェントの AbemaTV（アベマ TV）が、2016 年から始まりました。チャンネルも豊富で、テレビとは少し異なった独特なコンテンツも提供されているため、今後、テレビとはどう差別化した番組ができるのか楽しみです。また、Hulu やNetflix、Amazon ビデオなどのオンラインストリーミング配信サイトでは、現在、テレビが抱えるコンプライアンスと数字重視のなかでは、作ることが難しいオリジナルなコンテンツが配信されるようになってきました。いままでテレビでは見たことのないような新たな笑いが生まれることに期待したいです。お笑い芸人たちは、今後、こうした方面でクリエイティブなものが表現できるようになってほしいものです。

ネット上には、動画のほかにどのような笑いがあるのでしょうか。ま

ず、注目すべきは、巨大掲示板の２ちゃんねる（現：５ちゃんねるですが、以下では２ちゃんねると表記）です。社会学者の北田暁大（2005）は、２ちゃんねるの笑いを、内輪的で、ネタを媒介とした嗤い（嘲りの意を込めた笑い）のやり取りだと分析しました。その後、２ちゃんねるのノリは、日本のネットの様々なところで見られるようになりました。

　例えば、テレビに出演する芸人たちからはあまり見られない政治家をいじるような笑いもありますし、良いかどうかは、別として、弱者やマイノリティをヘイト・攻撃・差別する笑いもありますし、強者を笑う発言も見られます。

　こうした笑いは、見る人が見れば、不愉快で、怒りがこみ上げてくるような内容のものもあります。現実空間にも、こうした笑いはあるものの、匿名なネット空間では、このような笑いを好む人同士が繋がり、より過激に、悪びれることもなく広がったり、量産されているように思えます。

　ヘイト・攻撃・差別される当事者にとっては、それらをどのように削除してもらうのか、あるいは、書き込んだり、見られないようなフィルターをどうかけるのか、どのように無視するのか、困った際には、誰に相談すべきなのかなど、笑いやユーモアのフィルター、ブロックの問題を、今後、ますます議論を重ねていかなければならないと思われます。

　読者のなかには、この現状に対し、嫌悪感を抱く人もいることでしょう。しかし、それらの笑いに、ムキになって怒りをぶつけたり、悲しんでみても、書き込んだ人にとっては、あくまでもそれは「ネタ」程度のものなのかもしれません。この点もネットの笑いの特徴的なことなので、忘れずに触れておかなければなりません。

　社会学者の鈴木謙介（2002：211-212）は、ネット掲示板の２ちゃんねるを引き合いに出し、そこでのやり取りを「ネタ的コミュニケーション」と名付けました。「ネタ的コミュニケーション」とは、鈴木によれば、「すべてがネタである『かのように』振る舞うコミュニケーション」であり、「どんなに本気のコミュニケーションをしようとしても周囲から『ネタ』として言及される可能性をはらんでいる」ものです。

第4章　新しい技術で笑うために

　そのため、怒りをぶつけてみても、「ネタだ」と言われて流されてしまうかもしれませんし、「ネタにマジレス」と新たなネタと笑いを生んでしまうかもしれません。

「ネタ的コミュニケーション」は、ネットとリアルの、どちらが先に始まったのかについて断定することは難しいものの、すでに10年以上前から、現実空間でも頻繁に垣間見ることができました。対面だったとしても、そこでは、どんなにまじめにコミュニケーションをしようとしても、相手は、ネタとしてしか聞いてくれない可能性が出てきます。また、相手の話やキャラそのものもネタの一環かもしれません。

　若い世代は、面白くないものに対しても、ネタとして笑う要素を見出せますし、面白くないものも「逆に」笑うこともできます。

　私たちの、あらゆる経験はネタとなりました。ネタなのかネタではないのか、その境界線は、経験をした本人ですら分からなくなっています。さらに、例えば、コミュニケーションのなかで、相手を傷つけてしまうような発言をしてしまった場合でも、「ネタだったんだよ」で済まそうとします。ネタのつもりでやったことをSNSにアップロードして、炎上し、メディアで「バカッター」だと叩かれたり、裁判になったことはまだ記憶に新しいです。

　また、仲間同士の会話も、ネタなのかそうではないのかが分かりにくくなっています。あまりにもネタに見えた場合は、（話を）「盛るな」と言うツッコミが用意されているものの、たいていの話は、ネタでも、ネタではなくても、「面白ければそれでいい」ものになりました。そしてもう1つ、大切なのは、その笑いで、他者と繋がり続けるということです。それが顕著に表われているのがSNSの笑いです。例えば、Twitterで、面白いと思ったことをつぶやくと、そのつぶやきそのものが面白くなくても、「それ俺も分かる」「その笑いのセンスいいね」という形で、つぶやいた人の面白さに共感が集まります。この笑いは、つぶやきそのものに対すが面白さではなく、「その笑い（笑いのツボ）、私にも分かる」という共感の笑いです。

　テレビのお笑いでもそうですが、私たちは、芸人たちのする「あるあ

165

るネタ」を笑って久しいです。そこには、自分とは関係のない人間であるにもかかわらず、「同じだ」という驚きや期待からのズレから笑いが生じていると考えることもできますが、その考えはあくまでも、無意識にあることで、多くの人が意識するレベルでは、「あるあるネタ」は、「それよく分かる」という共感が、笑いの原因になっているはずです。

古今東西、この笑いの形式があったのかどうかは、さらに今後研究していく必要がありますが、私の知る限り、笑いを研究した哲学者たちが、共感の笑いについてあまり扱っていないことを考慮する限り、比較的、現代的な新しいタイプの笑いなのかもしれません。現時点の私の仮説では、この種の笑いは、個の自覚や、価値観が多様化したなかでこそ、生まれてくる笑いなのではないかと考えています。

それはさておき、90年代以降のコミュニケーションは、北田暁大が指摘したように、「つながりの社会性」が重視されるようになりました。「つながりの社会性」とは、「ことばの意味を誤解がないように伝達する」よりも、「その場の空気を壊さずに、円滑に、コミュニケーションを接続していくことそのものが重視されること」を意味します。

共感の笑いは、相手の言ったことが正しかろうが、間違いであろうが、虚構であろうが、現実であろうが、相手とつながっていく上でとても便利なはずです。もちろん、その笑い自体も、本当に分かったのか、分かっていないのか、面白いのか面白くないのかは問題ではなく、その笑いを活用していくことで、他者とつながり、コミュニケーションを次に接続していくことができれば、目的はそれで達成されます。

「ネタ的コミュニケーション」も「共感の笑い」も、いずれの笑いも、虚構なのかそうではないのか境界線があまりにも不明確な現代社会のなかで、最大限に楽しむための笑いであると同時に、自分を守るためにあるのかもしれません。あるいは、つまらない世の中を最大限、笑うための工夫だと解釈することもできそうです。

大人世代は、「なんでもネタにするな」「共感ばかりするな」「自分の意見も言おう」と一方的に批判したくなるのかもしれませんが、笑いに関する高度なリテラシーをもっと理解しようとしてみることが必要なの

第4章　新しい技術で笑うために

ではないでしょうか。そして、それをどのように、大人たちが活用するべきなのか、この機会に是非考えてみてください。

/////SNS の笑い /////

　世代によって SNS の利用方法は様々です。若い世代なら LINE、Twitter と Instagram だと思います。30 代、40 代なら LINE、facebook といったところでしょうか。読者の中には、すでに、「SNS 疲れ」で、SNS は、最低限しかしていない人もいることでしょう。

　SNS の面白さで、私が最も注目したいのは、見知らぬ人同士の、「化学反応」です。私自身の経験をふまえて、その説明をしてみます。

　私も、成長とともに、これまで、様々な SNS を使用してきました。私自身は、SNS をいまはあまり上手に活用できているタイプではありませんが、それでも、facebook で、高校の友人と 20 年ぶりに再会し、連絡を取るようになり、実際に、飲みに行くことも何度もありましたし、SNS をしていたことで、現実世界で新たに出会った人との共通点を知ることができ、友だちに発展したこともありました。

　Twitter では、実際には会わないまでも、共通の趣味で、何らかの議論や深い話ができたり、同じ趣味の人が興味を示すことを知る楽しさがあったりしました。さらに、実際には、会えるはずのない人や、自分とはあまりにも価値観や考えが違う人とコミュニケーションができて、驚いたり、笑えたり、楽しかったりこともありました。もちろん、嫌な思いやいらっとしたこともありました。

　それはさておき、SNS では、私の経験のように、利用者は、本来であれば、出会うはずのなかった人たちに出会え、何らかのつながりを持ち、そこでコミュニケーションが生まれます。そこでは、様々な感情が生まれます。そのなかに、むろん、面白さや笑いも含まれているはずです。

　実際の世界では、私たちは、無意識にも、新たに出会った他者に対して、自分と合うか合わないかを振り分けたりして、どこか自分と似た人

たちと付き合ってしまっている可能性があります。しかし、SNS 上では、自分とかけ離れた人とコミュニケーションが生まれます。そこで生まれる何らかの「化学変化」には、面白さがあり、私たちを笑わせてくれるきっかけになることでしょう。

　今後も、流行りの SNS は、時代やシステムによって、変化する可能性がありますが、出会うはずもなかった人同士の「化学反応」の面白さは、引き継がれていき、それがまた SNS の魅力となることでしょう。

　しかし、近年は、「化学反応」の面白さよりも、「やっぱり出会わなくてもよかった」という「出会わない権利」が主張され始めています。自分とあまりにもかけ離れた価値観の人とは、「化学反応」というよりも、それ以前にどうやってもかみ合わないということです。その立場の人からしてみれば、不要な出会いは、時間を浪費するだけで、ブロックすることによって、大切な時間が確保できるようになるという発想です。

　このあたりの問題に関しては、個人がどのようにバランスを取るのかが問題だと思います。また、時間を浪費しない形でコミュニケーションしていくことも今後の課題となることでしょう。さらには、スルーする技術や、ユーモアを用いて流すことも SNS をやっていく上では、大切なリテラシーになりそうです。

　今後は、誰かとつながったり、親しくなるためのユーモアだけではなく、つながりを円滑に切断するためのユーモアや、逃げるためのユーモアも必要になるはずです。このようなユーモアを幼い段階から教育することができれば、不快な思い、いじめ、莫大な時間の浪費を避けることもできるのではないでしょうか。

第5章
文化をもっと笑うために

///// テレビで笑うために /////

　読者の皆さんはテレビを1日にどれくらい見ていますか。NHK放送文化研究所・世論調査部が行なった「日本人とテレビ　2015」という調査では、16から19歳は、「ふだん1日にテレビを見る時間」について23％が4時間以上の視聴をしていますが、70代以上では、61％の人が4時間以上テレビを見ていることが分かります。[1]

表1　2015年(平日1日)主なメディアの平均利用時間(全年代・年代別)

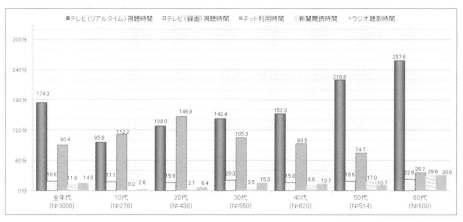

（出典）総務省情報通信政策研究所「平成27年情報通信メディアの利用時間と情報行動に関する調査」

　また、総務省が発表した「平成27年 情報通信メディアの利用時間と情報行動に関する調査」では、60歳以上は、平日1日に平均257.6分（4時間17分）テレビを見ているという結果が出ました。ちなみに、調査

---

[1] NHK放送文化研究所・世論調査部が、配布回収法という調査手法で、全国の16歳以上の男女に対し、住民基本台帳から層化無作為二段抽出しされた3,600人を対象とした調査。有効数は、2,442人。

では、10 代は 95 分、20 代は 128 分という時間でした[2]。この結果を
ふまえると、テレビを最も見ているのは高齢者であることが明らかです。

　では、高齢者たちは、テレビに対して満足しているのでしょうか。斎
藤健作（2010）がまとめた「NHK 放送文化研究所年報 2010」によれ
ば、満足している高齢者は全体の 28 ％、不満だと答えた高齢者は 32 ％
で、不満な理由として最も多かったのが、「自分の世代向け番組が少ない」
でした。

　確かに、高齢者たちが楽しめる番組は少ないのかもしれません。その
理由は、民放であれば、スポンサーが売りたい商品のターゲットが若い
世代だからだと考えることもできます。また、製作者側が高齢者向きも
番組を作りたいと思ってもどんなタレントを起用すればいいのかノウハ
ウもありません。さらに、タレントたちも高齢者を主なターゲットとす
るテレビ向けのトーク技術に長けている人はあまりいないという理由も
ありそうです[3]。

　今後、高齢者向けの番組はもっと増えるかもしれませんが、多様な価
値観を持つと言われている現在の 60 代以上の高齢者たちの多くが満足
できるような番組を作るの現実問題なかなか難しそうです。

　では、何とかして現在放送している番組を楽しみ、笑える回数を増や
すことはできないのでしょうか。それを紐解くためのキーワードは「キャ
ラ」の笑いです。80 年代以降、バラエティ番組では、「キャラ」が前提
にトークが展開されるようになりました。その結果、「キャラ」を理解
していない視聴者は、どこで笑っていいのか分かりにくくなっていきま

2　総務省情報通信政策研究所は、13 歳から 69 歳までの男女 1,500 人を住
　　民基本台帳の実勢比例からランダムロケーションクォータサンプリング
　　により抽出。調査方法は、訪問留置調査。
3　むろん、落語家などを起用することは可能だと思いますが、テレビに頻
　　繁に出演しているお笑い芸人たちは、大御所と言われる芸人たちでも、
　　若い世代向けのトークで笑いを作ろうとしている人が多いのではないで
　　しょうか。

した。テレビの笑いには、お約束の笑いが多いです。その、お約束を笑うためには、テレビタレントたちの「キャラ」を理解する必要があります。「キャラ」の笑いを単純に説明するのであれば、毒舌を言う「キャラ」が、番組で、いつも通り毒舌を言えば、視聴者たちは、また毒舌を言っていることを笑い、逆に、その人が、毒舌ではない、妙にやさしい発言をすれば、視聴者は、今度は、「キャラ」とのズレを笑います。しかし、「毒舌キャラ」であることを知らない視聴者は、何がおもしろいのかすら分かりません。番組では、多少の工夫はあったとしても、この人はこんな「キャラ」だといちいち説明せずに進行していきます。

　そのため、バラエティ番組では、「キャラ」の配置を理解することさえできれば、笑える場面が必然的に増えてきます。「キャラ」の笑いを苦手だと思う読者もいるかもしれませんが、例えば、私たちの家族でも、お父さんは頑固者、お母さんはガミガミうるさいなどと言うことがありますが、それも「キャラ」の1つだと考えることもできるはずです。そして、その「キャラ」がもとに笑いが広がることは誰しもが経験したことがあるのではないでしょうか。テレビでも実は家族と同じような「キャラ」の把握が視聴者には求められています。

　とはいえ、「キャラ」の配置があまりにも理解できない場合もあると思うので、その場合は、その芸人のバックグランドを調べてみてはどうでしょう。タレントたちのことをウィキペディアで調べてみるのもいいでしょうし、その人が出版している書籍などを読んでみるとその人の見方に変化が出てくるものです。調べてみると自分との共通点があったり、思いのほか苦労人で、その後、テレビに出演していたりすることもあります。

　第1章でも述べたことですが、私たちの日常と同様に、日本のテレビは、「身内ウケ」が多いです。テレビを笑うためには、テレビに頻繁に出演するタレントたちと身内関係を結ぶ必要があります。それができないと笑うこと自体が難しくなります。身内になるために、まずは、見る前から苦手意識を持ったり、見る前にダメだ、くだらないと決めつけないことだと思います。次に、本節で述べてきたように、番組に出演する

第5章　文化をもっと笑うために

芸人やタレントの「キャラ」を把握したり、その人のバックグラウンド
を調べてみてください。すると、テレビの見え方が少し変わってくるは
ずです。

　他にも、笑いとは離れてしまいますが、芸人たちのトークを技術と考
え、それを学ぶためにバラエティ番組を見て、日常の何気ない会話に活
かしたり、上から目線でテレビ番組を批評したりすることにも楽しみが
見出せると思います。また、出演するタレントたちはどこまでが本音で
どこまでが演技なのかを見抜く視聴も、人間観察のようで笑いではない
面白さがあるはずです。

　視聴方法によって楽しみ方は多様ですし、個人のリテラシーに委ねら
れることは確かだと思われますが、製作側にも課題が多いのも事実です。
高齢者向けの番組を増やすこと、それも、健康の話題ばかりで、科学的
でエビデンスが薄い情報番組や、番組側の調査不足が明らかだったり、
結論ありきで作られた番組などは改善する必要があります。　高齢者向
けの芸人やタレントの育成も重要ですし、それらを上手く活かせる番組
が作れる構成作家やディレクターの養成も必須です。高くなりすぎた芸
人の地位も考えものですし、旅番組などで、「うまい」という肯定ばか
りの番組作りに見られるような「嘘くささ」丸見えな番組には飽きてい
る人も多いことでしょう。もちろん、スポンサーのテレビの現状の認識
も絶対に必要ですし、コンプライアンスの問題。このように、作り手、
出演者、スポンサー、視聴者のそれぞれに問題点は簡単に見つかります。

　少しずつでも変化していくことを期待しつつ、見る側もリテラシーを
高め、いまあるものをどう楽しみ、笑うのかを考えてみましょう。

　最後に、文中で述べた芸人のエッセイを紹介しておきたいと思います。
芸人の書籍では、ビートたけし、松本人志、萩本欽一、上岡龍太郎、オー
ル巨人、太田光など大御所たちは自伝やエッセイなどを出版しているの
で、読むと、お笑いの世界の理解が深まり、見え方が変わります。若手
でも、オリエンタルラジオの中田敦彦（2013）『芸人前夜』、南海キャ
ンディーズの山里亮太（2006）『天才になりたい』、元ハリガネロック
のユウキロック（2016）『芸人迷子』、浅草キッドの水道橋博士（2015）

173

『藝人春秋』などは読みごたえもあります。

　落語家であれば、話題を集めドラマ化もされた立川談春（2008）『赤めだか』もいいですが、談春だけではなく、立川流は多くの自伝や談志論を書いていますし、柳家小三治や、柳家家緑などいろいろな噺家のエッセイや落語論が出版されています。これらを読むと、テレビが点と点ではなく、線で繋がってくるので、これまでとは、また別の楽しさや面白さが味わえることでしょう。

///// テレビの 3 つの視聴方法 /////

　前の節で、テレビ視聴で笑う際のポイントは、キャラを把握し、番組出演者たちの身内になることだと述べました。ここでは、メディア研究で用いられる「テレビを視聴に関する研究」を参考にして、私たちが、テレビをより楽しんだり笑ったりする方法について提案してみたいと思います。

　テレビは、当たり前のことですが、コミュニケーションの 1 つです。つまり、テレビの、「送り手」は、あるコードを送り、それを「受け手」である視聴者は読み取ります。このような関係に着目したイギリスのカルチュラル・スタディーズの創始者であるスチュアート・ホール（1980）は、テレビ視聴には、3 つの形態があると指摘しました。

　1 つめは、「支配的－ヘゲモニー的な位置」（dominant-hegemonic）です。これは、送り手が意図したコードを受け手がそのまま読み取ることを意味します。2 つめは、「交渉的な位置」（negotiated）です。これは、概ね、送り手のコードをそのまま読み取りますが、部分的に独自の読み方をすることです。3 つめの「対抗的な位置」（oppositional）は、受け手が、送り手の意味に対抗した独自の読みをすることです。

　こうした議論をさらに発展させたのは、社会学者の名部圭一（2008）です。彼は、ホールの「支配的な位置」と同じ意味で、送り手のコードをそのまま読み込むことを「見物・鑑賞的テレビ視聴」とし、この視聴

第5章　文化をもっと笑うために

方法を 1950 年から 70 年代における主要なテレビの見方としました。そして、ホールの「交渉的な位置」、「対抗的な位置」を「能動的テレビ視聴」と名付け、「送り手にツッコミを入れる視聴者」と分かりやすく解説し、80 年に入るとこのような視聴をする者が現われ始めたと指摘しました。最後に、ホールのどの視聴方法にもあてはまらない 90 年代以降のテレビの視聴のスタイルを「相互作用的テレビ視聴」とし、意味を以下のように論じました。

　80 年代の送り手の糸をすりぬけていく存在となった視聴者の出現を受けて、送り手は視聴者を手なずけるのではなく、これらの能動性を前提とした番組を創りだすようになる。ここでは、本気とも冗談ともつかぬやり方で数々の企画を仕掛けてくる送り手と、そうした仕掛けを仕掛けと知った上であえてノル受け手との間に共犯的な関係が構築される。このように、送り手と受け手が相互の能動性を利用しながらおこなわれるテレビの視聴を「相互作用的テレビ視聴」と呼ぶことにしよう。

　名部の意見を含め、4 つのテレビの視聴形態を紹介しましたが、読者の皆さんは、どの視聴方法でテレビを見ていますか。名部は、時代によってこれらの視聴形態を分けましたが、これらは、人によって、あるいは、テレビの視聴のリテラシーによって異なってくるものだと思われます。
　とある情報バラエティ番組で「食品 A が高血圧に対して効果がある」と解説したとします。その情報に、何の疑いも持たず、次の日にスーパーで食品 A を買い漁るといった「受動的な視聴スタイル」、「それはないでしょ！」とテレビを見ながら画面にツッコミを入れ、上から目線で楽しむ「能動的な視聴スタイル」、「嘘だと思った、でも、効果が出たらラッキーと遊び半分で食品 A を買った」という「相互作用的な視聴スタイル」──と、テレビの視聴方法も様々です。
　視聴のスタイルを変えることができれば、同じ番組でも、見えてくることや、拾ってくる情報は異なったものになります。

175

例えば、新人のアイドルが主演するドラマをドキュメンタリ番組として見たりすることもできますし、歌が苦手なアイドルの歌番組をバラエティとして楽しんでみたり、バラエティ番組のトークをコミュニケーション能力の教育番組としてまじめに視聴してみたり、あえて、普段ならノルことのできないこの番組にあえてノってみることで番組そのものを別の視点から見ることだってできます。テレビに対して、別の見方ができると、これまでには、味わったことのない別の種類の笑いを享受することもできます。

　音楽やお笑い、社会情勢などをラジオなどで熱く語る芸人のダイノジの大谷（2009：91-92）は、お笑い評論家のラリー遠田と評論家の宇野常寛との対談のなかで、「テレビなんかでも立体的に楽しむ人たちがどんどん現われている」ことを指摘し、番組そのものを批評しながら見るスタイルを肯定したり、映画を例に、裏側を視野に入れながら見ることの面白さを語りました。これから、私たちは、お笑いに限らず、様々な文化をどう享受するかが重要になりそうです。

　テレビの見方は多様です。多様な見方があることを知り、自分なりの視聴方法を手に入れることで、見る価値がないと思っていたもの、あるいは、面白みが見出せなかったものに面白さを発見することもできるはずです。本節を参考にしつつ、テレビリテラシーを是非、高めてください。

　最後に、本書で紹介したテレビの視聴形態は、日常生活の観察やコミュニケーションにも応用でき、ユーモアを生むこともできるはずです。ここまでじっくりと読み進めてくれた読者には、本節で紹介したテレビ視聴の方法は、本書で、笑いやユーモアを作るための方法として繰り返し紹介していたことにも気づけたことでしょう。

　あえて、改めて、繰り返しておけば、テレビを楽しむためにも、日常でユーモアを発見、表現するためにも、日常のちょっとした出来事や他者の言動に対して、能動的に見ていくか、ツッコミを入れる立場に立つか、虚構性を無視してノっていくか──こうしたポジションの取り方次第で、日常の世界や風景、皆さんに関わる他者は変化してくることでしょ

第5章　文化をもっと笑うために

う。そして、そのポジション取りによって、面白さもたくさん発見できることでしょう。

///// ライブの面白さ /////

　元芸人の立場からするとライブ（舞台）には、テレビにはない面白さがあると強調したいですし、そうであることを信じています。それは、人間が、人前で、演じる際に伴う一回性の面白さでもありますし、出演者と観客との間で徐々に作られていくその場にある独特な一体感と空気の面白さでもあるはずです。

　近年は、CD や mp3 などのコンテンツよりも、ライブという名の経験の方が、売り上げはよいようです。日本レコード協会が発表した「日本のレコード産業 2016」では、15 年の音楽ソフト（オーディオソフトと音楽ビデオ）の総生産額が 2,544 億円だったのに対し、コンサートプロモーターズが発表した 2015 年に行なわれたライブイベントの総売上げは 3,186 億円でした。すでに、2014 年には、ライブの売上げは音楽ソフトを追い抜いたというわけです。

　違法性はともかく、何でもパソコンやスマートフォンでコピーできてしまう時代に、ライブという 1 回限りのイベントには、何よりも付加価値があるのかもしれません。

　お笑いに関して言えば、ブームは 2010 年代前半に過ぎ去りました。いまは、お笑いにとっては、一部の芸人を除いて冬の時代です。そもそも、ブームの最中であっても、お笑いというコンテンツは、テレビや動画で、無料で見るものとして扱われ、わざわざ劇場に行ってお金を払って鑑賞するものという意識を持っている人は、一部のお笑いファンに偏ります。つまり、お笑いにお金を払って見る人は一部の人で、日本では、お笑いをライブで見る文化自体が定着していないということです。

　しかし、元芸人の立場から言えば、ライブには良さが必ずあります。テレビに比べてコンプライアンスの問題や様々な規制は少ないです。ま

た、芸人は、テレビでは、漫才などのネタに、1分か2分、長くても5分程度しか与えられませんが、ライブの場合、与えられた時間が、2時間あったり、自分たちのやりたいことが自由にできたりします。

　読者の皆さんのなかには、若手芸人のテレビの笑いに嫌悪感を示す人もいるかもしれませんが、街に出てライブを見てみると、テレビとの違いは一目瞭然です。

　テレビでは、バカ騒ぎしているだけのように思えた若手芸人でも、ライブを見るとまた別の芸をやっていることや、芸を磨こうとするひたむきな姿勢が理解できますし、世代を問わず誰にでも分かりやすいネタも多くあります（ライブの種類にもよりますが）。そのため、高齢者でも、「面白かった」という声を私自身も実際によく聞きます。さらに、ライブの芸人たちの熱量には、多かれ少なかれ刺激を受ける人が多いようです。確かに、1回の舞台に賭ける芸人の熱量は、見ごたえがあり、鑑賞者は、見逃してはならないポイントです。

　もちろん、漫才に限らず、落語もおすすめできます。2010年代以降、落語ブームと言われているそうですが、実際のところ、どの噺家にも客が集まるというよりも一極集中の現実があります。例えば、チケットが取りにくいのは、立川志の輔、立川談春、柳家喬太郎など、若手では、春風亭一之輔、それから、春風亭昇太率いる『笑点』に出演する落語家たちの独演会や地方営業はいつでも満席ですが、実際のところ、客を集めるのに苦戦する噺家も多いそうです。

　テレビで演じられる落語では、どんなに長いものだとしても、地上波では、「日本の話芸」（NHK教育）の30分が限界です。しかし、独演会となれば、1時間の大ネタやそれ以上のものまで見ることができます。

　生で見ることの面白さは、一体感や臨場感はもちろん、テレビやネットでは入ってこない会場の温度、照明の明るさや、芸人の舞台への熱量、生の声の迫力、客席と演者の相互作用で作っていく空気、客席の反応に乗ってくる芸人の勢い、ライブの一回性という価値、周りの笑い声、スマホをいじりながら見るわけではない集中的鑑賞、終了するまで基本的には誰からも邪魔されない環境など、数えればきりがありません。

第5章　文化をもっと笑うために

　ラジオやテレビが登場した時代は、メディアで見ると生でも見たくなるのが私たちの心情でしたが、いまは、ライブで見てから、テレビで追いかけてみる時代なのかもしれません。ライブに行くことで、テレビがいままでよりも楽しくなったり、ライブそのものが趣味になったり、芸人のさらなる魅力を見つけるきっかけになることは間違いありません。

　読者の皆さんも是非、もっと笑うために、劇場まで出向いてみてください。また、物理的に、都市部まで遠くて億劫な場合は、営業などで地元にやってくるチャンスを見逃さず、お笑いライブを経験してみてください。そこでは、いつもとは、違う笑いとプロの技術が体験できるはずです。お笑いファンとして、日本でも、お笑いを生で見ることが文化として定着することを望みます。

///// お笑いにもっと潜るために /////

　ここまで紹介してきたように、お笑いでもっと笑うためには、芸人の自伝を参考にしたり、ライブに行くことで、これまでテレビでは見えなかった芸人の面白さが発見でき、より楽しめるようになるものです。では、お笑いにもっと深く潜るための他の方法はないのでしょうか。以下では、私なりに5つの提案をしてみるので、自分に合いそうなものがあれば、是非、実践してみてください。

　まず、1つめは、お笑いの批評です。批評や評論というと、「自分はやらないで上から目線」という反論が、お笑いに限らずあらゆる文化でついてくるそうです。しかし、歴史を振り返れば、いつの時代でも、芸術は、批評家が評価することで世間でも認められるという相互作用が見られました。

　また、批評家は、ある作品に対して、私たちに、別の解釈や見方、新たなる意味を与えてくれます。こうした評価をふまえれば、お笑いに、もっと批評があっていいと思うのですが、あまりないのが現状です。さらに、芸人たちは、部外者による批評を毛嫌いする傾向があります。

2017年3月にも脳科学者の茂木健一郎が日本のお笑いをオワコン扱いし、ネット上で炎上し、様々な芸人から批判されていました。例えば、「ワイドナショー」で、松本人志は、茂木さんが、「笑いのセンスがまったくないから、この人に何を言われても刺さらない」と述べました。その発言の旨趣は分かりませんが、私は、お笑いのセンスがないとお笑いを批判したり批評できないというのは、なんとも窮屈な世界だと感じてしまいました。

　大見崇晴（2009：104）は、「活字のお笑い批評って、80年代後半くらいから空っぽなんですよ。とんねるずまでは語る言葉が用意されていた。それは小林信彦が書いてたからってだけなんだけど、それ以降は本当に一切なくなっちゃう」とお笑い業界に批評がないことを指摘しています。

　ちなみに、90年代には、テレビ批評ですが、ナンシー関もいました。しかし、彼女が亡くなって以降は、確かに批評が少ないことに共感できます。現在では、お笑い評論家としてラリー遠田が様々なメディアで評論しています。また、水道橋博士のメルマ旬報で、連載をしている戸田部誠（てれびのスキマ）は、評論という立ち位置ではありませんが、芸人たちのリアルを描写する文章は読み応えがあります。

　それから、同じ芸人という立場から、マキタスポーツ、プチ鹿島、サンキュータツオらの出演する『東京ポッド許可局』（TBSラジオ）では、しばしば、お笑いに対する批判的な見解を聞くことができます。なお、吉本の芸人たちは、批評というよりも、ご意見番の役割に徹し、一部を除き、大衆迎合の姿勢を維持しているように見えます。

　例外は、いくつか見られますが、日本では、お笑いの現状を鋭くえぐるような批判的な批評家は需要がないのか、あまり出てこないのが現実です。その理由には、芸人の地位があまりにも高くなりすぎていることが原因なのかもしれませんし、批判したとしても、芸人のコミュニケーション力や立場に翻弄されてしまうのかもしれません。

　批判はともかく、お笑いにより深く潜るために、ここで取りあげた人たちの批評や意見を参考にしてみてはどうでしょう。観客は、芸を育て

第5章　文化をもっと笑うために

るものです。

　批評的な視点がもっと広がることで、芸人もそれを無視できなくなるでしょうし、その視点が日本の芸をさらに育てるのではないでしょうか。いまは、Twitter や SNS など、自分の意見を発信できるツールは誰にでも持てます。身内ばかりと戯れるのではなく、考えて発信するお笑いファンをめざしてみてはどうでしょう。「面白い」という感情をことばでどのように奏でるか、そんな要素もこれからは注目されるはずです。

　2つめは、お笑いの知識を深めていくという手法です。例えば、単純な方法ですが、お笑いの歴史を辿ってみるのはどうでしょう。この領域の先行研究は非常に多いです。読売新聞大阪本社文化部（1998）『上方放送お笑い史』や、よしもとであれば、増田晶文（2015）『文庫 吉本興業の正体』や、テレビであれば、太田省一（2013）『社会は笑う・増補版』などがおすすめできます。さらに、芸人自体の自伝も、その芸人が若手だったころ、売れている最中、そのときに考えていたことが分かり面白いです。もちろん、文献ではなくても、2017 年後半の NHK の連続ドラマ「わろてんか」は、吉本興業の創業者である吉本せいがモデルなので、テレビドラマをきっかけに芸能史や芸人たちの思いを学んでみるのも面白いと思います。

　どの文化でも同じだと思いますが、お笑いの場合、バラエティ番組の視聴では、「点」だけしか理解できませんが、歴史に触れてみることで、「線」を理解できます。すると、お笑いの見方は確実に変わってきます。もちろん、ここで紹介した書籍に出てくる参考文献をさらに読み進めていけば、より知識が深まり、いままで見えなかった部分が鮮明に見えてくることでしょう。映画でも、音楽でも、旅でも、スポーツ観戦でも、文化に潜る際には、知識は必ず役立つものです。知識を得ることは大変なことかもしれませんが、私たちに新たな視点を与えてくれますし、私たちがその文化をより楽しむために、効果は絶大です。

　3つめは、歴史ではなく、同時代に比較対象を求め、視野を広げて、お笑いに潜っていくという方法です。具体的に言えば、海外のお笑いにアンテナを張ってみるということになります。外国語が苦手でないなら、

YouTube をはじめ、ネット上には複数の海外コメディのコンテンツを見つけることができます。

例えば、私が好きなのは、ニューヨークで活躍する日本人スタンダップコメディアンの KOIKE RIO の動画です。彼は、日本人というだけあって、英語そのものも聞き取りやすいですし、おかしさについても、日本人の笑いのツボとアメリカのツボの両者を上手にリミックスした仕上がりで、分かりやすく、面白いです。また、外国語が苦手でも、ハリウッドやイギリスのコメディ映画であれば、字幕がついていますし、NETFLIX なら、日本語字幕付きの本場のスタンダップコメディを見ることもできます。

このように同時代の海外のコメディ文化にアンテナを張ってみると、日本の笑い文化との違いや共通点が学べます。そこで得たことが、日本の芸人の芸を見る際に役立ち、新たな視点でお笑いをとらえることができるようになります。歴史も海外もそうですが、比較対象を作ることで、新たに見えてくるものが出てくるというわけです。

4つめは、お笑いを通じて、人間らしさを享受し、楽しみ、笑うというものです。参考になるのは、立川談志（1985:14,17）の落語論です。立川談志は、落語を「人間の業の肯定を前提とする一人芸（いちにん）である」と考えました。「"人間の業"の肯定」とは、いったい何でしょうか。

"人間の業"とは、非常に抽象的ないい方ですが、具体的にいいますと、人間、本当に眠くなると、"寝ちまうものなんだ"といっているのです。分別のある大の大人が若い娘に惚れ、メロメロになることもよくあるし、飲んではいけないと解っていながら酒を飲み、"これだけはしてはいけない"ということをやってしまうのが、人間なのであります。

こういうことを、八つぁん、熊さん、横丁の隠居さんに語らせているのが、落語なのであります。

第5章　文化をもっと笑うために

　落語の登場人物には、確かに、談志の言うような人間らしさや弱さが見え隠れします。人間の本質の一部をとらえた彼の発言を、私たちは、どう享受するか、それ次第で、お笑いのさらに深い部分に潜っていけるのではないでしょうか。

　私は、落語の登場人物たちの弱さに、自分を重ねてしまいます。そして、弱いはずの落語の登場人物たちは、気取ってかっこをつけてみたり、できないはずのに、腹を括ってみたりします。私はそこに潜むカッコよさに感動しますし、その話から、学びが発見できることもあります。また、落語は、弱い自分を少しだけ励ましてくれることもあります。場合によっては、わずかながらに、自分を変えてくれることもあります。今後、落語にもっと触れてみることで、こうした経験が増えてくるかもしれませんし、さらに違うことに気が付けるかもしれないことを思うとワクワクしてきます。

　現状では、漫才やコント、すべらない話には、落語ほどの人間味はなかなか見出せません。しかし、すべらない話では、出演者の何気ない発言などをふまえる限り、徐々に、「笑い＋深み」が重視されつつあるように思われます。例えば、話そのものに悲しさを読み取ることのできるものもありますし、人間皆そうだという弱さを読み取れる話もあり、すべらない話は、いま少しずつ落語化しているのかもしれません。

　松本人志の落語好きは知れたことですし、彼、しかり、一線で活躍する先輩芸人がいまよりもお笑いに深さを求め始めたら、それが今度は、後輩たちにもきっと感染していくのではないでしょうか。これからは、お笑いを聞き、私たちは、人生を学べるかもしれません。

　また、テレビの1分ネタでは難しいかもしれませんが、ライブでは、そういう方向にシフトしていく芸人も増えてくる可能性は十分にあります。そこにも、また別の面白さがあり、これまで体験したことのない笑いを味わえる予感がします。

　5つmは、芸人とどうやって身近な関係を築くかという点です。これからは、芸人は、これまで以上に、私たちにとって身近なものになるかもしれません。次第に市民権を得てきたYouTuberたちは、この身近さ

183

を武器の1つにしています。芸人もすでに、YouTubeにガンガン出演していますし、両者の境界線自体、現状、かなりあいまいなものになっています。また、TwitterやInstagramでも、私たちは芸人と繋がることが簡単にできます。このあたりも10年前では考えられないようなことでしたが、芸人とファンとの距離感は、ネット環境の変化やテクノロジーの進化に伴い、次第に近くなっています。そこには、何らかの新たな面白さが出てくるのではないでしょうか。

キングコングの西野亮廣は、2000人の単独ライブのチケットを自分で営業し、手売りし、自ら「会いにくる芸人」と名乗りました。また、彼は、SNSで、一般の人と一緒に、渋谷のハロウィンの後のゴミ拾いを計画したり、おとぎの町を作ろうとしています。そこでは、自ら、ファンや参加者と話をしているそうです。ロンドンブーツ1号2号の田村淳もネットを活用し、「大人の運動会」や「マスクdeお見合い」など様々な企画を一般の人に向けて開催しています。

これまでの芸能界は、芸能人とファンという境界線を明確に区分してきました。しかし、これからは、その境界線は、取り払われ、メディアを活用することのうまい芸人たちが、私たちにもっと直接アプローチしてくるはずです。ここにもまた、今までにはなかった新しい笑いがあるのではないでしょうか。

私たちは、友人の何気ない出来事にはオチがなくても笑い転げてしまうことがあります。芸人たちも私たちとより距離が近くなり、場合によっては、親しくなってしまうことで、友人に対してする笑いや、それを上回る笑いが作られていく可能性もありそうです。

芸人たちを批判するだけではなく、どんなふうに芸人を笑うか、あるいは、関わっていくか、この機会に読者の皆さんも考えてみることに意味があるはずです。

///// 恐れないこと、厳しすぎないこと /////

　テレビ業界ではコンプライアンスやそれを気にする自主規制がますます強化され問題となっています。バラエティ番組では、視聴者からのクレームやスポンサーを恐れ、やりたいことができず、面白いものが作りにくいという意見が、作り手や演者の共通の見解となっています。

　例えば、ビートたけしは (2015：14) は、テレビ局の自主規制が年々ひどくなっていることを悲嘆し、その理由の１つを「ネット」だと述べました。「ネット社会では、番組へのクレームが直接スポンサーにいってしまうから、テレビ局が萎縮してしまう」そうです。

　また、ロンドンブーツ１号２号の田村淳も、「読売新聞」で、テレビがつまらなくなった理由を語ります。

　　コンプライアンスからくる自主規制です。自由な表現が奪われ、見る方も安心•安全ばかりをばかりを求めて、くだらない番組がなくなっていく。そうしたら、テレビが面白くないと言われ始めて……悪循環だと思います。

　芸人や番組を作るスタッフにクリエイティブな何かを作るアイデアがあったとしても、それを誰かに叩かれることを恐れたり、スポンサーを気にしたりすると、常に、攻めた企画ではなく無難な企画や、他局の真似ばかりになってしまいます。

　確かに、そこに「テレビがつまらない」理由を読み解くことができそうです。新しいものを作ったり、クリエイティブな表現は、常に誰からも賛同されるものではありません。

　特に、笑いは、いつでもその場にいる全員を愉快で楽しい気分にさせるものではありません。やりすぎたり、不まじめだったり、失敗、暴力、差別、不謹慎、半モラル的、下品、恥ずかしいなどの「毒素」のような部分が、私たちのおかしみをくすぐることもあります。にもかかわらず、現代社会では、「毒素」が見えた瞬間に叩いてしまう時代で、見える前に、萌芽を摘んでいるように見えます。そうなれば、優れた芸人であっても、

笑いを創造することはも難しくなってしまいます。

　テレビの現状をふまえると、「今後、私たちは、『毒素』のある笑いやユーモアをどのように扱うべきなのか」や、「私たちは、どのように、『毒素』への耐性を身に付ければいいのか」について、ますますの議論が必要だと思われます。

　日本人は、元来、トゲがある「毒素」との付き合いに弱いのかもしれません。例えば、すき焼き、スパゲティのナポリタン、マクドナルドのテリヤキバーガーなどの食べ物は、海外から上手に受け入れ、日本にあったものと融合し、和洋折衷の文化を作りました。

　しかし、他国から日本に入ってきた様々な文化のなかには、「危険な部分」を排除し、享受していく歴史もありました。例えば、パンクミュージックやヒップホップはどうでしょう。それらの音楽は、階級や人種という複雑な問題のなかで生まれた背景がありましたし、歌詞は、反体制的だったり、政治・社会批判などの強烈なメッセージが含まれたりしていました。とはいえ、日本では、それらの要素は、ほぼ完全に毒抜きされて人々に受容されてきました。

　これまでは、「毒抜き」をすることで様々な文化を享受・消費できたものの、新しいものが次々と生まれ海外から入ってくるわけでもなくなった現代社会では、私たちは、「毒素」ともうまく付き合っていくことが重要なのではないでしょうか。また、次々と、文化の蜜を吸っていくのではなく、いまここにある文化にじっくりと触れ、さらなる深みを見出していく必要もあるのではないでしょうか。

　さらに、「毒素」には、反抗や抵抗という要素が多かれ少なかれ含まれるものだと思います。文化は、マジョリティや大勢側、メインカルチャーに対して、反抗や抵抗をするなかで生まれてきたり、より育ってきた歴史があります。70年代、80年代には、それらが生まれ、成熟し、大きな枠組みに、再び、回収されるという流れがありましたが、いまこそ、改めて、新しい反抗や抵抗という挑戦をしてみてもいい時期なのかもしれません。

　たとえ、その後、メインカルチャーに回収されたとしても、これまで、

第5章　文化をもっと笑うために

反抗や抵抗が、新しい文化を築き上げてきました。

　お笑いも、いまのテレビのお笑い界が「メインカルチャー」なのだとすれば、それに反抗したり、抵抗したお笑い「サブカルチャー」（メインに対抗するという意味で「サブ」）があってもいいはずです。そこには、きっと、私たちの享受したことのない新しさがあるのではないでしょうか。

　その「サブカルチャー」は、ネットが担おうとしているのかもしれません。しかし、例えば、YouTuber たちも、テレビのバラエティ番組ぽさは、いま一歩ぬぐい切れません。むしろ、どちらかと言えば、迎合する他なさそうなのが現状です。「毒素」という調味料を忘れずに、何か、新しい笑い文化が生まれることを期待したいと思います。

　新しい文化をどう見つけるか、どう育てていくか、どう盛り上げていくかなどの問題を考えていくことも、新しいもので笑うためには必要なことなのかもしれません。その前に、まずは、「毒素」と自分の付き合い方を考えみる必要がありそうです。

第6章
もっと笑うためにはとにかく努力

///// 日常に面白いものを探す /////

　読者の皆さんは、最近、面白いものを見ましたか。見ていないと答える人も多いかもしれません。では、別の質問をしてみましょう。読者の皆さんは、普段、面白いものを探していますか。家の周り、通勤、通学する道、買い物に行く駅前など、じっくりと探してみると面白いものはたくさんあるはずです。しかし、私たちは毎日、何かを見ているようで実は、見ていないことが多くあります。さらに、探してみないと見えないものもたくさんあるのではないでしょうか。

　数年前の梅雨どきに幼い息子が、近所の壁を見て騒いでいました。そこにいたのは、カタツムリでした。私は、おそらく、20 年以上ぶりにカタツムリを見て、妙に懐かしい気分になりました。

　私の自宅は住宅街です。緑もそれなりにあるので、おそらく毎年、かたつむりは近所にも、自宅の庭にもいたはずです。にも関わらず、私は 20 年以上それを見ていませんでした。ケータイの画面を見ながら歩くことはあっても、早歩きや忙しさのせいで近所の壁や庭を見る余裕がなかったのでしょう。きっと、一瞬だけ目に入ったとしても、カタツムリに対し何の好奇心も持たなかったため、カタツムリを見た記憶がないのかもしれません。

「面白いもの」も同じだと思います。探し始めてみると「面白いもの」は、世の中に多くあります。しかし、私たちは、日々の忙しさに追われ、探しません。もしかすると、見ようとすらしていない人もいるではないでしょうか。

　例えば、宝島社の雑誌『宝島』に掲載されていた読者投稿の「街のヘンな写真」をまとめた書籍『VOW』など見ると、生活のなかには、笑えるものがこれほどまでにあるのかと驚きます。自分自身、街を歩きながら、キョロキョロとしているつもりでも目に入ってきているものは限定的なようです。

『VOW』では、変わった看板、落書き、新聞・雑誌の誤植、商品、珍名など掲載されるものは多岐にわたり独特な笑いを発信しています。雑誌は、終刊しましたが、現在でも、WEB 版は健在です。また、テレビ

第6章　もっと笑うためにはとにかく努力

でも、似たような趣旨の番組がしばしば放送されていますし、ネット上やSNSにも似たものも数多く見つけることができます。

　こういった写真が、笑いのツボではない方もいるかもしれませんが、少し考えなおしてみてください。写真を見るのではなく、実際に、自分自身が、家族や友人と街を歩いているときに、こうした「おかしなもの」を探すことができたらどうでしょう。そこでは、きっとコミュニケーションが生まれますし、何かツッコミを入れてみることで、一緒に、笑うこともできるはずです。

　もちろん、いまは、スマホに写真機能が付いているので、一人で散歩をしているとき、買い物に行っているときにカシャと1枚写真を撮っておくことも可能です。そうすれば、誰かに、手軽に見せることもできますし、SNSを用いて不特定多数に発信することもできます。それは、自分の笑いのセンスの表現にもなりますし、見る人を微笑ませるきっかけにもなるはずです。

　読者の皆さんも、街なかを観察し、面白いものを探してみてください。それが習慣化すれば、今度は、普段のオフィスや電車のなかでもその観察力が役立ってきます。芸人をしてみた経験として語れるのは、「観察する力」は意識しているとだんだんと蓄えられて、向上してくるものです。

　街のなかはもちろん、職場や他者に対して、何らかの変化に気が付けるようになると、日常のなかで笑えることが増えてきますし、それを発信したり、表現できるようになります。変化に気が付くことができば、他者との会話は広がりますし、観察をネタに、誰かを笑顔にしたり、何かを見つけて、それに説明を加えたり、ツッコミを入れて笑いを作ることもできるようになってきます。「探す力」や「差異を発見できる力」も「ユーモア力」の1つです。

「面白いものを探す」ことは、いま、ある何でもない社会を面白くする第一歩であることは間違いありません。手軽に、しかも、無料で、誰にでもできることなので、是非「面白いもの」を探してみてください。

///// りんごかもしれない /////

　もっと笑うためには、想像力と遊び心は必要不可欠なものです。それらを養うための方法は、絵を描いてみたり、何かをクリエイトしてみたり、音楽を奏でたり、笑いやユーモアであれば、川柳を作ってみたり、ジョークを自分で作ってみたり、たくさんの方法があると思います。

　ここでは、日常生活のなかで、気楽に、そして、あまりお金もかけずにできる方法を紹介してみようと思います。ヒントにしてみたいのは、ヨシタケシンスケ（2013）の『りんごかもしれない』という絵本です。

　この絵本は、テーブルの上に置いてある、何の変哲もない「りんご」が、「本当にりんごなのか」と想像をめぐらせていくに内容になっています。テーブルに置いてあるりんごは、反対から見るとどうなっているのでしょう。実は、みかんでりんごのカバーがしてあるだけなのかもしれません。よく見ると、実はふたがついていて、開けてみるとりんごのなかは、ぶどうのゼリーかもしれません。あるいは、さくらんぼの一部かもしれません。

　私たちは、いま、そこにあるものを疑おうとしません。自分の部屋に置いてあるもの、家のなかの風景、散歩する道、駅までの道、最寄りの駅など、そこにあるのはいつも通りの「何でもないもの」です。しかし、この絵本が教えてくれるのは、反対から見たり、蓋を探してみたり、全体を俯瞰してみたりするとそこには新たな発見があるかもしれないということです。もちろん、そこには驚きや、笑い、場合によっては感動が見つかることでしょうし、誰かとのコミュニケーションのきっかけになることもあるはずです。

　彼の絵本は、何に対しても好奇心を持ってみることと別の角度から覗いてみることを教えてくれるだけではありません。りんごにどんなことばをかけるとりんごはどんなふうになるか、どこかを触るとりんごはどうなるか、りんごの表面をよく見たらどうなっているか、このりんごの兄弟は、このりんごはいままでどんなものを見てきたのか。少し想像しただけでも、りんごはたくさんの物語を見てきたことでしょう。こうした想像は、大人にとっても、深いもので、考えさせられます。

第6章　もっと笑うためにはとにかく努力

生活のなかに"ゆとり"がないとこうしたことを考えることは難しいかもしれませんが、想像を膨らましていけば、そこには笑いやユーモアで得る面白さ以上の収穫がある可能性だってあります。こうした想像力は、笑いの武器になりますし、それが向上し、さらに、習慣化したら、日常の風景は、これまでとは全く異なる別の世界になることでしょう。

繰り返しますが、想像力は訓練次第でも誰でにでも養えるものです。まずは、この訓練に必要な、「立ち止まってみる」という"ゆとり"を持ってみてはどうでしょうか。"ゆとり"がないと、想像の世界をなかなか広げていけません。こうした"ゆとり"についても、『りんごかもしれない』は教えてくれますし、ユーモアの基礎を私たちに分かりやすく教えてくれます。自分にとって笑えるものが見つかれば、今度はそれを表現して、自分ではない誰かを笑わせることもできるようになってきます。他者を笑わせる前に、自分が自分を笑わせられるのか、こうした視点も、もっと笑うためには重要になるのではないでしょうか。

///// 笑いノートをつけてみよう /////

自分自身が笑ったことを家族や友人、周りの人に伝えてみるのはどうでしょうか。第1章の「日本でのユーモアと笑い」ですでに論じたことですが、「日常で生じたジョークやおかしな出来事を覚えておくこと」もユーモアセンスの1つでした。とはいえ、私たちは、たいていの場合、自分が笑ったことを次々と忘れていってしまいます。

そこで、私が提案したいのは、「笑いのノート」の作成です。このノートは、「自分が笑ったこと」や「周りが笑ったこと」を日々書いていくというだけのものです。どんなノートでもいいと思いますし、使い方も自由で構いません。箇条書きでもいいですし、日記のようにまとまった文章にしてみてもいいと思います。

ただし注意点として、面白かったこと、笑いが起こったことの事実だけではなく、それを他者に伝える際にどうすべきかを考えて、それもメ

193

モしておきましょう。「伝え方」を考えるという点が、私のすすめるノート作りのポイントになります。

さて、ノートに笑えることをたくさん蓄積していくとだんだんと会話の引き出しが増えていくことが実感できるようになっていきます。それに伴い、相手の発言に対して気の利いたことが言えるようになっていきます。

プロの芸人のなかには、アドリブのトークがうまい人が多いです。もちろん、芸人になる前からそれがうまい人もいますが、芸人をしながら次第にトーク力を上げていくタイプの芸人も多いです。その際に、忘れてはならないのが芸人たちの持つネタ帳の存在です。ネタ帳は、トーク力やユーモア力を上げていくためには、効率的な努力だと思います。だから、芸人たちの多くは、ネタ帳を持ち歩いています。では、そこに、何を書けばいいのでしょうか。

芸人の場合、若手の間は、自分たちでネタの台本を量産することが求められます。この作業を行なう意味は、笑いの「引き出しづくり」です。

若手時代は、自ら作った1分か2分のネタをお客さんに披露します。そこでコンスタントに笑いが取れるようになると、今度は、ライブや舞台の司会の仕事を与えてもらえます。そこでは、他の芸人とのバラエティ番組のようなトークがあるため、アドリブ力が求められます。そこでは、ネタで蓄積した「引き出し」が役立ちます。テレビというメインストリームをめざす芸人にとって、舞台の意味は「引き出し」づくりにあります。

本書の読者の皆さんはプロの芸人をめざすわけではありませんが、この芸人のトーク力の鍛え方を日常に少しだけでも取り入れてみてはどうでしょう。たくさんのネタをストックでき、それが溜まってくることでアドリブ力が蓄えられます。

では、ノートはどのように取ればいいのでしょう。ノートの書き方については、使い方は自由でいいと思いますが、スペースをかなり広く取ることをすすめます。まずは、何をしたか、何を見たか、何を読んだかなど自分の日記をどんどん書き込んでみましょう。

もちろん、自分が笑ったこと、周りが笑ったことも書いておくとなお

いいです。家族や友人から聞いた面白い話、子どもと一緒に笑ったこと、テレビで好きな芸能人が語っていた面白い話、見に行った落語の小咄、この食べ物を食べて笑顔になった、スポーツで勝利して笑ったことや、何かのきっかけで面白いと感じたことなどをどんどん書き込んでみましょう。1行でも単語だけでもいいので、後日、自分が読んで理解できる程度の内容をメモしておくことが大切になります。

　もちろん、笑いだけに限らず、驚いたこと、怒ったこと、悲しかったこと、恥ずかしかったこと、書き留めておきたいこと、経験したこと、得たこと、行った場所、食べたもの、考えたことなど、聞いたこと、興味を持ったニュースなど笑いと関係ないことも日記のように書いてみてください。

　そして、1週間に1回くらい、そのノートを読み返しましょう。ここが肝心になります。その際に、「どのように表現すると他者にも自分の気持ちやメモした内容が伝えられるか」を考えてみましょう。同時に、「この話を他者に笑ってもらうためにはどうすればいいのか、どう言えばいいのか」も考えてみましょう。この時間が、ユーモア力のアップに抜群な効果を発揮します。

　思いつかなければ、ノートは、そのまま寝かしておいてまったく問題ありません。また1カ月後、ノートが1冊書き終わったとき、あるいは、1年後、数年後と時間をあけて、ときどきノートを見返してみてください。その都度、表現できそうなものはあるかなという視点で読み返してみると、上手に表現できるエピソードが見つかることもあります。例えば、ノートに書き込んだときは、怒った話だったとしても、それが時間をかけて笑い話に変わることは、誰にとっても珍しいことではありません。なお、読み返す際に、ノートに赤や青など色を変えて追記していくとビジュアル的にも見やすく、内容が分かりやすくなります。

　この「笑いノート」のいいところは、数年後に、ノートを読み返してみると、自分が面白いと思ったことがたくさん書いてあるので、大笑いはできなくても、ニコニコと楽しく読むことができる点にもあります。

　さらに重要なこととして、単純に「覚えておくこと」が笑いに変わる

ことは、想像以上に多いものです。

　例えば、同窓会を思い浮かべてください。「何で覚えてるんだよー！」は、誰にでも使える笑いのテクニックです。にもかかわらず、あまり大切にされていません。私たちは、通常、日常会話は次々と忘れていってしまいますが、ノートを取っておくと、振り返りが簡単になるため、相手に「よく覚えているね」と感心され、笑いにもつながっていきます。さらに、こうした記憶は、あなたとの関係性を大切にしていることの証にもなります。覚えておく必要すら感じなかったことをこれからは意識的に覚えてみてはどうでしょうか。あるいは、覚えなくても、記録さえしてあれば、振り返ることができ思い出すことができます。

　私は、芸人時代からこうしたノートを継続的につけています。ノートを読み返す楽しさは、読者の皆さんにも伝えたいですし、その効果も伝えたいです。

　早速、文房具屋に行き、自分に合うノートとペンを買ってきてください。大学ノートでも方眼ノートでも構いません。モチベーションを上げるためにも、モレスキンなどの高級ノートもいいかもしれません。私は、色々と使ってみましたが、最近は、アピカ株式会社のC.D.NOTEBOOKのB5判の方眼ノートを使っています。

　最後に、私のノート技術を紹介しておきます。私の場合、ノートに関しては、仕事と併用しています。毎日、ノートを見開きで使用し、4列に分けて使用しています。定規で線を引くのは面倒ですが、線を引いた最も左側に、1日の出来事（1行日記）を簡単に書いています。その隣は、主に、仕事（授業、講演や論文の執筆）で使えそうなことを書いています。例えば、読んだ本の要点、理論などのメモをまとめておき、この部分を授業などでパワーポイントにまとめたりします。左から3番目は、2番目のことを、「自分がどう考えたか」をメモしています。考えたことをことばにまとめたり、マインドマップを書いたり、単語をあれこれ書いてブレーンストーミングすることもあります。あるいは、表や図を書いて、考えたことをあとから見てもわかるような形にしておきます。そして、一番右側は、これらのことを他者にどう表現すべきかをまとめてい

第6章　もっと笑うためにはとにかく努力

ます。どう表現すると、笑ってもらえるか、授業でどう言うと分かりやすいか、共感してもらえるかなど「表現の方法」を考えてメモしています。誰かから聞いた笑える話もここに書きます。

　ちなみに、ノート技術に関する書籍はかなり多く出版されています。私自身、大学生にノートテイキングの話をする講義を持っていたので色々と読んでみましたが、高嶋政史（2014 年）『頭がいい人はなぜ、方眼ノートを使うのか』は見やすさが抜群ですし、岡田斗司夫（2011）『あなたを天才にするスマートノート』は、広い意味で「面白い人」をめざしていて、私もノート技術の改良の参考にしました。岡田のノート技術は、YouTube でも講演を動画で見ることができるので是非チェックしてみてください。

　なお、ノートに関しては、必ずしも、手書きにこだわらず、スマホやパソコンでも全く問題はありません。Evernote や Google Keep などはかなり活用でき、私も積極的に使っています。近年、驚くほど、音声入力の技術がかなり進歩してきて便利になっていますし、何といっても、デジタルのノートの場合は、検索できることが役立ちます。

　私の場合、外出先では、Google Keep にメモをして、そのなかで重要なものを Evernote と手書きノートに書いています。

　デジタルのノートの場合、タグ付けや少し詳細にメモを取っておくことが重要です。それができれば、今日は、取引先の○×さんと会うから、という際に、○×さんで検索をすると、その人に関するメモが全部出てくることは非常に便利です。

　ただし、デジタルなノートは、自ら覚えるというよりも、外付けハードディスクにしまっておくような感じがします。私自身、数年間続けてみて、記憶力が落ちている自覚もあります。そのため、私は、面倒でも、デジタルとアナログを併用するようにしています。とはいえ、ノート技術は、笑いを作るためにも、その力を伸ばすためにも、コミュニケーションそのものの技術を上げるためにも非常に効果的なので、やっていない方は是非始めてみてください。

197

イラスト① 著者のノートの見開きのイラスト

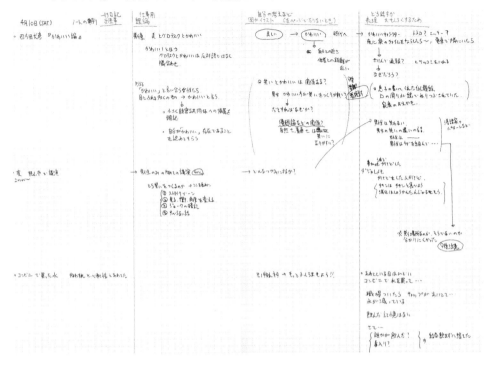

///// **すべらない話** /////

　2004年以降、3カ月〜半年に1回のペースで放送されるダウンタウンの松本人志の「人志松本のすべらない話」(フジテレビ系列)は、「人は誰も1つはすべらない話を持っており、それは誰が何度聞いても面白いものである」がコンセプトで、松本がサイコロを振り、出た目の人が、すべらないエピソードを語るというシンプルな番組です。

　「人は誰しも〜」は、プロの芸人だけではなく、芸人以外も、そして、視聴者も、という意味が含まれています。最近は、芸人ではないタレントやアイドルも若干名出演していますし、第2回目の放送(2005)では、オーディションで選んだ一般参加者がVTR出演しています。

　番組を見たことがある人は、プロのようには話せないと感じてしまう

人も多いのではないでしょうか。しかし、日常生活のなかの会話では、プロのように完成度が高くなくても十分笑いが生まれるものです。

また、必ずしも笑いが生まれなくても、自らのエピソードを相手に語ってみることで、自分のことが相手に伝わり、結果的に、相手との距離感が縮むこともあります。

そのため、質はともかく、前述したノートにたくさんのエピソードを貯めていくことがとても大切になります。

それをふまえて、私たちは、すべらない話をどう考え、何を学べばいいのでしょうか。芸人たちの語る「すべらない話」は、私たちの日常会話や、仕事での会話の参考になります。

例えば、芸人たちの話の起承転結はどうなっているのか、どんな流れで話しているのか、抑揚の特徴、どのような単語を大切にしているのか、単語のアクセントはどこにあるのか、ジェスチャーや身振りはどうなのか、オチのセリフはどう言うべきか、表情は、オノマトペは、オチってどうやって付けているのか、オチの前にどんなセリフが使われているか、どんなキャラとして話しているか、そのキャラはどう見せているのか、話を飽きさせない工夫はあるか、自分の話に引き込むための工夫はあるか、話の聞き手たちはどんなふうに話を聞いているのか、相槌は、フォローの仕方はなど様々な角度から見てみると非常に勉強になります。また、こうした視点で見ていると、自分がノートに貯めていたエピソードの構成がひらめいたり、問題点がはっきりしてくるものです。

ノートに書き込みをしながら引き出しをたくさん作り、その後、日常生活のなかで、自分自身のすべらない話を知り合いや友人に話してみましょう。また、初対面の人に対しても、チャンスが作れれば、すべらない話を語ってみてください。お互いに、当たり障りのない世間話ばかりするのではなく、こうした話ができれば、相手を知るきっかけになりますし、相手も、何らかのエピソードを語り返してくれるかもしれません。初対面の人にでも語りやすくするために、同じ話でも、短めや長めといった具合に、エピソードの語り方をいくつか用意しておくと便利なことも忘れないでください。

世間話をした初対面の相手よりも、すべらない話をした方が、印象に残るはずですし、自分の笑いのツボと似ていれば、より親しくなれますし、また会って別の話も聞いてみたいと思ってもらえるはずです。

　それから、話してみたあとには、一人反省会もとても大切になるので忘れないようにしてください。すべらない話を話してみてどうだったのか、相手は笑い話だと思ってくれたか、話す順番はどうだったか、オチの言い方は、途中でオチがバレなかったか、話が長くなかったか、話は分かりやすかったか、相手の反応はどうだったのか、それを踏まえてどうすべきだったのかなど自問自答することでさらに自らのすべらない話はブラッシュアップされていきます。一人反省会での気づきも、ノートに色を変えて追記しておくと皆さんのユーモア力がさらに磨かれることでしょう。

　こうした作業を繰り返していくことで、すべらない話は徐々に完成に向かっていきます。プロのすべらない話も舞台や楽屋で何度も語られブラッシュアップされテレビに出てくるタイトルも多いものです。プロでもブラッシュアップされていくものなので、私たちのすべらない話も、徐々に磨いていく心構えでいることをすすめます。

　なお、ブラッシュアップを強調しましたが、私は、読者の皆さんにすべらない話のねつ造をすすめているわけではありません。多少、脚色されたり、大げさでも相手が喜んだり、笑ってくれるのであれば問題ないと考える人もいるでしょうが、ネタを言ってまで、笑ってもらう必要はないと考える人もいるはずです。後者の人たちは、エピソードをでたらめに作るのではなく、あとから改めて考えたら、そのエピソードは「こういう意味があったのかも……」といった具合に、新たな解釈をしてみてはどうでしょう。そこがオチになってくることもあるはずです。また、ことばの言い方や強調の仕方など、話を変えずとも、言い方をよりよくすることは誰にでもできることなので、ぜひ試してみてください。

　お笑い芸人のキングコングの西野亮廣（2016）は、最近は絵本で話題を呼びましたが、ビジネス書として出版した『魔法のコンパス』のなかで、日本が「コミュ障化」していると指摘をして、この日本社会のな

かで大切なのは、他者と繋がるためのネタ、特に、自虐ネタだと断言しました。「コミュ障化」しているのかどうかは、もっとていねいな議論が必要だと感じましたが、他者とつながるためのネタということに関しては、私も賛成です。

確かに、何らかのネタがあれば、西野の言う通り、他者とのつながりができてくると思います。また、そこからは、何らかのキャラが読み取れ、自己紹介にもなるものです。

そんな意味では、ノートづくりとすべらない話を複数持っておくことはこの世界を生きる上で必須事項と言えるのかもしれません。

なお、日本の日常生活の笑いは、現状、おやじギャグ、つまり、ダジャレが最もポピュラーなのではないでしょうか。世代によって違いますし、関西では、ボケ・ツッコミだと考える人もいると思いますが、全体的に見れば、ユーモアを発信するための「笑いの文法」はあまり知られていないのが現状です。

しかし、すべらない話は、日常生活との親和性が非常に高いはずですし、練習することで誰でも伸ばすことのできる笑いの文法なので、読者の皆さんも、笑いのノートを活用し、すべらない話を量産してみてください。

最後に、すべらない話が、すべってしまった場合について語っておきたいと思います。すべらない話がウケなかったとしても、すべてが語り手の自己責任ではない点には注意してください。つまり、聞き手がすべらせたとも言えるということです。当たり前のことですが、コミュニケーションは相互で協力して作っていくものです。どう聞くか、どこに面白さを見出すか、どう話を広げるか、聞き手の責任についても考えることが大切な時代だと思います。両者で協力して、すべらない話を語りやすく、伝わりやすい社会になることが理想的だと思います。

京都大学の定延利之が中心となって主催している「わたしのちょっと面白い話コンテスト」は、一般の人が自分自身の「ちょっと面白い話」をアップロードし、観閲者で評価するコンテストです。

以前、定延は、「ちょっと面白い話」の意義を、「お互いのことが楽し

く分かり合え、名刺交換のごとく『ちょっと面白い』が語り合えればいい」と私に語ってくれました。それが実現すれば、何気ない世間話がもっと楽しくなりそうですし、他者に対しても今以上に興味を持つきっかけが増えるように感じ、定延の意見にはとても共感できました。

「ちょっと面白い話」は、毎年1回行なわれているので、もし興味があれば、読者の皆さんも応募したり、投票をしたりして、一緒に盛り上げてください。ちょっと面白い話に対して、私自身は、見知らぬ他者が考える面白さをどのように読み取るかが重要だと考えています。つまり、様々な「話」を通し、ユーモアを鑑賞・発見する力を向上させるヒントがそこにはあるというわけです。そのあたりもふまえつつ、皆さんもぜひ、サイトを訪れてみてください。

///// 「自分を変える」ではなく、「他者を変える」/////

これまで、本書では、もっと笑うために自分がどのように変わるべきかを論じてきました。自分が変わることで他者にも変化が出てきますし、その他者との関係性にも変化が感じられるようになります。これは、むろん、笑いにも言えることです。笑いのほとんどは、他者とのかかわりのなかで生まれるため、自分が変わることで、他者との関係性も変わり、笑いの量にも変化が出てきます。

とはいえ、自分が変わることは人によってはなかなか難しいことなのかもしれません。そんな場合は、自分は変えずに、かかわる他者を変えてみてはどうでしょう。他者を変えれば当たり前ですが、関係性が変わるので、笑いにも変化が出てきます。さらに言えば、新しい他者は、いままで聞いたことのない笑いやユーモアを積極的に語ってくれるかもしれません。

新しい人との出会いは、人によっては難しいことだと思われます。しかし、新しい場所に行ってみたり、勇気を出して挨拶をしてみたり、話しかけてみてはどうでしょう。例えば、気軽に他者に話しかけられそう

なスポーツジムはどうでしょう。何か新しい習いごとを始めるとか、カルチャーセンターなども他者に話しかけやすくていいかもしれません。

私の職場でもある大学では、生涯学習のために地域の人たちが通える講座や授業が用意されていたり、無料で学部の授業を受けられたりすることもあります。こうした情報に、アンテナを普段から張っておいて参加してみるのはどうでしょうか。

他にも、異業種交流会、プチパーティー、社会人サークル、友だちにお願いして友だちを紹介してもらう、あるいは、地域では祭りやイベントなど様々な企画があるはずですし、旅行では添乗員付きのツアー旅行やクラブツーリズムもあります。旅行であれば、きっかけは、あいさつに、カメラに、座席に、数えきれないほどチャンスがあるはずです。

これらには、時間的にもコストがかかるので、もっと気軽に、ネットで話せる人を見つけてみるのもいいアイデアです。ネット上には、匿名のものからFacebookのような実名を使用する人の多いSNSもあります。なかには、怪しいものもありますが、しっかりとした議論を行なうことができる良心的なサイトもあります。まずは、自分の好きなことや興味のあるページにコメントを書いてみるのはどうでしょう。私は、これまでSNSやブログなどいろいろなものを試してきましたが、コメントはいつでもうれしいものです。

さらに、もっと気軽なところでは、オンラインゲームもいいかもしれません。すべてではないものの、挨拶はマナー化してますし、会話をしやすい環境が構築されているものがたくさんあります。

ゲームであれば、敷居は低いはずですし、少しの勇気があれば、挨拶や発言もできるはずです。また、ゲームという共通の世界があるので話題もつきないものです。「ポケモンGO」が中高年のハートをつかみ、若年層のようにすぐには飽きずに、マイペースに続けられている現状をふまえれば、スマホも含め、パソコンのオンラインゲームなども、コミュニケーションという視点から様々な可能性がまだまだ眠っていそうで、今後の伸びに期待できそうです。

現在、フェイスブックが、VRとアバターを用いて新しいコミュニケー

ションツールを作ろうと莫大な投資をしているという話もあります。若年層だけではなく、様々な世代がゲームを通じて、新たな出会いやコミュニケーションができるようになると思うととても楽しみです。そうした新しいツールができる前に私たちもネット上でコミュニケーションするリテラシーをいま以上に蓄積していく必要がありそうです。

　ネット、リアル、いずれにしてみても、本節で紹介したちょっとした勇気を出した行動が、「新たなる他者」に接続していきます。その他者には、これまでとは違ったユーモアや笑いが見られる可能性があるものです。自分とはまったく異なった笑いのツボを持つ人を皆さんも是非探してみてください。

///// 新しいことは笑いの宝庫 /////

　人によっては、次々と新しいことに挑戦できる人もいますが、なかなか新しいことに取り組むことが難しいと感じる人もいるのではないでしょうか。本書でも何度か論じてきましたが、新しいことは笑いの宝庫です。言うまでもありませんが、新しいことに熱中することができれば、私たちは、そこに何らかの発見をします。そのもの自体にも発見することもあれば、それに取り組んだ自分自身のなかに何かを発見するかもしれません。

　笑いとの関係を指摘してみると、新しい挑戦には、いい意味で、失敗がついてきます。失敗は、笑いにつながりやすいものです。さらに、失敗した経験を誰かに話すことで笑いはさらに広がっていく可能性があります。

　一年半ほど前から、私は、たまたま読んだ村上春樹（2007）の『走ることについて語るときに僕の語ること』に影響を受けて走ることを決心しました（煙草をやめて太ったことも走るようになった理由ですが……）。いまは、まだ、1カ月に100キロから150キロくらいで、駆け出しの初心者ですが、走るようになって、新しい発見がありました。

第6章　もっと笑うためにはとにかく努力

それは、あまりにも人並みなことなのかもしれませんが、走る前よりも、街の風景やその変化を楽しめるようになったことです。

また、3キロから5キロくらいであれば、自分の足で行けるという自信がついたので、2つ前の駅から歩いたり、1つ先の駅から家に帰ったりすることができるようになりました。そこでは、おいしそうな香りのするレストランや、おもしろそうな雑貨屋を見つけられましたし、たまたま旧友と再会し、それ以来ときどき飲むようにもなりました。

また、走るようになったおかげで、大好きな旅にも変化が見られました。それは、現地で早起きをして走ることを楽しめるようになったことと、これまでは、バスや電車などに乗らないと行けないと思える距離を歩くことができるようになったことでした。むろん、歩くことで、そこでも、新たな発見があったことは言うまでもありません。

走るという誰にでもできそうな新しいことを実際にしてみて、自分自身の性格について改めて考えたり、知ったりすることもできました。私は、案外、いい加減だったり、思ったより頑張り屋だったりしました。また、くたびれたときの自分に対する独特な言い訳づくりや逃げ方、筋肉の軟さにも気づきました。

また、ランニングを始めてみて、たくさん失敗もしました。ランニング用のスパッツをアウトレットで探し、試着室に持って行ったところ、店員さんに女性用だと指摘され、顔を真っ赤にしてしまいました。店員さんにとっては、よくあることかもしれませんが、顔から火が出る思いでした。また、筋肉痛に悩んでリラクゼーションに行ってふくらはぎをもまれて絶叫し、とても恥ずかしい思いもしました。

すべらない話のようにオチのある面白い話ではないのですが、その場で直接関係した人たちは、事情を聞いて笑ってくれますし、身近な私のキャラを知っている人たちは、さらに話を膨らませてくれたりします。

また、NIKE+Run Club（旧 Nike+Running）や Google Fit などのアプリを使ってみることで、少し疎遠になっていた友だちともコミュニケーションをするきっかけが作れましたし、仕事などで新たに出会った人とも走ることが話題になったり、そこでの「あるある話」に共感できたり

205

して笑っています。

　新しいことを始めたいけど、何にしようと悩んでしまう人は、まずは、ネットで、「新しい　趣味」などのキーワードで検索してみてはどうでしょう。「趣味百貨」では、400以上の趣味が具体的に並んでいますし、「新しい趣味の見つけ方と始め方ガイド」などでもたくさんの趣味が載っていて、どこかに魅力を感じられることでしょう。

　スポーツなら世代を問わず、ウォーキング、ジョギング、自転車、トレッキング、登山など、球技ならゴルフやボーリングなどもいいかもしれません。芸術なら、絵や楽器などであれば、近所のカルチャーセンターなどに行けば同じように学ぼうとしている人と出会い、知り合いが増えるかもしれません。そういうものが嫌なら、独自で始めてしまうのもいいと思います。

　スポーツ観戦もネットや新聞で今日何をやっているのか調べてみると、案外近くでJリーグなどのプロスポーツをやっている可能性があります。スタジアムに行けば、熱量を感じ、新たなサッカーの魅力を見出せるかもしれませんし、その場で誰かと話せれば、人間関係も広がっていきます。少し、ハードルが高いかもしれませんが、サッカー観戦を続けていけば、そのチームを好きな人と今後出会ったときには、盛り上がること間違いなしです。すぐに誰かと話してみたければ、ネット上で自分の意見や感想を語ってみたり、誰かのブログなどを読んでコメントをしてみるのも面白いことでしょう。

　家で、菜園を始めるのも楽しそうです。

　今まで聞かなかったジャンルの音楽を聞き始めるのも新たな発見ができそうです。スマホアプリのSpotifyは、自分の好みの曲に似た曲を探して次々とかけてくれます。そういう技術を利用するのもいいでしょう。

　読書も新書であれば、自分の興味のある領域を今日から、いますぐに学ぶことができます。新しいことに挑戦することで、「新しい検索するためのキーワード」が見つけられるはずです。

　何でもいいので、実際に、始めてみると、やってみる前には気づけなかったことが次々と出てきます。むかし挑戦して合わないと思ったもの

第6章　もっと笑うためにはとにかく努力

も、時間や場所や相手を変えて、再び挑戦してみると当時とは異なった視点で見えることがあります。

　いずれにしても、新しいことに挑戦し、笑いが生まれて、今度は一生懸命やっていたら、失敗して、また笑いが生まれて、その失敗談を誰かに話せば再び笑いを作ることができます。新しいことに挑戦することで生まれるネタを豊富に持つことができれば、その人には、人が寄ってくるはずです。そして、今度は、その人たちの面白い話も聞けるようになることでしょう。

　これまでにも様々な笑うための手法を紹介してきましたが、単純に、新しいことに挑戦してみることで、笑う回数は飛躍的に上がってきます。歳を重ねると、保守化して、新しいことに挑戦しにくくなると聞くこともありますが、笑うためにも、この機会に、好奇心を持って、何であれば始められるのかを検討してみてください。

///// 平均点のマニュアル社会 /////

　2014年1月1日に「ワイドナショー」(フジテレビ)にて、松本人志は、最近、芸人に変わり者がいなくなっていると述べ、さらに、近年のお笑いについて「こうやっといたら最低限笑い取れるという方法論、漫才にしたって、コントにしたってできてもうてるのよ。でっ、みんなそれに従ってやるから、何か、みんな同じような感じになっていく。でも、それさえやっといたら70点ぐらい取れる」とお笑いがマニュアル化されていることを指摘しました。

　近年のお笑いの賞レースの評価や批評は、「レベルが非常に高い」がお馴染みになっています。しかし、皆のレベルは高いものの、突き抜けてくるコンビがいないといったところなのでしょうか。番組内では、中居正広が、野球のフォームも変わった人が少なくなっていると得意な領域で松本に賛同していました。お笑いや野球のフォームだけに限らず、こうした平均点の社会は、日本の至るところに広がっていることなのか

もしれません。

　サービスも、現在は、どこに行ってもまるでディズニーランドかと思うようなホスピタリティを見せますし、食事もどのレストランに行ってもクオリティが高いです。営業マンのコミュニケーションも優秀で、誰でも、話し上手・聞き上手で、顧客に呼吸を合わせられる人が多いように感じます。

　就職活動やデートのようなコミュニケーションにおいても、ネットで検索すれば、相手に喜ばれるコミュニケーション術のようなものや、これをしてはいけないという項目がまとめサイトが、ブログ、場合によってはYouTubeなどの動画サイトなどに山ほどあるのが現状です。それらをうまく行なうことができれば、ほどほどな合格点は誰にでも取れてしまいます。

　現代社会は、少し調べれば、誰もがマニュアルを簡単に手に入れられる世界です。過去の時代と比べると私たちは、様々なことに対して、ほどほどにできてしまう時代を生きているのかもしれません。

　一方では、個性が重視されているようにも思えますが、もう一方では、日本社会では誰でもない無個性になることが求められていると考えることができます。また、いい意味でも、悪い意味でも、個性的でいることを許さない一面を併せ持っていると解釈することもできそうです。若い世代で言えば、友だちの見た目に関しては、個性的でいることを許せても、空気を読めない人は許せないというのは、私の指摘の好例ではないでしょうか。最近は、見ためも皆ファストファッションで浮かないようになりつつあります。こうした両面は大人社会にも多く見られるはずです。

　だとすれば、自らがマニュアルを頼らない生き方をしてみてはどうでしょうか。調べないで、独自にやってみることで、そこにユニークさが出てくるということです。これだけ調べやすい世の中で、それをしないことによって面白さを味わおうというわけです。まさに、「逆張り」の発想です。失敗もあるかもしれませんが、調べないことが生む面白さも忘れてはなりません。

第6章　もっと笑うためにはとにかく努力

　同時に、本節で論じたような身の回りの変わっている人に、興味を持つことも大切です。興味を持ってみることで、その変わった人に自信を持ってもらいましょう。あるいは、コミュニケーションのなかで、相手の変わっている部分を発見したり、変わっている部分を許容したり、それがすごいことだと称賛したりすることができれば、読者の皆さんの周りには面白い人が集まり、自然と笑いも増えてくるはずです。

　何においても、マニュアルや情報は、確かに、私たちの様々な領域で、一定の質を高めてくれます。しかし、人々の個性やその人らしさを削る可能性があります。世界は、すでに予定調和だらけになりつつあります。予定調和ばかりの世界は、あまりにも人間らしくない世界のような気がしていまいます。どんなふうに「予定不調和」を作り出すかが、日常をより笑うためには求められた資質なのかもしれません。そのためには、情報が溢れすぎる社会のなかで、調べてみないという「逆張り」も私たちの笑いを増やすヒントになりそうです。

///// ユーモア力を高めるために /////

　皆さんの友人や知り合いのなかには、いつでも面白い話を聞かせてくれたり、いつでも気の利いた切り返しをしてくるユーモアセンスを持っている人はいますか。こうした人の周りには人が集まるため、それを羨ましく眺めている人もいるのではないでしょうか。日本では、ユーモアセンスは、基本的には、才能、つまり、その人の生得的な能力だと考えられがちです。

　しかし、私が、吉本興業で様々な芸人たちを見てきた限り、芸人たちは、芸歴を重ねていくなかで、徐々に、面白さを身につけていました。一部の例外を除いて、お笑い芸人たちは、もとから、漫才やコントなどのネタを考えられるわけではありませんでした。また、デビューと同時に、的確な発言で笑いを生むトークや発言ができるわけでもありません。いずれも、経験を重ねながら少しずつ、伸びていくものでした。つまり、

ユーモアセンスは、決して生まれ持っての力ではなく、努力次第で伸びる能力なのです。

とはいえ、私たちは、その能力をどのように伸ばせばいいのか親から教えてもらっていませんし、学校教育のなかで習ったわけでもありません。身近に見本となる人が必ずしもいるわけでもないため、必要だと感じても、それをどのように学べばいいのか見当もつきません。

何かいい方法はないのでしょうか。ここでは、元芸人という立場から、読者の皆さんに4つの提案をしてみたいと思います。そのなかで自分に合いそうなものがあれば、是非、日常生活に取り入れてみてください。

まず1つめは、「ジョークの暗記とその応用」です。私たちは、日常会話のなかの自分の発言や会話の返答に対して、さらっとオチを添えるのはハードルの高いことだと感じます。その理由は単純です。

なぜなら、私たちは、オチを添えるパターンを知らないからです。芸人たちは、様々な芸を見ることで、あるいは、自分たちで試行錯誤してみるなかで、徐々にオチのパターンを身に付けていきます。では、芸人ではない私たちはどうすればいいのでしょう。参考になるのは、アメリカンジョークや落語の小噺です。アメリカンジョークや小噺は、ショートストーリーがほとんどですし、オチまでもすぐに到達しますし、分かりやすいものも多いです。

アメリカンジョークや小噺は、調べてみると、日本語でも、Web上に莫大な蓄積がありますし、図書館などで調べてみると書籍としても様々なものがまとめられ出版されています。

例えば、私のおすすめは、立川談志（1999）が世界中から集めた1012話のジョークが収録されている『家元を笑わせろ』です。例えば、以下のようなジョークが載っています。

随分酔ってるね。歩いて帰れるかい
お巡りさん大丈夫です。車がありますから

第6章　もっと笑うためにはとにかく努力

子供の泥棒が捕まって、親が呼び出された。
注意しなきゃダメじゃないか
注意するんですが、奴がドジなもんで……

先生、近ごろ物忘れがはげしくて……
いつごろから……
……何の話ですか？……

ねえママ、どうしてパパと結婚したの？
ママが亭主のほうを見て、
ほらご覧なさい。子供だって不思議に思ってるでしょ

朝刊、朝刊、32ペニー！
新聞を買った男が、
おい、新聞には20ペニーと書いてあるじゃないか
あなたは、新聞に書いてあることはみんな本当だと思っているようですネ

　文章で読んでも、面白さが分かりにくい人もいるかもしれませんが、これもユーモアセンス向上のための訓練です。その文章から、頭の中でそのシーンを想像してみてください。
　そして、次に、ジョークに触れながら気に入ったものをそのまま暗記してみましょう。学習に暗記は重要です。それを繰り返していると、だんだんとジョークのパターンやオチの作り方が見えてきます。それは、「オチを作る方程式」です。

211

日本のお笑い芸人たちは、自分たちでネタを作り、それを舞台で試して「お笑いの方程式」を徐々に学んでいきます。他の芸人とかぶることのないネタを量産していくのは、神経をすり減らす作業ですが、すでにあるものを暗記していくのであれば、誰にでもできるはずです。

　覚えたジョークは、場合によっては、そのまま使えることもあるかもしれませんが、この暗記で重要なのはそこではなく、覚えた「笑いの方程式」を活用して、日常会話のアドリブで発揮していくことです。笑いの方程式をある程度把握すれば、日常会話のなかで、その場の流れに沿って、自分の発言や返答にオチを添えたり、冗談で切り返したりすることができるようになっていきます。そのためには、一にも二にも、様々なジョークに触れてみることです。

　２つめの笑いの作り方は、「大げささ」です。「大げさ」もまた、日常会話との親和性が高く、笑いを作りやすくしてくれる文法の１つです。笑いを作ることが目標なのであれば、読者の皆さんも、いろいろなことを大げさに表現できるようにトレーニングしてみましょう。外の雨の様子を何と表現しますか。外の暑さはどう表現すると大げさに聞こえますか。さきほど食べたおいしい食事はどうことばに変えるべきでしょう。日常会話で出てきたちょっとした数字は、いったん大げさに言ってみてもいいはずです。自分の驚きや悲しみや面白さも、いったん大げさに表現してみると案外面白く聞こえるものです。「大げささ」は、ジョークや笑いを作るための基本です。北米でも、日常会話のなかで頻繁に使用される笑いの文法です。

　皆さんは、強調することばをどれくらい知っていますか。大げさな表現方法も含めて、自分は、どんなことばを持っているかこの機会に考えてみてください。大げさな表現のあとに、自分に対してツッコミを入れれば、会話だけではなく、スピーチやプレゼンなどでも活用でき、爆笑とはいかなくても、その場にいる人たちをくすっとさせることはできるはずです。

　３つめの笑いの作り方は、「たとえること」です。「たとえ」は、バラエティ番組でお笑い芸人たちが頻繁に使用している笑いの作り方なの

第6章　もっと笑うためにはとにかく努力

で、読者の皆さんにとってもなじみ深いものだと思います。「たとえ」のスキルも、これまでと同様で、いきなり上手になるものではないかもしれませんが、練習次第で、誰でも気軽にできるようになります。

「たとえ」は、何かと何かを結びつけることです。あるいは、何かと何かの共通点を探り、指摘してみることです。ただし、その「何か」が誰にとっても案外難解なものです。そこで、「たとえ」に対して、あまり自信のない人は、「自分の得意なものや好きなこと」と「いまそこで起きていること」の両者を結び付けてみてはどうでしょう。旅好きなら、「それって旅で言うと……」、鉄道好きなら、「それって鉄道で言えば……」「駅に例えると……」のように、自分の好きなことで結合を試みてください。すると、思っている以上にいろいろなものに対して、たとえられるはずです。

それに慣れてくると、今度は、どのようにたとえると相手に伝わりやすいのか理解できるようになってきますし、もっと多様なたとえができるようになり、笑いにもつながっていきます。たとえのうまいと言われている芸人から、たとえの遊び心を学んでみるのもいいかもしれません。芸人だけではなく、小説家も参考になるはずです。村上春樹のたとえは、有名で、ネット上でもまとめられているので、笑いやユーモアに必ずしも結び付くわけではないものの、のぞいてみるのもいいでしょう。

4つめは、「ウソだと分かるウソ」です。ウソかウソじゃないのか分かりにくいものではいけません。表情や言い方も含めて、ウソであることを相手に伝えることで、冗談として成立します。欲しくないのに、わざとらしく「欲しいです」と言ってみたり、共感してみたり、厚かましく、高価なものに対して、「ください」と言ってみたり、「まさか、タダになるなんて」と言ってみたり、パターンは無限にあると思われます。

この笑いのパターンも万国共通で見られます。日本では、親しい人に向けて発することが多いように感じますが、初めての人にも、言い方次第では使えることも多くあるはずです。いずれの方法でも、忘れてはならない共通事項として、コミュニケーションのなかで、「いまこれは冗談として言っています」ということを同時に伝えることです。

私たちは、日常会話の中で、ユーモアや笑いの質そのものよりも、「いま笑っていいものなのかどうか」を気にします。笑うことが相手に失礼かもしれないと思うからです。皆さんも、相手の発言や行動に対して、一度くらいは、「これって笑っていいのかな？」と思ったことがあるのではないでしょうか。それを回避するためにも、「いま笑っていいですよ」というメッセージをその場にいる人に伝えましょう。

　その伝え方は、多様なものですが、その１つは笑顔などのノンバーバル・コミュニケーションです。笑ってほしいときは自分も楽しそうにすることを心がけてみたり、自ら笑ってしまうのもいい手だと思います。あるいは、欧米人を真似て肩をすくめたり手振りなどで「ここは笑うところだ」と何か合図ができるかもしれません。それから、芸人たちがするという「ドヤ顔」も参考になるはずです。「このオチどう？」「このボケどう？」という芸人の表情をバラエティ番組で探して参考にしてみてください。笑いは、日常生活の場合、質そのものよりも、言い方が重要だと断言できます。

　この節を参考に、笑わせ上手になってみてください。笑わせ上手になることで、笑う量も比例して多くなることは誰にでも想像しやすいことでしょう。

///// ウケるためには「強さ」？ /////

　この節は、少し違う角度から笑いについて考察してみたいと思います。私は、芸人時代に、どうすれば自分がもっと面白くなるのかを懸命に考えていました。前述したように、芸人としてネタを量産し、徐々に、引き出しを増やしていくことは面白くなるための必須事項でしたし、舞台やテレビで、先輩たちのネタの研究や模倣も大切なことでした。また、繰り返し舞台に立つという経験も芸の鍛錬になりました。

　しかし、当時の私は、こうした努力やネタの質以上に、ウケるためには、他の「何らかの力」が必要だと思えてなりませんでした。その理由

は、例えば、先輩たちと一緒に舞台に立ったときには、同じような内容の発言やボケをしたとしても、私や私の相方のそれよりも、芸歴が上の先輩の方がウケる傾向がありました。

また、当たり前のことなのかもしれませんが、同じ舞台上では、何かを言うチャンスすら、私たちよりも先輩の方が圧倒的に多くあり、場合によっては、何かを言うチャンスすら若手には与えられないように感じていました。こうした違いは、先輩、後輩という特殊な関係性のなかにだけあるものかと思っていましたが、実は、同期の芸人のなかにも、いつの間にか、その違いができあがっていたことをいまでも覚えています。

この違いは、仮に、「序列」ということばで言い換えられそうです。当時の私は、この「序列」を生むのは、①人付き合いのうまさ、②吉本興業の社員や先輩のその人への評価（必ずしも芸に対してだけではなく、もっといろいろな意味での評価）、③わずかながらな芸の質だと考えていました。

その後も、面白さを生む秘密には、興味はあったものの、芸人の序列という視点からの考察はあまりできませんでした。そうしたなかにたまたま出会ったのが、浅草キッドの水道橋博士の意見でした。

水道橋博士は、2009年8月21日に放送されたラジオ日本の「水道橋博士のラジカントロプス2.0」（以下：原文まま）にて、「バラエティは強い奴が笑わせるんだ」と論じました。その例として、「たけしさんが話せば笑わなければならない。っていう感じ」だと言います。そして、「笑いってのは、おもしろさじゃなくって強さなんだよ。ってのは、テレビの世界で絶対的なルールであるんだけど、あまり語られないんですよ」「だけど、ダウンタウンは純粋に、新人のときから、そりゃーホントに強いです」と語りました。

水道橋博士の「強さ」に関する意見は、非常によく分かり、私も強く共感できました。また、「強さ」という点に着目すれば、私の研究対象でもある若い世代は、学校空間のなかで、スクールカーストが上であれば上であるほど、ウケを取りやすくなる傾向があります。

また、同じベクトルでは論じられない部分もありますが、例えば、会

社のなかでは、一般的に、上司の方がウケて、質として伴っていなかったとしても、部下たちは、上司のギャグやネタに対して大いにウケますし、場合によっては、必死に上司の冗談をすべらせないように処理するはずです。

　こうした面を考慮しても、笑いには、「強さ」が確かに関係しそうです。しかし、その「強さ」の正体とは一体、何なのでしょう。

　上司のポジションは、会社内で出来上がるものなので、階段を上っていくように、徐々に力が蓄えられていくと考えられます。むろん、芸人にもこのタイプはいるでしょう。しかし、それだけでは、同期のなかで作られる強さの秘密は語りつくせていないはずです。そこでヒントになりそうなのが、精神科医の斎藤環の「ヤンキー論」です。

　斎藤（2014：9,15-17）は、現代社会には、「ヤンキー文化のエッセンスが、かつてないほど広く拡散している」と考えました。彼の考える「ヤンキー」とは、私たちが一般的に言う「ヤンキーを不良や非行のみの意味」だけではなく、「バッドセンスな装いや美学と、『気合い』や『絆』といった理念のもの、家族や仲間を大切にすると言う一種の倫理観とかアマルガム的に融合したひとつの"文化"」を指します。

　また、斎藤によれば、コミュニケーションが巧みなのもヤンキーとの親和性が高い人で、キャラが立っている日本人も、多かれ少なかれヤンキー的だと考えました。さらに、学校空間では、スクールカースト上位の者にヤンキーの要素を見出し、お笑い業界も圧倒的にヤンキー文化圏に属している人がマジョリティだと議論を展開しました。

　水道橋博士の言う「強さ」と、斎藤の「ヤンキー」には、共通点がありそうです。そして、水道橋博士の言った「強さ」の正体も、斎藤の議論を参考にすると少しその輪郭が見えてくるように感じます。

「ヤンキー」は、バッドセンスに、ノリと気合い、知性より感情を、所有よりも関係を、理論よりも現場を、分析よりも行動を重んずる特徴を持ちます。これらは、どれをとっても、斎藤の考察をふまえる限り、お笑い芸人とも共通しています。であれば、そこから、笑いの文法を学ぶ私たちの日常は、上記のようなエッセンスが多分に含まれていてもおか

216

しなことではありません。

だとすれば、私たちがウケを取るためには、質そのものを上げるよりも、斎藤の言う「ヤンキー性」を重視したり、相手との関係性のなかで、着実にポジションを上に置いたり、今風な言い方をすれば、マウントを取ることが、重要なのかもしれません。笑いやユーモアは、素晴らしいものだという価値観が体制を占めている時代だと思いますが、本節で示唆した笑いの背後に見え隠れする「強さ」は、私たちが、無意識にも従ってしまう人間関係の序列を照射し、平等だと謳われる現代社会のなかに、誰しもが気づかれない形で不平等さを生むシステムだと考えることもできるのではないでしょうか。

とはいえ、このような序列を壊すためにも笑いやユーモアは活用できるはずです。例えば、知性を重視するようなユーモア（一般的にはウィット）が作れるのであれば、場合によっては、その笑いでヤンキーを倒すこともできるはずです。つまり、ユーモアを用いることで、私たちは、上位にいる人の地位を転覆させることもできますし、ユーモアを用いることで、地位の高い人達の間に取り入ることもできることでしょう。

しかし、こうした笑いは日本では、芸人もいまいち活用しませんし、用いられていないようにも思えます。このあたりは、今後、私たちが生活のなかでもっと増えていくべき笑いやユーモアなのではないでしょうか。

他の節とは異なる視点を与える節になりました。読者によっては、あまり共感を抱いてもらえる節ではなかったかもしれませんが、笑いを作るためには、大変重要な視点だと思います。読者の皆さんは、笑いと「強さ」の関係をどう思いましたか。

最後に、笑わせるではなく、「笑う」について論じておきます。ここで述べた「笑い」は、「面白いことを笑う」という質の問題ではなく、強い者を笑うわけで、その笑いは、コミュニケーションのなかで、自分と強者の権力関係を維持するのにも役立っていそうですし、強さを持つ者に「迎合する笑い」でもありそうです。

私たちは、仕事のなかで、何らかのきっかけで笑ったときに、それは、

「迎合の笑い」なのか、「そうでない笑い」なのかすら分からない時代を生きているのではないでしょうか。それは、単純に言えば、愛想笑いなのかどうかの問題です。この問題にきっちりと向き合うことで、私たちは、自分の笑いの質を上げることもできるでしょう。一度でも構わないので、本節で論じた「強さ」という視点から自分の笑いを見直してみてください。「強さ」と「笑い」の議論は、私たちがどんな「笑い」を大切にすべきなのかを考えるきっかけを与えてくれるはずです。

///// 話を聴いてみること /////

コミュニケーションが重視され、「聴く」ことに関しても「傾聴」ということばが示す通り世の中の関心は高いようで、本屋に行けば、「聴く」に関する自己啓発本も多く見られますし、聴くことを仕事とするカウンセラーは学生たちにも人気な職業になっていますし、その需要も高いようです。

心理学者のデビッド・W・アウグスバーガーは、「話を聞いてもらうことと、愛されることはよく似ている」と述べ、「世間一般の人にとって、この二つはほとんど同義語である」と強調しました。確かに、聴くことは、いまの世の中にとって、大変大切なこととされているようです。皆さんは、日常生活のなかで、どれくらい「聴く」を大切にしていますか。

朝日新聞（2014 年 4 月 19 日）の読者アンケートによれば、約 52%

1　基本的には、本文では、『日本国語大辞典』『広辞苑』に従い、「聞く」を「自然に耳に入ってくるもの」「単に聞く」「広く一般には用いられる」とし、「聴く」を「注意深く（身を入れて）」という意味で区別します、なお、基本的には、本節で論じたいことの意味に当てはまるのが「聴く」のため、これを用いることとします。例外として、引用、あるいは、それを指す文章の場合は、原文のまま「聞く」を用いることをここで断っておきます。

の人は「聞く力に自信がある」と答えている一方、48％の人は「聞く力に自信がない」と回答しています。

　約半数の人が「聞く力」に自信を持っているという結果が示されていますが、自分では聞いているつもりでも実際はあまり人の話を聞いていない人はもっと多くいるのではないでしょうか。

　情報過多な時代、自分の生活にはまったく関係のない情報を知ることでかえって損になることもあります。また、日常生活では、聴いたことのある話を何度もする人がいたり、言い回しがあまりにもくどかったり、単なる自慢話や、他者の悪口のように、聴き手のことをあまりにも考えない人たちも多いはずです。

　そうしたなか私たちは、右から左へと聴き流す「スルー力」を身に付けている人が多いのではないでしょうか。その典型として、紹介したいのは、私の調査対象者でもある大学生たちです。彼／彼女たちの日常のコミュニケーションでは、「それな！」「ヤバイ！」が頻繁に使われています。その理由は、単純ではありませんが、根本的に、ボキャブラリーの少ないことが原因していそうです。また、単に、その方が「楽」だからと言えるのかもしれません。しかし、それだけではなく、あまりにも興味のない話や無駄な話が多いなかで、他者と円滑にやっていくための若者たちなりのテクニックとして活用されているようにも思えます。

　連発するのは、若者だけかもしれませんが、私と同世代の40歳手前の男女であっても、なかには、若者と同じように、かなりの頻度で「ヤバイ」を使っている人もいますし、その子どもも、すでにヤバイを連発している傾向まであります。これらのことばは、スルーされていることがお互いに何となく分かっているものの、それに気づかないように振る舞うところが、私はとても興味深いのですが、笑いとはそれほど関連しないと思われるので、その考察は別の機会にすることにしましょう。

　さて、人々が、話をスルーしてしまう理由は多様です。以下では、若者に限らず、話を聴かない理由を考察してみたいと思います。参考にするのは、哲学者の中島義道（1997：70-72）の議論です。まずは、結婚式のスピーチを思い浮かべてみてください。その内容は、多くの場合、

無難な話で、誰に対しても失礼はないのかもしれませんが、話している人そのものの個性はほとんど見られないことが多いです。最近、わずかに変化しつつあるのかもしれませんが、それでも、「自分固有の生きた言葉」を語るよりも、何の面白味もない「紋切型の慣用句の羅列」が多いのではないでしょうか。こうした実態をふまえ、中島は、「紋切型のメッセージが、日本人の言葉への希薄な態度を作っている。言葉を大切にせず、言葉を『聞き流す』態度を算出している」と指摘しました。

　このような現状をふまえると、話を聞いているつもりでも、実は、聞いていない人が調査結果よりもずっと多いようにも思えてしまいます。「聴く」という行為は、話す行為に比べて簡単なものに思われがちです。しかし、話を聴くという問題は、話すことと同じく非常に難しいことなのではないでしょうか。では、どのように、私たちは「聴く」を変えるべきなのでしょうか。

　前述していた中島（1997：122）は、「対話」でそれを乗り越えようと考えます。対話とは、彼にとって「真理を求めるという共通了解をもった個人と個人とが、対等な対等な立場でただ『言葉』という武器だけを用いて戦うこと」です。これは、民主主義の基盤としても機能したヨーロッパなどで見られたコーヒーハウスでのコミュニケーションのように思えます。

　中島（1997：204）は「対話」ができる社会とは、「なぜ？」という疑問や「そうではない」という反論がフッと口をついて出てくる社会、空気に支配されていない社会、アアしましょう・コウしましょうという管理標語がほとんどなく、各人が自分の判断にもとづいて動く社会、紋切型の言葉に対して「退屈だ」という声のあがる社会、対立を大切にしてそこから新しい発展を求めてゆく社会、他者を消し去るのではなく、他者の異質性を尊重する社会だと論じています。

　彼の意見は、理想的で、確かに、多くの人がそのような自覚と表現力を持てたら、あるいは、持とうと志すだけでも日本社会のコミュニケーションは大きく変わるはずです。その社会には、いままではなかった類の笑いやユーモアが溢れている予感がするものの、中島の意見は、誰に

第6章　もっと笑うためにはとにかく努力

とっても簡単にできることではなく、かなりの教養や修練が必要で、実現するのは簡単ではなさそうです。

　話の聴き方については、鷲田清一（1999：11）の意見も忘れてはいけません。彼は、「〈聴く〉というのは、なにもしないで耳を傾けるという単純に受動的な行為なのではない」と考えます。他者のことばを受け取る行為、受けとめる行為であり、「聴くことが、ことばを受け止めることが、他者の自己理解の場を劈（ひら）くということであろう」と述べました。

　例えば、病気の人に対して、相手の発することばを受けとめることはもちろん、一緒に、沈黙のときを過ごすことも、触れたり、触ったりすることも「聴く」の1つだと考えます。いずれの行為も、相手を受け入れるということに他なりません。カウンセリングなどでは、こうした考え方はすでに定着しています。専門性のない私たちに、それを模倣することは難しいかもしれませんが、相手のことば、相手そのものをきっちりと受け入れる姿勢を持つことは、日常でも取り入れたり、すぐには実践できなくても、理想として心の片隅にしっかりと持っておくことはできるはずです。では、もっと個人で、明日からできそうなことはないのでしょうか。

　ヒントになるのは、哲学者の庭田茂吉（2002：70-72）の考え方です。彼は、「人の話を聞くためには、まず自分の話を聞くことだ」と言いました。それは、相手に対して、前に話したことではないのか、聞き手のことをふまえた話なのか、自己中心的な話ではないのかということを他人に対して感じる前に、自分自身に自問自答し、自分の話をチェックしてみようというアイデアです。

　確かに、自分の話を自分でチェックしている人はとても少ないように感じます。これを実践するだけでも、私たちの聴く姿勢は、ずいぶん変わってきそうです。続けて、庭田の議論を援用しておきましょう。

　通常、私たちが話を聞かない人だと思うのは、相手の話を遮ってまで、自分の話ばかりをする人です。しかし、彼が着目したのは、会話のなかでしばしば見られる「それは私とまったく同じだ」という共感のフレー

ズでした。彼は、こうした共感ばかりの姿勢を「耳の奪い合いとしての
コミュニケーション」だと批判的に考えました。「耳の奪い合い」とは、
どうやって相手の耳を自分の話で占領するか、あるいは、自分の耳を相
手からいかにして守るのかというせめぎ合いのコミュニケーションを意
味します。そして、「耳の奪い合い」は、何をもたらすのかと言えば、
それは、他人の経験をことごとく自分の経験に置き換え、他人の経験を
自分の話に吸収してしまうことだと主張し、それを彼は、「他性の消失」
と言いました。

　このように言われると、私にも思い当たるところがあり、耳が痛いで
す。現代社会は、共感が、とても重視されているように感じます。共感
が、必ずしもいけないことだと言いたいわけではありませんが、バラン
スを考慮すれば、確実に、共感だけの方向に傾いているように見えます。

　庭田の意見のように、話を聞きながら、自然と自分の経験に置き換え
ようとしている自分に気づくことができます。当たり前のことですが、
自分と他者は違うものです。私たちは、話を聴いて他者のことをこれま
でどう理解していたのでしょう。私たちは、他者を本当に理解できてい
たのでしょうか。それをしっかりと自覚してみると、世界が少しだけ違っ
て見えるのではないでしょうか。同時に、人の話を聴くことが、途方も
なく難しい作業に見えたり、人によっては、楽しくなったり、面白くなっ
たりすることもあるのではないでしょうか。聴き方を変えるためには、
ここで参考にした中島、鷲田、庭田の議論は、大変参考になりそうです。

　最後に、庭田の議論と関連しますが、コミュニケーション学では、「分
かった」はということばは、実は、話を終わらせることばだという考え
方があります。つまり、「分かって」しまえば、そこで、コミュニケーショ
ンはいったん終わり、次の話へと移行していきます。他者について「分
かる」ことは、私たちが考えているよりもずっと難しいものです。こう
した面も、「聴く」と関連すると思うので、参考にしてみてください。
皆さんも、自分の聴くを振り返り、その先にある面白さを探していきま
しょう。次節では、今度は、聴くの一つでもある、相手を知るための質
問について考えてみましょう。

第6章　もっと笑うためにはとにかく努力

///// 質問する力と笑い /////

　黙って相手の話に耳を澄まし、相手を受け入れる聴き方は、理想的で、それを意識してみる必要はあるものの、私たちには時間的な制約もありますし、臨床心理士が時間かけてその技術を獲得していくように、修練が必要な技術だと思われます。

　私たちは、場合によって、相手の話を「スルー」したくなりますし、聴きたくもない話の場合は、分かったふりをすることもあるでしょう。聴きたくない話が始まったり、これまでに聴いた話が始まったり、中身のない自慢話や、その場にいない人の悪口が始まったら皆さんはどうしていますか。

　社会学者の加藤秀俊（1975：100）は、「ひとの話をきく、というのはいいことだ。どんな人と話しても、かならず勉強になる。人生や社会について視野をひろげてゆくためにも、たくさんの人の話をきくことがのぞましい」と言い切ります。時間的な制約がないのであれば、私は、全面的に加藤の意見に賛成できます。そして、人の話を聴くと必ず、笑えるような面白い話もあると信じています。しかし、それは、時間的にも、感情的にもなかなか難しいことだということも知っています。

　相手が一方的に話し、それを黙って聴いていては、面白い話にはなかなかたどりつかないかもしれません。

　そこで、もっと「質問」を活用してみてはどうでしょうか。質問によっては、相手のおもしろい部分を引き出すことができるものです。しかし、どんな点に気を付ければいいのでしょうか。

「質問」をする上で注意事項は大きく分けて2つあります。1つは、「自分自身の問題」、そしてもう1つは、「質問するための技術」の問題です。

　まずは、「自分自身の問題」から論じてみることにしましょう。本書では、繰り返し論じているように、コミュニケーションは、常に、お互いの問題です。もし、自分ばかり、いつも、つまらない話を聴かされていると思ってしまうようなら、一旦、被害者意識は捨てて、自分にも、どこか問題があるのかもしれないと疑ってみる必要があるのではないでしょうか。

223

第1に、疑ってみるべきなのは、興味を持つ力です。普段、自分はどんなふうに相手の話に興味を持っているのか、持とうとしているのか、自分の興味のある話は一体何かなど、一度、考えてみることがとても大切だと思います。

　次は、それと関連しますが、実際に、自分は、話を聴く気があるのかという問題です。世界中でベストセラーな啓発本で、現在でも売れているという『7つの習慣』で有名なR・コビィーは、「ほとんどの人は、相手の話を聴くときでも、理解しようとしてきいているわけではない。次に自分が何を話そうか考えながら聞いている。話しているか、話す準備をしているかのどちらかなのである」と述べています。本当にそうなのか、学術的な検証が必要な意見ですが、コビィーの指摘は、鋭く、自分が当てはまるかどうかは別として、世に溢れていることだと感じてしまいます。

　つまり、多くの人は、話を聴いているようで聴いていないというわけです。聴いていない自覚のある人はこれから自分を変えていくことができますが、聴いていない自覚のない“話を聴かない人”には、問題がありそうです。自分自身がそんなタイプではないか、自問自答してみたり、親しい周りの人に、たずねてみてはどうでしょう。

　さらに、3つめに、相手へのレッテルが、話をつまらなくしている可能性もあります。ステレオタイプ論で有名なアメリカのジャーナリストのW・リップマンが鋭く指摘したように、「われわれはたいていの場合見てから定義しないで、定義してから見る」ものです。一度、つまらないと思った人の話は、それがなかなか覆らないものです。これも当たり前のことですが、第一印象や、貼ったレッテルが全てではありません。どのように、まっさらな気持ちで相手の話を聴くか、これも点検してみると、実は、多くの人にとっての課題なのではないでしょうか。もちろん、私も含めての問題です。見た目や、肩書きや、話し方、相手との関係性に流されずに、どう話を聴いていくか、質問をしていくか、ここもとても大切なことになります。

　最後に、相手からだけ面白い話を聞こうとする姿勢には無理がありま

す。たいていの人間関係では、自分が何かをカミングアウトをしてはじめて、相手もそれをしてくれるものです。その点にも注意が必要です。これらの点に気を配ってみることで、聴く力、質問する力が蓄えられることでしょう。

　では、次に、「質問するための技術」について考えてみましょう。こうした技法に関しては、実は、研究者やジャーナリストなど取材に携わっている人たちによって、知の蓄積があります。ここでは、それらの意見を参考にしてみましょう。

　ジャーナリストの立花隆（1984：122,125）は、取材の際に、「最も大切なことは、自分がその相手から聞くべきことを知っておくこと」が重要だと強調し、「あとは大部分が瑣末なテクニック論」だと言いました。そして、当時の世の中を「自分で何を聞くべきか分かっていない取材が多い」と批判的な見解を述べました。

　彼の意見は、知的生産技術についてですし、取材の際に考えなければいけないことです。しかし、取材での姿勢は、日常生活でも応用できそうですし、相手から面白い話を聴き出すためにも大変有効だと思われます。

　つまり、相手や質問事項のある程度の周辺知識を知らないと、面白い話は、なかなか引き出しにくいということになります。まずは、どのように、相手を知ればいいのかを考える必要がありそうです。もちろん、初対面の場合、世間話などで、相手のことが分かることもあるはずです。また、親しい人であっても、私たちはその人のことをどれくらい知っているのでしょう。この問いもまた本質的で難問です。

　親しい誰かをどのように知っていくか、私たちは、親しければ親しいほど、相手のことを知ったつもりになり、それをあまり疑わなくなります。しかし、それを疑って、質問を考えて、ぶつけてみてはどうでしょう。親しい間柄でも、うまくいければ、これまで気が付かなかった面白い部分が発掘できるかもしれません。

　前述した加藤秀俊（1975：101,104）は、「話をきくということは問うということなのである」とした上で、問う能力を「問題を発見するこ

とであり、あるいは問題意識をもつということである」と論じました。親しい人に対して、何か問いを持てることも大切でしょうし、だれからであっても、自分の聴いたことについて、どのように問題意識を持つべきか、これについても考える必要がありそうです。これも難解ですし、そんなことを考えたことがないと思う方もいるかもしれませんが、質問で、面白さを発見していくためには、あるいは、好奇心を高めていくためには、カギとなる考え方です。

　立花や加藤の話は、議論や知識を得ることが目標のため、日常会話では、そこまで深く掘り下げたいわけではないと思われる方もいらっしゃるとは思います。しかし、相手の発言に対して、疑問を持つ行為は、相手へ抱く興味でもあります。その興味は、うまく活用できれば、相手にも好印象を与えますし、何らかの面白い部分に遭遇できることも出てくることでしょう。

　本来であれば、こうしたたずねるための技法や質問は、学校教育で学んで練習を積んできてもいいものですが、実際問題、質問が得意と自覚がある人はどれくらいいるのでしょう。笑いはともかく、私たちは、その前提となる質問技術の基礎を書籍などでもっと学ぶべきなのかもしれません。

　こうした質問するための基礎知識やその方法をふまえて、今度は、ツッコミどころを掘り下げていったり、その人の新たなキャラを探してみたり、その人のエピソードを語ってもらえるような質問をしたりしてみてはどうでしょう。それらの鉱山には、笑うためのおかしみが多く眠っているはずです。

　テレビのバラエティでは、司会者のフリに対して、ひな壇のゲストたちは、上手に、気の利いた爆笑のエピソードを語ります。しかし、それが正常ではありません。テレビでは、台本は用意されていなくても、どんなエピソードを語るのかが、あらかじめ決まったり、考えたりしてあるものです。私たちは、日常生活のなかで「○○さんはどうですか？」に対して、気の利いたことなんて言えるはずがありません。

　もっと質問の方法や言い方について考える必要がある時代だと思いま

226

すが、「どう？」「どうですか？」という単純なセリフで相手の話を聞こうとする人も多いように感じます。バラエティ番組でのやり取りには、もちろん、うまさもあるので、学ぶことも多いです。どう笑いにつながる質問をするかなどにアンテナを張ってみることも大切です。しかし、ここで論じたように、相手をふまえた質問技術や、一歩掘り下げる質問についても、私たちは、もっとリテラシーを高めていく必要がありそうです。

　なお、バラエティ番組以外でも、例えば、対談集のようなものや、Q&A のようなものは、編集が入っていることもふまえる必要はありますが、相手にする質問の技法として参考になります。また、社会学や心理学の質的調査や量的調査、あるいは、ジャーナリストのドキュメンタリーなどを参考にしてみると自身の質問する力は確実に伸びていくことでしょう。

///// ことばと笑い /////

　気の利いた質問や、鋭いツッコミに対して、私たちは、どれくらい回答できるのでしょうか。ここでは、自分の語りについて、ことばという視点から考えてみたいと思います。

　すでに、何度か述べていますが、男女を問わず小学生の高学年くらいから 30 代くらいまでの人は、日常会話のなかで「ヤバい！」ということばを非常に多く使用しています。文化庁が毎年行なっている「国語に関する世論調査」（2014）でも、「やばい」ということばを 16 ～ 19 歳は 91.5％、20 代は 79.1％、30 代が 53.9％の人が使用しているという結果が出ています。

　むろん、私が大学で接する学生も乱用しています。「やばい」は、何も考えずに、反射的に発言できますし、興味のない話や、話を聞いていない場合にも使用することができるので若い世代にとっては大変便利なことばなのかもしれませんが、もっといろいろなことばで表現した方が、

その人らしさが出ますし、自分の微妙な気持ちや感覚を伝えられるので、楽しいと思うのですが、それは理想論なのかもしれません。

　私たちの感情は、ことばとは、それほど関連のないものだと考えがちですが、両者には、密接な関係があります。私たちの感情は、言語なしにどのように認識するのでしょうか。

　私たちは、日々、ワクワクしたり、ムカムカしたり、イライラしたりします。ワクワク、ムカムカ、これらのことばなしに私たちは、どのように自分の感情を理解するのでしょうか。

　少し遠回りですが、まずは、私たちの感情とことばを考える前に、モノとことばの関係について近代言語学の父でもあるF・ソシュールの議論を参考にしてみましょう。

　F・ソシュールは、モノがあってそれに誰かが名前を付けたというそれまで言語学のなかでは当たり前の考えであった「名称目録的言語観」を批判し、私たちは、世界のあちこちに線を引くことで様々なものを区切り、そこにことばを付けることによって新たなる概念が生まれると指摘しました。この考え方に従えば、ことばなくしてモノは生まれないということになります。

　感情はモノではありませんが、豊富なことばを使うことによって、自分の"もやもや"や"やばい"に対して適切なレッテルを貼ることができるはずです。

　哲学者の内田樹（2002：72-73）は、F・ソシュールの考えを援用し、私たちの「心」とことばについて以下のように述べます。

　「自分たちの心の中にある思い」というようなものは、実は、ことばによって「表現される」と同時に生じたのです。と言うよりむしろ、ことばを発したあとになって、私たちは自分が何を考えていたのかを知るのです。それは口をつぐんだまま、心の中で独白する場合でも変わりません。独白においてさえ、私たちは日本語の語彙を用い、日本語の文法規則に従い、日本語で使われる言語音だけを用いて、「作文」しているからです。

第6章　もっと笑うためにはとにかく努力

　さらに「心」とか「内面」とか「意識」とか名づけているものは、極論すれば、言語を運用した結果、事後的に得られた、言語記号の効果だとさえ言えるかもしれません。

　内田の考えは、「やばい」で、何でも済んでしまう現代社会のなかでは、非常に有用な考え方だと思われます。

　何か面白いものを見たとします。いままでであれば、「やばい」という一言で終わっていたことだとしても、それをもっと巧みにことばにできたら、どうでしょう。表現の幅が広がり、相手への伝わり方も変わってきますし、自分自身でも、微妙なニュアンスを理解できることがあるでしょう。

　ここには、新たな面白さが生まれる可能性があるのではないでしょうか。また、言い回しによっては、それを聞いた人は、ユーモラスな表現だと思ってもらえることもあるでしょう。ことばと笑いやユーモアに関しては、まだまだ開拓の余地がありそうですし、今後、笑いやユーモア研究ではこの点を重視する必要があるのではないでしょうか。語用論の知識や技法を上手に用いることができれば、そのうち、芸人よりも研究者のほうが面白さを表現できる時代だってくるかもしれません。

　まとめておきましょう。私たちは、ボキャブラリーを増やしていくことで、今まで経験できなかった感情を味わうことができるはずです。大人たちは、日常会話にそれほど困っているわけではありません。そのため、ボキャブラリーに対してアンテナは基本的には張らない傾向にあります。

　努力が必要なことかもしれませんが、小説や、新聞、テレビのタレントのしゃべり、ラジオ、身近な人の話のなかにきっちりとアンテナを張ってみることで、頭の中に新たな概念が生まれたり、感情の間に新たな感情が見つかったりしてこれまでは味わえなかった別の面白さを体感することができるのではないでしょうか。同時に、ことば巧みに、面白さを表現し、周囲を笑わせることもできるようになるはずです。

229

補論

///// 食で笑う /////

　住友生命保険相互会社（2010）は、男女 2000 人に対し、インターネットで「あなたを "笑顔" にしてくれるモノ（コト）は何ですか」とたずねました。[1]

　結果は、「食事（好きな食べ物、手料理など）」が 24.4 ％でトップ、次いで、「お金（ボーナス、臨時収入など）」が 20.8 ％、「スイーツ（ケーキ、アイス、デザートなど）」が 10.7 ％、「テレビ（お笑い番組、DVD など）」が 4.7 ％、「仕事（仕事中、仕事の成功など）」が 4.2 ％となりました。

　食事とスイーツを合わせると、45.2 ％になり、他のものと比較するとひときわ高くなります。笑顔と食については、この調査が 1 つの目安になりそうです。当たり前かもしれませんが、私たちは、おいしいものを食べると笑顔になります。もちろん、おいしいだけではなく、珍しいものでも笑いますし、おいしいとは言えないものでも、店を出た後に、笑うことは誰にでもあるのではないでしょうか。

　調査結果のとおり、私たちが日常生活のなかで笑顔になったり、笑ったりするのは食事の場面が最も多いようにも思えます。しかし、食事の際に見られる笑顔や笑いは、1 人で食べていても、なかなか出ないもので、家族や友人、職場の人などと一緒に食べる共食の際に多く見られるものだと思います。

　つまり、私たちがおいしそうなものを目の前にした際の笑顔や、何か食べた際に発生する笑いは、生理的なものでもなければ、自分に向けられているわけでもなく、基本的にその場にいる他者に向けられたものだということが分かるのではないでしょうか。つまり、食事中の笑顔や笑いの意味は、共食者に対して、「おいしさ」を伝える記号の 1 つだったり、「これおいしいよね」と共感を求めたり、同意を確認したりするツール

1　ちなみに、その前の質問では、「あなたを "笑顔" にしてくれる人は誰ですか」と聞き、「子ども」34.3 ％、「家族」14.8 ％、「彼・彼女」11.9 ％という結果でした。この質問ではあくまでも「モノ（コト）」であることがポイントになります。

だと考えられます。

　そこでの笑いは、ユーモアとは考えにくいですが、想像以上においしいものを食べたときや、見た目が豪華だったりする際にこぼれ落ちる笑いには、笑いの基本理論である「ズレ」を見出すことができ、ユーモアとの何らかの共通点も少なからず感じます。また、食事の際の共感の笑いは、新たなコミュニケーションに接続し、そこでは、ユーモアが多く飛び交う可能性もあるでしょう。

　そもそも、食事とコミュニケーションには深い関係があるという説もあるそうです。河合利光（2000：52）は、「心や意志を伝達する意味のコミュニケーション（communication）も、神の前で共同飲食するコミュニオン（communion）に由来する」と言います。だとすれば、食とコミュニケーション、そして、コミュニケーションのなかに含まれる笑いには、古くから何らかの強い結びつきもあると言えるのではないでしょうか。食事の際のコミュニケーション、そして、笑いを辿っていくことで、笑いの歴史研究もできそうです。そのあたりは、私自身の今後の課題としたいと思っています。

　さて、必ずしも、食事の際の笑いは、ユーモア的なものではないかもしれませんが、ここで論じたことをふまえると、誰かと共に、食事をすることで、笑いの量は確実に増えくると言えそうです。それがおいしいものであれば、あるほど、笑うためのチャンスになるはずです。

　しかし、共食する相手との関係性や親しさによって、おいしさやコミュニケーションの楽しさが変わってくることも忘れてはいけません。当たり前ですが、嫌いな相手と食べればおいしいものもおいしくなくなるでしょうし、初めての相手や憧れの相手との場合、緊張して食事がのどに通らないこともあります。これらをふまえれば、共食をする相手は、家族や親しい友人を想起する人がほとんどだと思いますが、これからの時代は、それだけではなく、自分が共食でき、楽しめる相手を増やす工夫を多くの人が持ってみてもいいのではないでしょうか。

　例えば、地元の馴染みの店に行けば、そこには、共食できる仲間や知り合いが誰かしらいたらどうでしょう。そのためには、まずは、馴染み

の店を作らなければなりません。

　あるいは、誰にでもオープンでフレンドリーな子ども食堂のような場づくりもあっていいと思います。また、高齢者の多く住む住宅地などでは、コミュニティ食堂、コミュニケーションを重視した料理教室や、食育コミュニティなどがもっと定着すると共食する居場所が増やせるはずです。このような場は、私にとっては、笑うための場だと考えているため、これからの時代に、このような場づくりが、民間、行政、ボランティアなど様々な形で増えてくることを期待したいです。ただし、そこに参加する人が自分とは異なったいろいろな他者をどう許容し、だれに対してもオープンな心を持つことができるか、この点は、何よりもの課題だと思います。

　笑いと食が結びつくのであれば、大いに食を利用して笑える環境を作りたいものです。

///// お酒と笑いの関係 /////

　ここではお酒と笑いの関係についての話をしてみたいと思います。お酒を飲むと笑いの量が増えるというのは読者の皆さんにとっては、あまりにも当然なことだと思われます。

　しかし、一度それを疑ってみたり、本当にそうなのか、議論の俎上に載せてみてもいいのではないでしょうか。「笑い上戸」ということばがありますが、私たちは、お酒を飲むと本当によく笑うようになるのでしょうか。

　インターワイヤード株式会社（2010）が、男女約7000人に行なった「お酒の飲み方に関する調査」のなかには、「お酒を飲むとどうなる？」という質問があります。結果は、お酒を飲むと「楽しくなる」との回答は62.2％、次いで「陽気になる」38.9％、「よく喋る」27.0％、「すぐ寝る」17.3％、「笑いたくなる」16.2％でした。「笑い」に関する回答は、わずかでしたが、「楽しくなる」、「陽気」、「よく喋る」は、いずれも「笑

補論

い」との結びつきが強いワードだと考えられます。

　アルコールと笑いの関係がもっとはっきりする調査はないのでしょうか。

　イギリスの心理学者のジェフ・ロー（1997）が行なった調査では、しらふの人と、アルコールを2杯飲んだ人にそれぞれコメディ映画を見せたところ、よく笑ったことを意味する「笑いのスコア」は、飲んだ人の方がはるかに高かったことを明らかにしました。

　日本では、同様の調査はありませんが、飲めば飲むほどよく笑うという調査結果は、私たちの実体験どおりで、それがアカデミックな領域でも証明できるようです。

　一方で、笑いを発する側、つまり、笑いを取るという行為はアルコールによって変化が生じないのでしょうか。

　非常に興味深くユニークな調査を行なったのは、ピーター・マグロウとジョエル・ワーナー（2014＝2015：119-124）です。彼らは、アメリカで笑えるCMを数多く手掛けるニューヨークの広告代理店のディレクター複数人をクラブに招待し、そこで、お酒を飲みながら笑えるジョークを考えてもらったり、自己評価をしてもらい、同時に、オンラインでそれを飲んでいない人たちが評価をするという調査を行ないました。

　結果は、飲めば飲むほど、自分の考えたジョークを自分では高く評価するものの、それを冷静に見ているオンラインの回答者の評価は下がり、不快度が増すという傾向がありました。つまり、「アルコールでジョークはおもしろくなる——ただしそれはジョークを言う本人にとってのみであることがここに証明されたわけだ」と彼らは結論付けました。

　調査の母数を増やしたり、違う集団や個人を対象に調査を行なうと異なった結果が出てくる可能性があるのかもしれませんが、この調査結果はある意味で非常に残酷です。

　気分よく酔っ払って面白いと思って語っていたことが自己本位的で他者が必ずしも満足していないという結果は、人によっては酔いを覚ます要因となるのではないでしょうか。

　しかし、誰かとお酒を飲めば、笑いは確実に増えそうです。もっと笑

235

うためには、誰かと楽しく酒を飲めばいい、考えずとも、誰にでも辿り
つく結論が出ました。

　仕事をしていれば、同僚も多くいて飲む相手もいると思います。しか
し、退職後には、どのように飲む機会を増やしていけばいいのでしょう
か。食の節でも論じたことですが、この部分は、課題だと思われます。
地域や趣味などを通じて、新たなコミュニティを探して入ってみるのは
どうでしょう。生涯学習などを通じて、新たなコミュニティに入ってみ
てはどうでしょう。また、自ら、居心地のよい何らかのコミュニティを
作っていくことも必要になりそうです。

　何にせよ、私たちは、お酒の場での冗談やジョークやウケ狙いには、
ある種の危険性が孕むことを頭の片隅に置く必要がありそうです。

///// 動物は笑いの種 /////

　一般社団法人ペットフード協会（2015）によれば、日本全国で犬は
990万頭、猫は980万頭飼われているそうです。想像容易いことですが、
ペットとともに暮らすと、私たちの日常のコミュニケーションは増え、
そのなかで笑いのきっかけも増やしてくれそうです。講演などで高齢者
と話すと、ペットのおかげで笑いが絶えないと聞くことがしばしばあり
ます。

　ペットフード協会によれば、ペット王国の日本では、飼育のきっか
けとなるのは、「生活に癒し・安らぎが欲しかったから」が30.7％で最
も高く、次は、「以前飼っていたペットが亡くなったから」の26.8％、
その後は、「家族や夫婦のコミュニケーションに役立つと思ったから」
17.0％、「話相手や遊び相手として欲しかったから」9.8％と続きます。
「前のペットが亡くなったから」と言う回答は、別にして、ペットと何
らかのコミュニケーションを取って「癒しや安らぎを味わえる」と考え
るのであれば、どの回答も、広い意味では、コミュニケーションとの関
連で飼育を始めていると言うことができそうです。コミュニケーション

補論

が行なわれるのであれば、そこに、笑いも生まれる可能性が出てきます。

　相手は、動物で、適度な意思疎通はできたとしても、当たり前ですが、言語的にも、人間のようにコミュニケーションが通じない存在でもあります。そのバランスから様々な笑いが生まれます。

「何を言いたいんだ」という笑いもあるでしょうし、「なんでこんなことをしたんだ」という笑いもあるでしょう。叱っても覚えない、そこに悪気がない、人間は、それを笑うほかないのかもしれません。他にも様々な笑いがあると思いますが、私たちは、そもそも、ペットの何を笑うのでしょう。何か、まとまった議論はないのでしょうか。

　ベルクソンは、『笑い』のなかで、「固有の意味で人間的であるということをぬきにしてはおかしみのあるものはない」と言いました。そして、具体例として、「人は動物を笑うことはある。けれどもそれは動物に人間の態度とか人間的な表情をふと看取したからであろう」と考えました。彼の意見に従えば、人は動物を笑うのではなく、動物に人間を読み取って笑うということになります。

　ペットを飼い始めると、様々な部分に人間らしさが読み取れるものです。そして、私たちは、飼い主である「自分らしさ」や「家族らしさ」を動物の行動や性格から読み取って笑います。もちろん、人間とは異なり、動物は、行動そのものに腹黒さや裏などもないでしょうし、演技性も見当たらず、いつでも、自然な行動のため、私たちの笑いを確実に増やしてくれそうです。これは、演技に対してウエイトを置かざるを得ない人間との比較のなかで光り輝く動物の面白さの1つのはずで、私自身はとても興味があります。

　ペットを飼うことで、人間関係のなかで生まれる笑いとはある種の異なった笑いが得られるのは、ある意味、「豊かさ」のようにも思います。実際問題、ペットを飼うことで笑いが増えるのかどうかは、今後、ペットを飼っている人と飼っていない人との間で笑う量についての参与観察や、意識を問う比較調査などの研究を行なってみる必要がありますが、私たちは、経験を通して、笑いが増えそうだと予測することができます。笑いについて、あれこれ考えずに、ペットショップに駆け込むことが笑

いを着実に増やせる方法なのかもしれません[2]。

　ペットを飼える人はいいですが、地域やマンションなどの住環境が原因で、ペットを飼いたいものの、飼えない場合もあるでしょう。そのような場合、例えば、YouTube では、動物の動画は人気で、犬や猫の動画は多くアップロードされていて、なかには、世界中で再生され、その回数が飛びぬけて多いものもあります。そのなかには、とにかくかわいく癒される動画も多いですが、笑える動画も多くあり、人気になっているので、笑うために、調べてみるのもいいでしょう。お笑い芸人には真似できない類の笑いがあるはずです。

　また、いまは、スマホやゲームなどのバーチャルで、ペットを飼うことができる時代です。ゲームのなかには、課金システムで異常にエサやゲーム上の商品などをペットが自らねだるようなものもあるようですが、無料で、ほのぼのと育成できるものもあるので、同じく、興味のある方は調べてみるのもいいと思います。実際のペットよりも癒しや面白いハプニングは起こらないかもしれませんが、家族で一緒に育てたり、友人と、同じゲームで、別々のペットを飼ったりしてみると、コミュニケーションが広がったりますし、思わぬところに面白さがあり私たちを笑わせてくれることでしょう。第4章で述べた「ゲーミフィケーション」と関連する指摘になります。

　お酒と同じで笑うためには、あまりにも単純すぎる一歩かもしれませんが、ペットを飼うことも着実に笑いを増やす手法になるでしょう。

2　本論とは、直接、関係ありませんが、私は、この動物たちの素直さと笑いには重要な関係があると考えています。芸人に「強さ」が必要なのと同じように、「かわいさ」も必要だとしばしば語られます。素直さと笑いは、その「かわいさ」と何らかの関係があるのかもしれません。

補論

///// 旅で笑う /////

　食事やペットと同じように、旅に出ると、単純に、笑いも増えるものです。とはいえ、旅は、笑うことが目的ではありませんし、笑いが少なくても、十分に楽しいものかもしれません。しかし、旅に、＋（プラス）笑いがあったり、ユーモアが発見できたりしたらどうでしょう。笑いは、旅に限らず、いまあるレジャーをさらに楽しくしてくれる可能性を秘めています。それだけでも十分に楽しく、夢中になれますが、そこに笑いが加わることで「さらに楽しくなる」——このスパイスのような作用が、今後ますます私たちにとって大切になっていくはずです。

　レジャー産業の発展した20世紀は、何で遊ぶのかが重要な社会でした。しかし、すでに、何で遊ぶという時代は過ぎ去ろうとしています。いまは、ある対象で、どう遊ぶか、遊びの質をどのように高めていくかが重要になってきているということです。笑いは、健康と結びつき、多くの人から興味を持たれましたが、今後、この領域で、再び、多くの人が注目することを私は期待しています。

　さて、旅の話に戻しましょう。旅は、非日常を私たちに与えてくれるため、笑いとの相性がいいものです。旅先では、見る景色はいつもとは異なるので、そこには新しい発見ができますし、知的好奇心もくすぐられます。また、誰かと旅に出れば、行った先々や移動時間には必然的に話をするため、自然発生的に笑いが生まれてくるはずです。

　1人旅だとしても、道中や現地でいろいろな人と話をしますし、場合によっては、そういうつもりがなくても話さなければならない状況に私たちを追い込んでくれます。コミュニケーションが増える状況では、笑いも増えるでしょうし、非日常的な経験は、失敗や様々なエピソードを生みます。こうした意味でも、旅に飛び出ると、自然と笑いが増えてくるはずです。

　東浩紀（2014：30-34）は、『弱いつながり』のなかで、旅では、自分を探すのではなく、「新たな検索ワード」を探そうと主張しました。その理由は、「新しい検索ワード」こそ、ある対象物を別の角度から見ることにつながったり、自分の世界を広げたりするからだそうです。

239

東の考え方を要約すれば、私たちは、普段、Google などで、自由に検索しているつもりでも、実は Google が取捨選択した枠組みのなかにしかいないため、各自の意識の有無は別として、ネットでは「自分が見たいと思っているものしか見ることができ」ません。しかし、旅に出ることで Google の作り出した枠を乗り越えていける可能性が出てきます。「新しい検索ワード」は、直接、笑いやユーモアには結び付かないかもしれませんが、Google の枠を乗り越えるためには役立ちます。枠の外の世界が見られれば、今度は、そこにこれまでとは異なる考え方や知識はもちろん、笑いやユーモアも見つけられるのではないでしょうか。いまある枠組みを壊すこと、それがあることをふまえることは、これからの生き方、そして、笑いにもとても重要なはずです。

　次に、別の方法で、旅を楽しんだり、笑ったりする方法を紹介してみたいと思います。参考にするのは、旅行エッセイストの宮田珠己（2007：60-63）の考え方です。当時、サラリーマンだった彼は、旅に出たくて出たくて仕方ないときに、その気持ちを抑えるために、近所の散歩で代用したそうです。ただの散歩でも、旅の感じを味わうために、近所でも行ったことのない一帯へ行き、丁寧に景色を見て、旅情を感じるように努めてみたそうです。また、コンパクトな樹の本を買い、それをガイドブックのように持ちながら家の前から街路樹を調べながら回ってみると、近所なのに世界が変わって見えたそうです。それから、海外旅行からの帰り道に、空港で電車に乗って、日本を初めて訪れた外国人の設定で、景色を眺めながら帰ってみたそうです。

　こうした工夫は、直接、笑いやユーモアを生むかどうかは分かりませんが、それらを生むためのヒントになります。世界を別の角度から見るために、何らかのフィルタを通してみることや、自分の設定を変えてみるということは、笑ったり、ユーモアを作ったりするために役立つ考え方です。こうした意味で、ユーモアを学ぶために宮田のエッセイを読んでみるのもおすすめできます。

　最後に、旅と笑いについて語る際に、取り上げておかなければならないのは、北海道のローカル番組でありながら日本中にファンがいる大泉

洋が出演する「水曜どうでしょう」についても紹介しておきましょう。この番組の旅は、ほかの旅番組に比べ、独特な旅の企画が多く、私たちの旅をアップデートしたかのような内容でした。近年の旅番組には、すべてではないにしろ、「水曜どうでしょう」の要素が見受けられるものも少なくありません。

　彼らの旅は、例えば、さいころを振ってその目に従い、日本中を旅してみたり、素敵な絵葉書を頼りにその写真と同じ景色を自力で探し、自分たちもそこに映ろうと試みたり、原付きだけで日本を横断したりと、出演者にとってはかなり過酷な企画が多いことが特徴でした。また、旅の景色よりも、大泉ら出演者のリアクションやトークを映し続ける点や、ディレクターが画面には映らない形で出演者以上に話すことや、旅を重ねていくなかで、出演者一同に成長が見られるドキュメンタリーの要素も読み取れ、斬新でした。ここにもまた、私たちが旅をこれまで以上に楽しんだり、もっと笑ったり、ユーモアを創造していくヒントがありそうです。

　それは、単純に、旅に、何を＋αしていくかという発想です。「水曜どうでしょう」では、旅に、サイコロのすごろくや、くじの要素を入れてみました。もちろん、こうした＋αの発想は、芸人のコントでアイデアがいかされていたり、他のバラエティ番組でも見られることですし、笑い研究では有名なケストラーの考え方でも言われていることです。

　皆さんは、普段するウォーキングやランニングに何を足してみますか、英会話の単語の暗記に＋α、何を足してみますか、外食をする際に何かを足してみたら、笑えたりすることはありませんか。「水曜どうでしょう」はその足し算を分かりやすく私たちに教えてくれました。

　何かに何かを足してみることは、新しい楽しさや面白さを見出していくうえでも大切です。旅に限らず、いろいろなものに足し算をしてみてください。また、ビデオカメラ、動画も撮影できるスマートフォンがここまで私たちの生活に定着し、編集も簡単にできる時代に、「水曜どうでしょう」的な記録方法、編集は、私たちの旅や日常の動画記録の参考になります。ディレクターが画面に映らなくても十分に面白くなること

は、出演する子どもたちに指示を送る両親と考えることもできますし、その音声だけの両親を含めた子どもの成長の記録には、感動を見出すこともできれば、笑える部分も多く発見できるというわけです。

　大泉が人気者になり証明して見せたように、芸人ほど、トーク力がなくても、ボケやツッコミがなくても、キャラさえ立てば、取り留めもない話のなかに笑える要素を無数に見つけられることは、私たちが、もっと笑うためには重要な考え方なはずです。こうした面でも「水曜どうでしょう」は、参考になるはずです。

　旅に関していくつかの考え方を紹介しました。これらの考え方や番組は、旅に限らず、様々なものに代替可能で、私たちの生活をおもしろくしたり、楽しくしたりするヒントになるのではないでしょうか。あとは、どう活用していくかについてもじっくりと考えていく必要がありそうです。

///// 子どもの笑い /////

　子どもは、大人に比べてよく笑う傾向があると第 1 章で論じました。それは、すでに指摘したように、いつでもどこでも遊び心があるからかもしれませんし、様々なことに対しての未経験さが原因かもしれませんし、いつでも遊びのモードで誰かと繋がっているからかもしれません。

　私自身も子育てをしていて、子どもの笑顔や笑いが自分自身に感染していることに気が付くこともあります。また、自分の父や母が孫と話をしているのを見ている限り、祖父母の笑いも確実に増えました。

　いつでも子どものペースは疲れてしまうかもしれませんが、子どもとコミュニケーションができる環境にいる人は、積極的に接してみることで笑いを増やせるはずです。接することが難しい人でも、地域には子どもがいるでしょうし、祭りや地域活動などで接する機会を自分次第で作ってみてはどうでしょう。子どもに工作を教えたり、昔の話を聞かせるボランティアは探してみるとかなりあるようです。

242

補論

　子どもと接していて私が好きな瞬間は、「子どもの世界が広がる瞬間を目の当たりにしたとき」です。

　例えば、子どもが、生まれて初めて海を見た瞬間、釣りをしていて魚が引っかかった瞬間、それを釣り上げた瞬間、書けなかったひらがなの「お」の字が上手にかけた瞬間、飛行機が離陸する瞬間、先週まで登れなかった坂を自転車で登れた瞬間、Wii Uを購入しテレビがゲームに変わった瞬間など、実体験として、あげていくとキリがありません。

　その瞬間、子どもにとって世界観が広がったことは言うまでもありません。しかし、世界が広がったのは、私たち大人も同じで、世界が広がる瞬間を、子どもを通して味わうことができます。

　今現在に至るまでに私たちは、いろんな世界を認識してきましたし、その世界は、いまでも広がり続けています。しかし、その広がっていく瞬間は、歳を重ねていくなかでなぜか忘れてしまっていることが多いのではないでしょうか。しかし、子どもの世界が広がる瞬間であれば、とらえることができます。それを見ることによって、自分自身もこうやって、新しいものに触れ、感動したり、驚いたり、ときには笑ったりして、世界が広がってきたのだということが経験できます。

　TBSラジオ「ライムスター宇多丸のウィークエンド・シャッフル」で映画評論をしているラッパーの宇多丸は、第88回アカデミー賞で主演女優賞を受賞した作品でもあるレニー・エイブラハムソン監督の「ルーム」（2015）の映画評論で、「子どもが世界を認識していくプロセスが非常に面白く、感動的である」と論じ、自分自身が子どもと遊んだ経験を振り返り、その世界を認識する瞬間を見る大人たちも子どもたちのフレッシュな思考プロセスを通じて、こういうふうに驚くんだや、こう感じるんだと、改めて、世界を再認識、再発見できると主張しました。さらに、それは、大人にとっても「成長」になるとまとめました。私も、この意見にはとても共感できます。世界を再認識するためには、子どもの視点は非常に役立ちそうです。

　映画「ルーム」は、5歳まで倉庫のような小さな部屋に母親と一緒に監禁されていたジャックの話です。2人は、そこでテレビを見て、体操

をして、料理をしていました。母親は、ジャックに、「部屋の外には何もない」と教えていました。その後、ジャックと母は、その部屋から脱出し、外の世界で生活をしていきます。母に言われた通り、「部屋の外に世界はない」と思っていたジャックにとっては、木が生えていること、道路があること、ビルがあること、たくさんの人間がいろいろな洋服を着て歩いていること、彼は、次から次へと新しい世界を認識していきます。

　私たちの日常は、映画ほど、極端ではありませんが、子育てのなかにも、前述したとおり、子どもが世界を認識する瞬間にはしばしば遭遇します。私たちも、子どものように、新しいことをしたり、見たりするなかで、もっと驚いたり、もっと笑ったりするための見本として、子どもの世界の見方を参考にしてみてはどうでしょうか。

　これらのことは、直接、笑いにつながるわけではないかもしれませんが、新しい世界を認識するプロセスは、ユーモアを発見したり、それを発信する際に必ず役立つはずです。

///// ほんのわずかな勇気と腹を括ること /////

　補論では、私たちが、もっと笑うためにできることを提案してきました。どれも、かなり、当たり前なことではあったと思いますが、私なりに、少なからずの考察を加え、各節を通して、世界をどう見るかということについて提案してきたつもりです。補論の締めとして、いずれの章、及び、節での提案の前提にある「ほんの少しの勇気」と「腹を括ること」について論じておきたいと思います。

　結論を先に述べるのであれば、私たちは、「ほんの少しの勇気」を持ち、「腹を括ること」ができれば、笑いの量を飛躍的に伸ばすことができます。

　例えば、第1章で論じた通り、私たちは、人と接している方が30倍笑うことが増えます。「ほんの少しの勇気」を持ち、「話しかけてみよう」と「腹を括れる」人は、いろいろな状況で人に話しかけることができます。

補論

　街なかで突然、前を歩いている人には、誰でも、話しかけにくいと思います。しかし、旅のために乗った飛行機や新幹線の隣の席の人であればどうでしょう。1人で行った居酒屋やバーなどで、相手も1人だったらどうでしょう。どのような状況でも、「ほんの少しの勇気」を持ち、「腹を括ること」ができれば、本書で論じてきたように、あれこれと考えずとも、話しかけ、はじめはぎこちなくても、何か共通点があったり、5分くらい雑談をしていれば、自然と笑いは生まれてくるものです。

　また、好奇心を持ち、いろいろの場に、積極的に参加することのできる「ほんの少しの勇気」と「腹を括ること」ができれば、友人や知人は、どんどん増えていくはずです。それに比例し、笑いの量が増えることは間違いありません。

　私は、偉そうに人間のことを語れる年齢ではありませんが、私の考える限り、人は、いきなり変わることが難しい生き物だと思います。自分らしさへのこだわりが邪魔したり、プライドが邪魔したり、周りからの視線が邪魔をしたり、煩わしさや面倒くささが先行して、変われません。

　むろん、自分のなかの変わらない部分も重要ですが、社会の変化や社会の状況に合わせて、「変わる部分」もあっていいはずです。特に、笑いやユーモアに関しては、変わろうとしない限り、自然と増やすこと自体がなかなか難しいものです。また、こうした議論をすると、「変わりたいけど、変われない」と回答する人も多いと思います。確かに、「変わること」は難しいことなのかもしれませんが、ある状況のなかで、「ほんの少しの勇気」を持つことなら誰にでもできるのではないでしょうか。

　また、「やってしまおう」「買ってしまおう」「参加してしまおう」「話しかけてみよう」と、「腹を括ること」であれば、誰にでもできるはずです。私は、特に、落語を通して学べたことですが、人間は、「ほんの少しの勇気」を持ち、「腹を括れた」ときに、普段は見せないような勢いや力を発揮するように感じています。もっと笑うために、その勢いや力は、非常に重要だと思います。

　本書の各章・各節で論じてきたことは、ただ、読んで終わってしまっては、あまり、変化はないと思います。少なからず、本書で論じてきた

ことに対して、共感してもらえたり、日常に取り入れてみたいと思って
もらえたことがあれば、それをやってみる「勇気」と「決意」を持って
みてください。それが少しずつ、変化へと繋がるはずです。

「ほんの少しの勇気」を持ち、「腹を括ること」が、もっと笑うための
大きな一歩です。読者の皆さんは、何に対して「ほんの少しの勇気」を
持ってみますか。そして、何に、「腹を括って」みますか。

終章

///// おもしろいことを考えなければいけない /////

　本書では、ここまで、もっと笑うため、もっとユーモア力を蓄えるための様々な方法を皆さんに紹介してきました。すぐに実践できそうなこともあれば、逆に、すぐには、できそうもないこともあったことのではないでしょうか。執筆者として私が、どの章、節でも意識したことは、読者の皆さんが、日常生活のなかの「当たり前」に立ち止まって、考えられるきっかけを作ることでした。

　私たちは、日常生活のなかで、いつも慌ただしく、あれこれと考えているような気がします。政治のこと、社会のこと、家族のこと、恋人のこと、友人のこと、仕事のこと、自分のこと、人によっていろいろな回答が出てきそうです。

　しかし、本当に、私たちは毎日、何かを考えているのでしょうか。皆さんは、昨日、何を考えたか覚えていますか。一昨日はどうでしょう。思い出すことができますか。私たちは、思っている以上に考えていそうで、実は、何も考えていないのかもしれません。

　フランスの哲学者のジル・ドゥルーズは、「思考の最初にあるのは、不法侵入」だと言いました。こうした考え方は、それまでの哲学史のなかでは意外な考え方だったようです。なぜなら、人は考えて当然ですし、考えることが好きだったり、考えるが故に人間だという説が哲学史のなかでは通説だったからです。

　しかし、ドゥルーズの考え方に従えは、人は、「不法侵入」、つまり、仕方なく考えざるを得ない状況に追い込まれてこそ、はじめて考えることになります。皆さんはこの考え方に賛成ですか反対ですか。

　ドゥルーズは、「習慣」を、「日々の繰り返しから違いを無視したもの」だと考えました。見慣れたいつもの街や、自宅の周辺、通勤の風景や職場、接する様々な他者たちは、よく目を凝らせばどこかに何らかの変化があるはずです。通常、私たちは、その違いを無視して日々生活しています。

　それを無視せずに、考えることは思っている以上に面倒で大変なことです。毎日、異なった家で、異なった街を歩き、異なった他者と付き合っていかなければならないことを想像すれば、その煩わしさのせいで、私

たちは頭がおかしくなってしまいそうです。

　だから、私たちは、実際には、違いがあったとしても、そこに気づかないように、思考を停止して、「安息」を得ます。その「安息」が脅かされた際に、人間は仕方なく考えるというのがドゥルーズの考え方の要約になります。

「安息」は重要です。しかし、これまで、日本では、多くの人は、笑いやユーモアについてあまり考えてきていないように思います。笑いを増やしたり、ユーモア力を向上させるためには、自分を「考えなければならない状況」に追い込んでみてはどうでしょう。本節のドゥルーズの議論を通じて、日常の「違い」を意識してみるのも面白いと思います。1日前との違い、1時間前との違い、外の風景、接する他者、自分、そこには、実は、様々な「違い」があるのではないでしょうか。

　日常は、ある意味では思考を停止した「安息」な状態です。それはとても楽で、居心地がいいものです。だから、私たちは、一方では保守的に、昨日と変わらない今日を望みます。しかし、昨日と異なった今日をわずかな時間だけでも探してみてください。ドゥルーズの意見に従う限り、そうやって追い込んでみないと私たちは考えません。

　その考えた先に、「面白さ」がこぼれ落ちてきたり、見つかったりするのではないでしょうか。また、変化に気が付くことができることは、面白さやユーモアを発見する力の一部なはずです。むろん、考えた先にあるのは、必ずしも面白いことではないかもしれません。驚きや怒り、うれしさ、イラッとしたり、悲しかったりと様々な感情を生むこともあるでしょうし、考えてみても、分からないという結果しか残らないかもしれません。

　それらの感情や分からなかったことは、何らかのエピソードになることもあります。そうしたエピソードは、前述したとおりメモをしておいて、しばらく寝かせて、どこかで振り返ってみましょう。事後的に、分からなかったことが部分的に分かることもあるでしょうし、負の感情が、ときに大きな笑い話に変わる可能性もあるはずです。

　もっと笑うためには、考えなければならない状況に自ら追い込んでみ

ることが必要なのではないでしょうか。お笑いで言えば、大喜利の回答も追い込まれたときに、優れた回答が出るようにも感じます。何か関係があるのかもしれません。

///// 考えた先にある笑い /////

「不法侵入」も何も、そもそも、私たちは、思っている以上に「考えなくてもいい社会」を生きているのかもしれません。分からないことがあれば、手元のスマホで検索すれば何でも調べられます。その情報量は、現在もなお進行形で、すさまじい勢いで増加し続けています。例えば、調べたいことが、個人的な悩みごとだったとしても（いいかどうかは別として）、「YAHOO！知恵袋」などのサイトを用いれば、自分が求めている 60 〜 70 点くらいの回答が 1 秒後には得られます。また、ネットに限らず、様々な領域でマニュアルが存在し、それに従っていくことで私たちは、無難に立ち回ることもできるようになってきています。

　確かに、仕事では、考えなくてはならないこともまだまだ残っているのかもしれませんが、どの業界にも、考えないでいい領域や、考えたふりをする領域、言い方は悪いかもしれませんが、考えてないのに、考えたと思い込んでいる領域は数多くあるでしょう。さらに、近年は、コンピュータに、私たちが考える領域を侵略されているようにも思えます。今後の人工知能の時代には、私たちは、今以上に思考停止してしまうかもしれません。

　こうした現状を意識して、本書では、ユーモアや笑いを通し、自分のコミュニケーションや自分そのもの、さらには、人間や社会について考えてもらえる「不法侵入」を散りばめてみました。

　いちいち立ち止まるのは非常に面倒でしょうし、本書のなかには、ちっとも共感できない部分もあったと思われます。しかし、後述するように共感できないことは思っている以上に大切なことですし、何より、私たちに考えるきっかけを与えてくれることでしょう。

本書の主題である、「どう笑うか」、「どのようにユーモアセンスを向上させるか」については、様々な提案をしてみたものの、これという明確なマニュアルは提示していません。本書の内容を参考に、自らどのような場面であれば導入できるか、あるいは、活用できるのかを読者の皆さんは考えていかなければなりません。

もしかすると、読者の皆さんのなかには、もっと、具体例やマニュアルを期待していた人もいるかもしれません。しかし、断言しておきますが、笑いやユーモアには、マニュアルがありません。

誰にでもウケる「鉄板ネタ」や、腹を抱えて笑えるコンテンツは、それが誰にとっても面白いのかどうかはまた別の問題です。なぜなら、笑いを取れるかどうかは、その場の相手との関係によって変わってきますし、両者の気分などにも左右されてしまうからです。

こうした理解をもとに、改めて、笑いやユーモアを考えてみてください。この節自体が、皆さんにとっても「不法侵入」と言っていいのかもしれません。面倒なことかもしれませんが、もっと笑うためには、自分を考えなければいけない環境に追い込んでみる必要があると思います。なぜなら、現代社会は、ここで論じた通り、あまり考えないでもいい時代だからです。

終章ということで、まとめに入っていきますが、その前に、遠回りなようですが、次節では、笑いやユーモアが生む問題について論じてみたいと思います。本書も含めて、笑いやユーモアは、ポジティブに論じられがちですが、逆に、問題点もあるはずです。問題点を照らしてみることで、何か見えてくることもあるはずですし、問題点をふまえて、笑いやユーモアを日常で活用することは、今後ますます重要になることでしょう。

///// 愛想笑いか自然な笑いか /////

笑いは、人間にとって素晴らしいものだと語られることが多いです。

もちろん、私も、それを信じているからこそ、本書を書こうと思いました。もっと笑いたいと思っている人が少しでも笑えるようになれば、著者としてはうれしい限りです。

しかし、「笑いすぎる世界」があるとすれば、そこには何か問題はないのでしょうか。以下では、笑いやユーモアの問題点を整理してみたいと思います。

笑いやユーモアが自分にとって価値のあるものになると、いろいろな場で、積極的に笑い、誰かを笑わせようとするようになります。それは、本書の目的と合致することではあるものの、今度は、そこに、新たな問題が生まれてしまう恐れがあります。

ウケ狙いの発言をする直前、自分では、最高に笑えて、傑作だと思っていても、それを他者が聞くとまったく笑いが生まれないことは、誰にでも、頻繁に起こり得ることです。こうした事態は、プロの芸人でもしばしば味わうことです。ウケなければ、この冗談は面白くないなのだと気づくことができるかもしれませんが、そこに力関係などがあった場合、相手は、嘘には見えない愛想笑いをし続けなければなりません。この場合、私たちには、それが愛想笑いなのかどうかを見抜く力が必要になりますが、そもそも、そんなことできることなのかどうかすら定かではありません。だとすれば、私たちは、人間関係のなかで、場合によっては、面白くない笑いやユーモアを相手に押し付けてしまいかねませんし、相手に、ストレスを感じさせてしまうかもしれません。

笑いには、愛想笑いがあります。読者の皆さんのなかには、それを見抜くことが得意だと考える方もいるかもしれませんが、嘘が見破られにくい上手な愛想笑いだってあるはずです。演技や演じることが生きていくうえで必須な現代社会のなかでは、それを完璧にこなす役者は多いはずですし、愛想笑いだったとしても、それを長年続けていけば、私たちは、愛想笑いが自然な笑いだと自分でも錯覚するのではないでしょうか。

つまり、場合によっては、いまここで発生した笑いが、愛想笑いなのかどうかの判断は、本人ですら分からないこともあるわけです。コミュニケーションのなかで、私たちは、それを見抜くことができるのか疑問

252

に感じます。

　また、これまでの視点とは逆に、本人からすれば、いつでも、愛想笑いをしているつもりなど微塵もないにもかかわらず、相手が疑り深ければ、あるいは、笑いの認識の相性が合わなければ、自然な笑いを愛相笑いだと判断されかねません。

　愛想笑いの問題をふまえると、自分の冗談に対して、相手が目の前で笑っていたとしても、それが実際にウケているのかどうかは、考え始めると、非常に難しいものです。また、自分の面白いと思ったものが、他者にとっても面白いのかどうかの自己点検ができにくい面も笑いやユーモアの複雑な要素です。この点は、笑いが重視されればされるほど、また、笑いが及ぼす人間関係への効果やコミュニケーション上のメリットが人々に浸透すればするほど、私たちを困らせる問題となることでしょう。

　さらに、逆の場合も想定できます。笑いを狙ってみたものの、ウケなければ、皆さんはどう思いますか。１度や２度ならめげずに、次の機会にも、面白い会話を心掛けるかもしれませんが、それがことごとく毎回続いたらどうでしょう。ユーモアのセンスに対して自信を喪失し、「ウケ狙いなどしたくない」と考える人も出てくるはずです。だとすれば、聴き手は、いつでも、嘘には見えない華麗な愛想笑いを演じ続けなければなりません。これもまた、想像しただけでも、ストレスが非常に溜まりそうです。

　笑いが重視されすぎる未来の話のように思えるかもしれませんが、こうした事態は、実は、すでに、若い世代、とりわけ、私の調査対象者である大学生の一部には見られるようになっているのが現状です。このような問題に対して、私たちができることは、とにかく気にしない姿勢を貫き、愛想か自然かなど分からないのだから、その点に関しては、思考停止をして、気にせずにコミュニケーションをすればいいのか、あるいは、面白くない発言を面白くしてあげられるような精神を持ち、場を凍り付かせる発言に対して、積極的にフォローしてあげられる力を蓄えればいいのか、愛想笑いそのものも自らの楽しい感情なのだと自分に言い

聞かせるのか、処方箋はいくつか考えられても、それを実践するのはどれもなかなか難しそうです。さしずめ、これらの処方箋を状況や相手に応じて、バランスよく活用していくほか手段はないのかもしれません。この問題は、笑いやユーモアが今よりも重視されたら、誰もが考えなければならないことです。

///// 笑わなければいけない／
笑わせなければいけない社会 /////

次は、前節でも取り上げたことではありますが、私の研究対象でもあるよく笑う世代 = 若い世代の笑いの問題点を取りあげてみたいと思います。本書でも繰り返し論じてきたように、若い世代は、よく笑っていますし、笑いやユーモアを大切にしています。そのため、「笑いの溢れる社会」の問題を考える際には、彼／彼女たちの社会の観察が役立ちそうです。

若い世代は、笑いを大切にするがあまり、笑いが、しばしば、プレッシャーになってしまうような事態が、見られるようになってきています。それは、笑わなければならないプレッシャーと、笑わせなければいけないプレッシャーです。

例えば、彼／彼女たちの間では、「無茶ぶり」ということばが定着しています。「無茶ぶり」とは、もとは、芸人たちが使っていたことばで、「笑いで返すのが不可能な荒いフリ」のことを指します。「一発ギャグやってよ」「面白いこと言ってよ」などは、若い世代にとって、「無茶ぶり」の典型で、それらに対して、「無茶ぶりだ」とツッコミを入れて、そのツッコミで笑いを作ろうとしてみることもあれば、「ふざけんなよ！」とキ

---

1 若い世代の間では、必ずしも、笑いとの関連で用いられるわけではなく、回答するのが困難な質問や要求に対しても使用されることがあることは補足しておく必要があります。

したポーズをとることもあるようです。

「無茶ぶり」は、若い世代にとっては、空気の読めない行為で、友人関係のなかではできる限りされたくないことですが、それらは、愛情のあるからかいの一環として用いられることもありますし、相手を困らせるために用いられることもあるようです。同様に、日常会話のなかで、まとまりのない話に対して「オチは？」というセリフを用いることもあります。芸人でもないので、日常会話で話にオチはなくてもかまわないはずですが、若い世代は、それを求められることもあるようです。「無茶ぶり」「オチは？」などのことばからは、笑いが、過剰に求められている人間関係の一端が垣間見られます。

若手芸人は、舞台やテレビで結果が出ないことを恐れますが、同様に、若い世代は、仲間のなかでうまく笑いを取れないことを恐れます。なぜなら、その笑いの失敗によって、一緒にいる仲間たちのグループから追い出されかねないからです。様々な社会学者が指摘している通り、若い世代は、学校空間のなかで閉鎖的なグループを築き、その内部のみで戯れます。早い場合は、入学前の SNS でそのグループは出来上がり、遅くても、入学式前のオリエンテーションでグループは固定化され、その後は、微調整されていきます。そのようなグループにあとから入ることは不可能に近いため、若い世代は、いま一緒にいるグループに固執する傾向があります。その是非はともかく、私が行なっている研究では、その内部で笑いが過剰なほど重視されています。

こうした意味で、笑いや、ウケを狙う行為は、笑いが重視される社会のなかで、各自にプレッシャーを感じさせます。笑いを取らなければならないことは、その場にいる人たちにとっては、とても面倒なことのように思えます。自分のコミュニケーションが自由ではなくなり、ウケを狙う発言に変えなければならない崖に追い込まれてしまうからです。

この点は、今後、笑いが重視される社会のなかで、誰にとっても他人事ではないはずです。例えば、会社の重要なプレゼンで、ツカミで笑わせるべく上司からの使命があったとしたらどうでしょう。そこでウケればいいですが、ウケないときはどうなのでしょう。それが許される社会

ならいいですが、笑いが重視されて、その効果が認められれば認められるほど、そこに新たな問題が生じかねません。

　笑いには、常に、他者からの評価という要素が含まれます。プレゼンでクライアントの笑いが取れなかったことは、誰にでも一目瞭然で分かることです。笑いが重視される社会では、ウケないことが私たちを苦しめかねないでしょうし、ウケなかった様々な理由が、発表した1人のユーモアセンスの責任として扱われることもありそうで心配です。

　同様に、笑う方にも圧力がかかります。若者たちは、自分が面白いと思ったことが、仲間たちにも共感されることを望みます。友人たちが面白いと感じるものには、自分が実際はどう思おうが、共感していく必要があるというわけです。さらに複雑なことに、そこにスクールカーストの問題も関連してきます。その場合、「笑わなければいけない圧力」はより、強くなります。スクールカースト上位の発言がウケやすいということです。となると、笑いや、ウケを狙うという行為をすることで、その場にある序列が維持されたり、強調されたり、確認されたりする要素がありそうです。

　現在は、若い世代によりみられる傾向かもしれませんが、笑いやユーモアを重視する人が増えた場合には、誰にとっても問題になりかねません。例えば、ある会社の上司が、笑いやユーモアに格別な関心があり、様々な場でウケを狙うタイプだったらどうでしょう。部下たちは、その冗談がおもしろくなくても笑ったり、必死に冗談を拾う必要が生じることは想像に容易いです。ここで溜まるストレスはどのように扱えばいいのでしょうか。また、下から上への笑いやユーモアは、どのようにフォローされるのでしょう。そもそも、フォローされるのでしょうか。権力を批判し、地位を転覆させる笑いやユーモアもあるはずですが、日本ではそういう類の笑いやユーモアはほとんど見られません。この点についても、もっと掘り下げた議論が必要なはずです。

終章

///// いじりの笑い /////

　次も若い世代の問題です。彼／彼女たちは、日常生活のなかで、「いじりの笑い」を頻繁に用いています。仲間内の誰かをいじれば、何もないところに笑いや会話のきっかけを生むことができるという意味では、彼／彼女たちにとって便利なことは間違いありません。。

　しかし、いじられた人がそれを嫌だと感じてしまったらどうでしょう。いじりという名のからかいは、度を越える危険性を常にはらんでいます。いつでも、両者のバランスが整っていれば、コミュニケーションを生み、同時に、笑いも多く生みます。しかし、そのバランスは、いつ崩れるか大人も当事者も含めて見極めることは不可能に近いものです。

　この点についても、社会人で考えてみましょう。今後、笑いやユーモアの重要性がますます日本で定着し、誰もがそれらを大切にしているとしましょう。ある上司が、社内の空気をよくするために、部下の仕事のミスを冗談としてからかったとします。そのからかいを、部下が気にして落ち込んでしまったらどうでしょう。それは、パワハラやセクハラだと解釈されても仕方ありません。また、逆に、上司が、からかいやいじりに見せかけて、憎い部下をいたぶっていたらどうでしょう。コミュニケーションから、その本心が見えなければ見えないほど、やっかいな問題ではないでしょうか。

　いじりの笑いは、誰にでも、比較的作りやすいものです。そのため、バラエティ番組しかり、芸人の世界にもありふれていますし、日常生活でも、友人関係のなかに見られますし、親子のような家族の間にだって見られます。上手に活用すれば、会話を無限に生みますし、笑いも作りつつ、相手に愛情を伝えたり、お互いに信頼関係を構築することができるメリットもあります。しかし、それが、しつこかったり、相手の地雷を踏んでしまった場合、相手を傷つけたり、怒らせたりしてしまうことがあるものです。

　この問題に対して研究者が出している処方箋は、いじる前に、「一瞬だけでも考えよう」ですが、考えたとしても、それが成功するかどうかは定かではありません。となれば、怒らせたり、傷つけてしまった場合、

257

事後的に、しっかりと謝罪をして、解決していくほか手段はないのかもしれません。また、別の方向として、どのように笑いやユーモアを許したり、スルーすることができるかが大切になりそうです。また、度が過ぎた際には、ブロックする権利もあった方がいいでしょう。笑いやユーモアのモラルに関して、活発な議論がますます必要になりそうです。

///// 笑いの自己責任論 /////

　現状、ウケ狙いに失敗すると、全てはその人の責任となってしまいます。しかし、本書で繰り返し論じているように、コミュニケーションは相互行為のため、万が一、ウケなかったとしても本来は、その場にいる人すべての責任のはずですが、そうした認識は、ほとんどの場で見られませんし、どちらかといえば、怒りをかう考え方だと思われます。

　1対1のコミュニケーションの場合、相手が冗談を言って、自分が、上手にそれを拾うことができなければ、相手の責任だけではなく、自分の責任も少なからず理解してもらえるのかもしれません。しかし、プレゼンの際に、発表者が冗談を言い、ウケなかった際には、聞き手の責任はどれくらいあるのでしょう。お笑いライブにお金を払って行ってみたものの、芸人のネタがまったく笑えなかった場合、聞き手としての責任や、観客としての責任は何かありますか。ここで問われているのは、そうした状況も含みます。ほとんどの人は、「私はまったく悪くないよ」と言いたくなるのも無理ありません。

　理想論だけで言えばどんな状況であっても、お互いに盛り上げていくこと、相手に対してさまざまなフォローができることは大切な精神だと思います。しかし、いったいどこまで私たちはフォローしなければいけないのでしょう。まったく笑えないものの、冗談と見せかけた、単に、しつこいだけの意見や、ツッコミとは思えない激しすぎる批判をどうやって笑いで返せばいいのでしょう。

　だからと言って、ウケを狙ってみたいものの、ユーモアのセンスがな

い人はどうすればいいのでしょう。それでも、ウケを狙ってみて失敗してしまったら、自信を完全に喪失し、次にウケを狙いたくなくなるのが人間です。

こうした考えをふまえると、ウケ狙いに失敗したとしても、発信者も受信者も、「流していくメンタリティ」が必要になりそうです。「ウケなくても気にしない」「ウケ狙いを失敗しても仕方ない」といったある種の鈍感力が必要になることでしょう。また、ウケ狙いはあくまでも余興の一つだと認識することも重要です。プレゼンであれば、つかみのウケ狙いで失敗しても、プレゼントは切り離して考えることができるリテラシーや、1回のウケ狙いの失敗で相手がつまらない人だと判断したり、レッテルを貼らないことも重要だと思います。

ここにも、バランスの問題がありそうです。私たちは、笑いやユーモアばかりにならずに、バランスを上手に取ることが課題となりそうです。どんなバランスで使い分けていくべきなのか、なかなか難しい問題ではありますが、笑いが重視される社会では、各自が考えなければいけないことだと思います。

///// 感情化する社会 /////

批評家の大塚英志（2016：8-9,13）は、「感情化」というキーワードで現代社会を考察しました。「感情化」とは、あらゆる人々の自己表出が「感情」という形で外化することを互いに欲求しあう関係です。それは、理性や合理でなく、感情の交換が社会を動かす唯一のエンジンとなり、何よりも人は「感情」以外のコミュニケーションを忌避し、「感情」しか通じない関係性からなる制度を意味します。

大塚が着目したのは、彼が専門とする文学の領域だけではなく、その文学から読み込むことのできる私たちの実社会のなかの「感情化」でした。彼が、扱ったのは、天皇陛下の「お気持ち」問題、サービス産業の労働者の問題、学校空間のなかのスクールカースト、LINE など多岐に

渡ります。大塚は、笑いに関しては、議論の対象にしていません。しかし、彼の意見を参考にしてみると、近年、笑いにますますの注目が集まっているのは、笑いが、コミュニケーションのなかでお互いの感情を伝えるものだからなのではないでしょうか。若い世代にとっては、話の中身や内容そのものよりも、笑いを用いて、「私は、いま楽しい」という感情の記号を仲間に常に伝える必要があるため、彼／彼女たちは頻繁に笑っていると考察することも可能です。

　話の中身や内容、メッセージそのものよりも、感情ばかりが大切になっている世の中では、ことばそのものや、内容はどう扱えばいいのでしょうか。コミュニケーションでは、どちらも大切なものですが、そこもまた、バランスの問題で、どちらかに偏ることは問題です。感情の交換も大切にしつつ、話の中身や内容にも楽しんだり笑ったりしたいものです。

　大塚は、感情化する社会のなかでこの点も危惧しましたが、もう一点、「人々の共感できないものへ姿勢」について議論の俎上に載せました。

　私たちは、感情を伝え合うことで、いろいろなことに対して共感し、お互いに分かり合った気持ちになります。共感は、素晴らしいことだと多くの人が認識していることでしょう。私も特別に、それを批判したいわけではありません。しかし、もし、共感できないことに遭遇したら私たちはどうなってしまうのでしょうか。共感することが重視される社会では、共感できるものは重宝されますが、逆に、共感できないものは排除されがちになります。私たちの世界では、共感できるものもあれば、できないものもあることが必然です。にもかかわらず、私たちは、共感できるものには耳を貸し、共感できるものだけを見て、共感されるように話を伝えているのではないでしょうか。そんなことを思うと、私は、大塚の感情化する社会への批判にハッとしました。

　共感できないことに遭遇することで、私たちは相手のことを考えたりします。社会学的な考え方をするのであれば、そもそも、自分と違うことが、他者の証でもあります。共感だけが重視され、そこだけを見る社会は、他者を受け入れていない社会にも思えます。

　こうした社会を実現するのに、笑いが一役かっているのではないで

260

しょうか。お笑いのなかに、「あるあるネタ」が登場し、私たちは、「分かる分かる」を笑うようになりました。あるあるネタの前から、私たちは、共感すると笑っていたのかもしれませんが、いまの日本社会では、笑いは、楽しい、面白いというメッセージを相手に伝えるだけではなく、「分かる」という共感に使われることが多くなっているように感じます。

　ずっと笑っている関係は、いつでも、相手の肯定でしかありません。しかし、面白さは他者との違いから湧いてくることも多いものです。私たちは、自分の笑いには、いったい、どんな笑いが多いのか、改めて考える必要がありそうです。そして、これからは、共感できないもののなかに面白さやユーモアを見出していく必要もありそうです。

　日本のなかでは、笑いは、素晴らしいことだという風潮が強いように感じますが、相手に共感するためだけに用いられる笑いはどうでしょう。諍いはないかもしれませんが、他者そのものを受け入れていない社会でもあり、そこに深い問題があると思えてなりません。

///// それでも笑いは必要なのか？ /////

　笑いやユーモアにも問題は色々とありますが、それが具体的に見えていれば、対策を練ることもできますし、議論を重ねていくこともできます。2016 年、イギリスが EU を離脱し、トランプ大統領が誕生しました。どちらの話題も日本でも大きく取り上げられ、投票した人たちの「分断」に注目が集まりました。「分断」は、日本でも決して他人事ではありません。私たちは、新しく出会う人はもちろん、たとえ、自分の友人や家族であっても、触れているメディアが異なると、自分の考えと 180 度違うことが十分にあり得る社会を生きています。それは、自分の信じたい共同体を（たとえ、それが間違っていたとしても）信じられるとも言えます。

　その実現には、ネット環境のインフラが関係したことは間違いないなさそうです。ネット上には、右も左もどちらの意見も無数にありますし、

SNSでは、自分が知りたい情報だけを見ることができます。たとえ、それが、極端なマイノリティの意見だったとしても、自分の意見に対して背を押してくれる人も大勢いるように感じますし、読み込み方次第では、自分の変わった意見をマジョリティだと思い込むことすら可能になりました。

　あまりにも多様化した社会が、右と左に分断するのは、私は仕方のないことだと思っています。むしろ、世界、あるいは、日本が、ひとつになろうとすることの方が無理な話で、これまでそれをめざしていたのだとすれば、逆に、とても不思議な状況だったのかもしれません。であれば、分断を食い止める方法ではなく、私たちが考えなければならないのは、分断された社会のなかの未知なる他者と、どんなふうにうまくやっていけばいいのかという問題なのではないでしょうか。

　笑いやユーモアは、未知なる他者とうまくやっていくために役立つものです。例えば、ユーモアや笑いを上手に活用することができれば、意見の激しい対立や、それにより生じるかもしれないお互いの嫌悪感を和らげることができます。また、怒りの矛先をかわすことができたり、自分の意見をユーモラスに表現することで、相手に柔らかく伝えることも可能です。未知なる他者と接した際に溜まるかもしれないストレスに対して対処することも可能ですし、気に入らなかった出来事を、笑いやユーモアあふれる話に変えて、自分の気持ちをうまくコントロールすることもできます。さらに、ユーモアの視点をもって、世界をとらえようとすると、それは、世界を別の角度から客観視することとも通じる部分がありますし、場合によっては、自分の信じてきた道を軌道修正できるかもしれません。

　そして、笑いの前提には、他者との共有したコンテキストがあるため、「分断」のなかに、共通している「つながり」を見出すこともできるはずです。また、「分断」のなかに、面白さやユーモアを読み取ることもできるかもしれません。こうした意味で、私は、笑いやユーモアは「分断」した社会のなかでますます役立つと期待しています。

終章

///// これからの笑いとユーモア社会 /////

　どんな社会がおとずれても「ユーモア力」は、役立つのではないでしょうか。まずは、伸び続ける長寿社会のなかで、リタイア後から死ぬまでの間、私たちは、どのように過ごすべきなのでしょう。蓄えという意味では、「経済資本」、つまり、お金は重要だと思います。しかし、それと同じくらい、他者とのつながりである、「社会関係資本」や、レジャーを自分の生活のなかにどう位置づけるか、あるいは、文化そのものにどう潜り、どう好奇心を持つかという「文化資本」も重要だと思います。同時に、日常生活のなかに、たくさんのユーモアを見つけられたり、発信し、周りを明るくできる「ユーモア資本」があったらどうでしょうか。ユーモアは、リタイア後、退屈しがちな日常生活にメリハリをつけてくれることでしょう。

　前節で論じた通り、「分断」された社会でも、多様な考えや価値観を持つ人と共存していくために、「ユーモア資本」は役立ちそうです。

　では、今後、ますます広がっていくと言われている格差社会はどうでしょう。笑いとユーモアには、格差の拡大そのものを打破するほどの力はないのかもしれませんが、日々の仕事や人間関係で蓄積しがちなストレスを軽減したり、ガス抜きとして機能する可能性があります。また、つらい日々をネタにすることができれば、それを誰かに発信し、周りやそれを見た人をほっこりとさせることもできるでしょうし、そこで得た笑いを原動力に、つらい日常と戦っていくことも可能になるかもしれません。

　あるいは、経済格差が原因となって生まれた情報格差の弱者に対し、情報を持った人が、ユーモアや笑いを通して、伝わりにくい情報を分かりやすくかみ砕いて伝えたり、場合によっては、強烈に伝えることで、社会問題を俎上に載せたり、議論できる社会を実現できるかもしれません。お笑い芸人たちは、こうした方向で活躍の場は、ますます広がっていくのではないでしょうか。「THE MANZAI 2017」（フジテレビ）では、ウーマンラッシュアワーが政治と世間の無関心さをネタにした漫才をして話題になりましたが、政治を笑うことで、興味を持ったり、考えるきっ

かけが生まれることもあるはずです。

　それから、経済一辺倒な社会についても、今後の少子高齢化社会や、他国との問題をふまえれば、日本の経済成長は限界を向かえていることはあまりにも自明です。「買って解決」「新しいものを買う」という経済面からのアプローチだけではなく、ちょっとしたコミュニケーションの工夫や、日々の生活をどう充実させるかという点でもユーモアや笑いは役立つことでしょう。また、この面でもお笑い芸人の、貧しくても、それをネタにしつつ、楽しくたくましく生きる姿は、私たちにとって、ライフスタイルのモデルになるかもしれません。

　あるいは、ロボットやAI、IoT などの進化に伴い、余暇時間が増える可能性があります。いまでも、仕事が趣味という大人は多いように感じますが、余暇時間が増えれば、イギリスの経済学者のケインズが、1930 年に、「100 年後、人類は余暇をどう楽しむかを悩むようになる」と述べたように、私たちは、自分の遊び方についてもっと考え、どのように充実させるかにアンテナを張っていく必要もあるはずです。その際には、どのレジャーにしても、笑いやユーモアによって、満足度が上がったり、より楽しくなったりするはずです。健康面だけではなく、このような面で今後、笑いやユーモアが着目され、活用されることに期待したいです。

///// 遊びを笑いとユーモアでさらに楽しくする /////

　レジャーは誰にとっても大切なものだと思います。今後、その重要性は、ますます高まってくることでしょう。その理由は、多様です。例えば、現在、法的な労働時間の見直しもありますし、巷で言われているようにAI の発達によって、労働時間が減りレジャー時間が増えるかもしれません。

　また、いま、日本は、高度な消費社会に限界が見えてきて、経済ばかりを追求してきたこれまでの体制を見直さなければならない真っただ中

にいると思います。政治の世界は、まだまだ経済重視のようですが、一部の人々からは、必ずしも経済重視ではない生き方や、それを実現するための議論が盛んに行なわれはじめています。

　もし、私たちが、経済一辺倒な価値観を捨てられるのであれば、今度は、経済的ではない意味での「豊かさ」に、注目が集まることでしょう。その「豊かさ」の実現のために、レジャーは、誰にとってもキーワードとなるはずです。

　消費社会のなかで、巨大産業に育ったエンタテイメント業界は、これからも私たちを楽しませてくれるかもしれません。しかし、その利用方法や、そこでどう遊ぶかについては、変化がおとずれるのではないでしょうか。これまで、私たちは、レジャーにおいても、広告を見たり聞いたりして、受け身でいれば、十分に楽しむことができました。

　しかし、その受け身の遊び方もまた、近年、様々なところでひずみが生じ、遊ぶ側の主体性が徐々に重視され始めています。例えば、様々な地域で見られるハロウィンパーティでは、海外の模倣が前提でも、衣装に工夫を凝らしたり、楽しみ方も、実際にコスプレをするだけではなく、写真を撮ることをひたすら楽しんでみたり、なかには、祭り後のゴミ拾いに情熱を注ぐなど多様な楽しみ方をする人が現われてきました。

　また、徹底した受け身で楽しめた典型例のディズニーランドでは、近年、コスプレをして行くなどという主体的な遊び方がわずかながらに見られるようになりました。ファッションも、ファストファッションで遊ぶという発想は若い世代には見受けられます。まだまだ、わずかなのかもしれませんが、様々な領域で、いまあるもので、工夫して楽しんでいく思想が、若者たちに見られるようになってきています。

　YouTuber が人気な理由も、いまあるものを使った遊び方が独特だからなのかもしれません。面白いと思えたら、いまは、それが、SNS で一気に拡散していきます。主体的な遊び方のリテラシーがない人でも、次々と情報が入ってくるため、次第に、学習し、いまあるものの新しい遊び方を身に付けていく可能性は十分ありそうです。

　主体的な遊びは、いまある遊びを別の角度から見るわけで、そこには、

新たな「面白さ」が生まれる可能性があります。もちろん、その「面白さ」は、いつでも笑いに接続するわけではないかもしれませんが、その可能性は十分に秘めているはずです。また、別な視点で遊ぶ際に、それをネタとして扱うような視点に、笑いが関連してきています。変わった遊びをして、それをネタにして、SNSなどのコミュニケーションに活用していく遊びは、なかなか高度な遊び方だと思われます。ここには、何らかの形で、笑いと遊びが関連していそうですし、今後、どんなふうに発達していくのかも楽しみでもあります。

　さて、次は、遊びのなかのコミュニケーションについてです。今後、遊びの場で、どんなコミュニケーションを誰とするのかということが、ますます大切になってくるはずです。そこでは、各自のユーモアセンスや笑いが、役立つことでしょう。

　もちろん、全ての遊びに、笑いやユーモアがあった方がいいと言いたいわけではありません。しかし、笑いやユーモアは、ある遊びに対して、「＋αの楽しさ」を与えてくれるものです。もちろん、楽しい、面白いだけではなく、笑いは、ある経験を、より思い出深いものにしてくれる可能性もありますし、多く笑うことで、記憶をより鮮明に残すかもしれません。

　遊びそのものに対して、笑いやユーモアが加わることで、「もとの遊び」をより素晴らしい体験にしてくれる可能性が出てきます。この点は、今後、笑いやユーモアが、健康と同様に、もっと注目を集める要素となることでしょう。

　もちろん、遊びの場に限らず、仕事、恋愛や結婚、教育、政治、メディアなどどこでもコミュニケーションがある場であれば、笑いやユーモアを加えることができるので、そこに、楽しさや面白さを＋αできます。それは、様々なものが、わずかにアップデートされたことになるのではないでしょうか。

終章

///// 笑いやユーモアがもっと増えるべき場 /////

前の節で論じたように、今後、遊びの場の笑いやユーモアの価値はますます高まっていくことでしょう。私たちは、そこで、笑ったり、ユーモアを表現できる力を蓄えていけることが、これまでとは異なった「豊かさ」を獲得するヒントになるはずです。さらに、そこで得た笑いやユーモアの技術は、現在の日本社会のなかで「笑いやユーモアが少ないと思われる場」に活用することもできるのではないでしょうか。

もちろん、個人差はあると思いますが、例えば、それを「仕事の場」に応用してみてはどうでしょう。アメリカでは、仕事の場では、笑いやユーモアが不足していないという報告があるようですが、日本では、笑いやユーモアは、徐々に変化はしつつも、それほど求められているようには思えません。

なかには、笑いやユーモアを重視している会社もあるかもしれませんが、皆さんの会社はどうでしょう。笑いやユーモアの質がいい会社に勤めていますか、勤めていましたか。現在の日本の会社では、上司から部下へと発するような一方通行のものが多いように感じます。皆の一体感が高まるユーモアや、協力するための笑いや、部下が上司に用いることのできるような笑いやユーモアなどが、もっと増えることに期待したいです。

さらに、増えるべきだと思うのは、「初対面の人との何気ないコミュニケーションのなか」です。日本では、身内の笑いが多く、こうした赤の他人との間には、現状、笑いやユーモアは生まれにくい傾向があります。しかし、他国では、見ず知らずの人にも笑いやユーモアは、積極的に活用されています。

私は、この初対面の人との笑いやユーモアにも、日本を変えてくれる力が隠れていると信じています。日常生活のなかの、何気ないコミュニケーションのシーンで関わった見知らぬ他者との間に、わずかにでも笑いが生まれたら、読者の皆さんはどう感じますか。

例えば、見知らぬ人に道を聞いた際、コンビニで買い物をする際、病院で診察を待っている際に、相手の何気ない対応や発言に笑いが生まれ

たらどんな気持ちになりそうですか。エレベーターでたまたま乗り合わせた人、ベビーカーを押す親、隣に座った外国人に話しかけ、その返答がユーモアに富んだ発言だったら、どう感じそうですか。

　こうした場で、咲いた「笑い」は、私たちを少しだけ楽しくしてくれるでしょうし、幸せにもしてくれるはずです。逆に、自分がユーモアを発した場合、相手が、一瞬だけ、楽しくなったり、幸せに思ってくれることもあるはずです。周りを少しだけ幸せにできることも、自分の幸せさにつながることでしょう。

　こうした発想は、人によっては、家族にも応用できるかもしれません。むろん、現状でも笑いの溢れる家庭もあるかもしれませんが、夫婦や年頃の親子間で、コミュニケーションが不足していて、笑いやユーモアがあまりない家庭も案外多いと聞きます。家庭内でも、休日、食事の場、食後、出かける前など、何気ない場面で、ちょっとしたユーモアがあることで、私たちは、その場がより楽しくなり、紐帯を強めたり、それだけで、幸せになることがあります。

　笑いやユーモアの多さは、人によって、様々だと思いますが、本節のように、いままでなかった領域に、笑いやユーモアが広がっていくことで、日本社会は、少しだけ明るくなるのではないでしょうか。そのためには、各自が、ユーモアを様々な場面や他者のなかに発見できることも大切なはずです。発見できるリテラシーが高くなれば、今度は、それを会った人に説明できることもできるはずです。

　1日に1つでも面白いものを発見できれば、その日に会う複数の人から、その人が面白いと思った話を聞くこともでき、その話をまた他の誰かに語って楽しませることができます。

　そんな未来に期待はしたいものの、本章で述べた通り、笑いやユーモアが増えすぎる社会にも問題があります。だから、笑いやユーモアが増えるのは、「ほんの少し」でも構わないのかもしれません。きっと、毎日、面白いものを発見できなくても、1週間に1つ程度でも十分なのだと思われます。

　それぞれの人が、そういうリテラシーを手に入れられたら、いまの社

268

終章

会が「ほんの少し」変わってくるはずです。その「ほんの少し」が、思っている以上に、大切な変化なのではないでしょうか。

なぜなら、その「ほんの少しの変化」が、私たちの暗いかもしれない将来を明るくしてくれる道しるべになると思えるからです。あるいは、私たちが、生きていくためのモチベーションとして作用する可能性もありますし、私たちが、何かをする際に、勇気を与えてくれたり、腹を括るきっかけになることもあるはずだからです。場合によっては、その変化があったがゆえに、問題だらけの社会を乗り越えていく活力に変わることもあるかもしれませんし、笑いとユーモアの力で社会を変えていくかもしれません。その「ほんの少しの変化」に、本書が少しでも役立てば著者冥利に尽きます。

とはいえ、まだまだ、不足してしまったところもあると思います。特に、具体例については、読み進めながら、もっと欲しいと感じた人もいることでしょう。今後、日常生活のなかに笑いを増やすために、ユーモアセンスを磨いたり、発想力がトレーニングできるドリルや教科書の作成なども構想しているので、期待しておいてください。

269

あとがき

　笑いが、市民権を得て、かなり長い年月が経ちました。笑うと気分が良くなる、笑いは健康にいい、笑いは副作用のない薬だなど笑いの重要性は十分なほど、理解できた社会になったと思っています。

　しかし、笑いはなかなか増えないのが現状だと言う人も非常に多いのが現実です。まさに、「笑い格差」は、世代や性格によって開いています。研究者としては、なぜ、増えないのか、なぜ、笑いが求められる社会なのかなどの問題に興味があるのですが、その問題よりも、まずは、実際に、もっと笑いたい人や、困っている人に向けて、どうすれば、日常生活のなかに笑いが増やせるのかをきっちりと語り、わずかでも、生活のヒントになればと思い、本書を執筆しました。

　また、ユーモアについても、日本人は、これまで、あまり、考えてきませんでした。しかし、経済的には、幸福感が得られにくくなった世界のなかで、もっと各自がユーモア力を持って、世界を別の角度からとらえたり、自分を表現していくことができると、日常が少しだけ明るくなり、楽しくなるのではないでしょうか。こうした意味で、ユーモアについて考えられ、どのように、それを生活に導入していくかについて、元芸人で、笑いの研究者という立場から、その方法をできるだけ多くエッセイ風に提案してみました。多くの節のなかから、いくつかの提案が読者の皆さんの役に立てばと心より願っています。

　それから、本書で取り上げた「新しい技術」は、きっと、数年後にはすでに古いものとなっていることでしょう。しかし、新しい技術や考え方をどのように解釈して、笑いやユーモアと関連付けていくかについては、将来、さらに新しいものが出てきたとしても応用がきくはずです。

　共著や文庫を除き、『笑いの教科書』を執筆したのが 2008 年だったので、ほぼ 10 年の間、単著を書くことができませんでした。その間、いくつか企画を頂いていました。しかし、完成度をもっと上げたいとか、もっとアカデミックな視点でとか、文のつながりが悪いとか、文章の表現がなど気になることが気になり出版にはたどり着きませんでした。な

270

あとがき

かには、執筆のために調査をしたにもかかわらず、書き上げられないものもありましたし、ほぼ書き下ろしで脱稿まであと一歩だったにもかかわらず、なぜか不安になってしまい、出版が頓挫してしまうものもありました。

　編集者は、そんな私でもしぶとく待ってくれていましたが、結局、私が執筆する前に、退社されてしまい、出版が実現できないものもありました。この場を借りて、お詫び申し上げます。本書は、その際に執筆していたアカデミックなものとはずいぶん違ってしまいましたが、次はエッセイ風のものではなく、『キャラ論』のように、調査考察をしたものを執筆したいと構想中です。それから、本書の編集を行なってくれた日本地域社会研究所の矢野恭子さんには、私のわがままな注文についても、いつも快く対応してくださり感謝しています。

　最後に、結婚して2児の父親であるにもかかわらず、自由気ままに、私が興味のあることをさせてくれている妻には日々感謝しています。また、最近、頑張ることを覚えつつある長男、自分をしっかりと持ち、強さを合わせ持つ次男、2人の息子と妻からは、いつもたくさんの元気と笑い、頑張ろうというモチベーションをもらっています。これからも、尊敬される父というよりも、家族の前では、楽しく一緒に笑ったり、ときには、まじめな話がしっかりとできる父親でいたいです。

　また、だいぶ、年老いてきた父と母。私からは、照れくさくってなかなか面と向かって話ができていないように感じますが、2人の生き方や家族への思いからは、これまで、いろいろなことを学びました。それから、2人が、私に与えてくれた環境は、本当に素晴らしかったです。私が、やりたいと言ったことは一切否定せず、何でもさせてくれ、その後、見守ってくれました。今の私がいるのは、そんな2人のおかげです。この場を借り、感謝の意を表します。

　本書を執筆することができたのは、こうした家族のおかげです。本書は、こうした家族に捧げたいと思っています。

2018年1月吉日

参考文献

日本語文献

A.R. ホックシールド、石川准、室伏亜希 (訳) (2000)『管理される心』
　世界思想社

青砥弘幸 (2011)「国語科教育改善のための『教室ユーモア』広島大
　学大学院教育学研究科　博士論文

青砥弘幸 (2015)「笑いに関する実態とその課題」『笑い学研究 No.22』
　日本笑い学会

浅野智彦 (2015)『若者とは誰か』河出書房新社

朝日新聞社総合研究本部 (2005)『朝日総研レポート AIR21』　朝日新
　聞社

東浩紀 (2001)『動物化するポストモダン』講談社

東浩紀 (2014)『弱いつながり』幻冬舎

東浩紀 (2017)『ゲンロン 0 観光客の哲学』株式会社ゲンロン

雨宮俊彦 (2016)『笑いとユーモアの心理学』ミネルヴァ書房

アンリ・ベルクソン、林達夫 (訳) (1976)『笑い』岩波書店

イアン・レズリー、須川綾子 (訳) (2016)『子どもは 40000 回質問する』
　光文社

井上明人 (2012)『ゲーミフィケーション』NHK 出版

井上忠司 (1977)『世間体の構造』日本放送出版協会

井上宏 (2001)『大阪の笑い』関西大学出版

井上宏 (2003)『大阪の文化と笑い』関西大学出版

井上宏 (2004)『笑い学のすすめ』世界思想社

W. リップマン、掛川トミ子 (訳) (1987)『世論〈上〉』岩波書店

内田樹 (2002)『寝ながら学べる構造主義』文藝春秋

宇野常寛 (2008)『ゼロ年代の想像力』早川書房

宇野常寛 (2009)『PLANETS VOL.9』第二次惑星開発委員会

大島希巳江 (2006)『日本の笑いと世界のユーモア』世界思想社

太田省一 (2002)『社会は笑う・増補版』青弓社

太田省一（2016）『芸人最強社会ニッポン』朝日出版社

大塚英志（2016）『感情化する社会』太田出版

大見崇晴（2013）『「テレビリアリティ」の時代』大和書房

荻上チキ（2009）『社会的な身体』講談社

岡田斗司夫『あなたを天才にするスマートノート』文芸春秋

落合陽一（2015）『魔法の世紀』PLANETS

尾原和啓（2015）『ザ・プラットフォーム』NHK 出版

加地倫三（2012）『たくらむ技術』新潮社

加藤秀俊（1975）『取材学』中央公論社

河合利光 他（2000）『比較食文化論』建帛社

北田暁大（2005）『嗤う日本のナショナリズム』NHK ブックス

國分巧一郎（2011）『暇と退屈の倫理学』朝日出版社

ゲオルク・ジンメル、清水幾太郎（訳）（1979）『社会学の根本問題』
　　岩波書店

斎藤環（2015）『世界が土曜の夜の夢なら』KADOKAWA

佐々木俊尚（2009）『ニコニコ動画が未来を作る』アスキー新書

定延利之（2011）『日本語社会 のぞきキャラくり』三省堂

定延利之編（2018）『限界芸術「面白い話」による音声言語・オラリティ
　　の研究』ひつじ書房

沢木耕太郎（1994）『深夜特急 5』新潮社

沢木耕太郎（2008）『旅する力』新潮社

J. モリオール、森下伸也（訳）（1995）『ユーモア社会をもとめて』新
　　曜社

志水彰（1994）『人はなぜ笑うのか』講談社

白井こころ（2015）「『笑い』と糖尿病有病との関係についての検討」「笑
　　い等のポジティブな心理介入が生活習慣病発症・重症化予防に及ぼ
　　す影響についての疫学研究」総括・分担研究報告書

ジル・ドゥルーズ（2007）『差異と反復＜上＞』河出書房新社

新清士（2016）『VR ビジネスの衝動』NHK 出版

鈴木謙介（2002）『暴走するインターネット』イーストプレス

鈴木謙介（2005）『カーニヴァル化する社会』講談社

鈴木謙介（2013）『ウェブ社会のゆくえ』NHK ブックス

スティーブン・R. コヴィー、川西茂（訳）（1996）『7 つの習慣』キングヘアー出版

瀬沼文彰（2007）『キャラ論』スタジオセロ

瀬沼文彰（2008）『笑いの教科書』春日出版

瀬沼文彰（2014）「若い世代の闇の笑い」『笑い学研究 No.21』日本笑い学会

瀬沼文彰（2015）「大学生の笑いをスケッチする」『笑い学研究 No.22』日本笑い学会

立川談志（1965）『現代落語論』三一書房

立川談志（1985）『あなたも落語家になれる』三一書房

立花隆（1984）『知のソフトウェア』講談社

デイビット・リースマン、加藤秀俊（訳）（1964）『孤独な群衆』

中島義道（1997）『「対話」のない社会』PHP 研究所

夏目誠（2006）『「スマイル仮面」症候群』日本放送出版協会

名部圭一（2008）「テレビ視聴のスタイルはどのように変化したか」『文化社会学の視座』

西野亮廣（2016）『魔法のコンパス』主婦と生活社

西村博之（2007）『2 ちゃんねるはなぜ潰れないの？』扶桑社

庭田茂吉（2002）『ミニマ・フィロソフィア』萌書房

M. チクセントミハイ、今村浩明（訳）（2001）『楽しみの社会学』 新思索社

ノーマン・カズンズ　松田銑（2001）『笑いと治癒力』 岩波書店

原田曜平（2011）『近頃の若者はなぜダメなのか』光文社

原田曜平（2015）『新・オタク経済』朝日出版社

濱野智史（2008）『アーキテクチャの生態系』 NTT 出版

ピーター・マグロウ、ジョエル・ワーナー、柴田さとみ（訳）（2015）『世界笑いのツボ探し』CCC メディアハウス

ビートたけし（2012）『間抜けの構造』新潮社

ビートたけし（2017）『バカ論』新潮社

福田定良（1973）『落語としての哲学』法政大学出版局

福田定良（1975）『面白さの哲学』平凡社

古市憲寿（2011）『絶望の国の幸福な若者たち』講談社

マキタスポーツ、プチ鹿島、サンキュータツオ（2010）『東京ポッド許可局』新書館

槙田雄司（2012）『一億総ツッコミ時代』星海社

松尾豊（2015）『人工知能は人間を超えるか』KADOKAWA

松本人志（1997）『松本の遺書』 朝日出版社

水野敬也（2007）『ウケる技術』新潮文庫

宮田珠己（2007）『わたしの旅に何をする。』幻冬舎

宮台真司（1994）『制服少女たちの選択』講談社

村瀬学（1996）『子どもの笑いはどう変わったのか』 岩波書店

森下伸也（2003）『ユーモア学入門』新曜社

矢島伸男（2017）『イラスト版子どものユーモアスキル』合同出版

横澤彪（1994）『犬も歩けばプロデューサー』 NHK 出版

ヨシタケシンヤ（2013）『りんごかもしれない』ブロンズ新社

ラリー遠田（2010）『M-1 戦国史』メディアファクトリー

ロッド・A. マーティン、野村亮太、雨宮俊彦（訳）（2011）『ユーモア心理学ハンドブック』北大路書房

鷲田清一（1999）『「聴く」ことの力』筑摩書房

渡辺潤編（2010）『コミュニケーション・スタディーズ』世界思想社

渡辺潤編（2015）『レジャー・スタディーズ』世界思想社

雑誌

SAPIO(サピオ) 2015 年 05 月号　小学館

外国語文献

Allport,G.W（1961）*Pattern and growtb in personality*. New York: Holt, Reinhart & Winston.

Bergen, D.（1998）Development of the sense of humor.In W. Ruch
（Ed.）,*The sense of humor: Explorations of a personality characteristic*
（pp.329-358）.Berlin, Germany: Walter de Gruyter.

Charlene K. Bainum,（1984）Karen R, The development of laughing
and smiling in nursery school children, *Child Development* Vol.55
No5, pp.1947,1949

Gruner, C. R.（1997）. *The game of humor:A comprehensive theory of why we
laugh*. New Bruswick, NJ: Transaction Publishers.

Hall, S.（1980）*Encoding/decoding*, in Hall, S. et. al.（eds.）Culture,
Media, Language, London:Unwin Hyman, pp.128-138.

Hayashi K, Kondo N,（2016）et al. Laughter is the Best Medicine?
A Cross-SectionalStudy of Cardiovascular Disease Among Older
Japanese Adults. *J Epidemiol*,

Hehl,F.J.,& Ruch,W.（1985）.The location of sense of humor within
comprehensive personality spaces: An exploratory study.
Personality ＆ Indevidual Differences,6（6）, pp.703-715

Peter McGraw,Joel Warner, *The Humor Code A Global Search for What
Makes Things Funny Simon ＆ Schuster*; First Edition edition 2014

Pronine,R.R., ＆ Fisccher, K. R.（1989）. Laughing, smiling, and
talking: Relation on sleeping and social context in humans.
Etbology,83（4）,295-305

R.A.Martin and N.A.Kuiper.（1999）Daily occurrence of laughter:
Relationships with age, gender, and Type A personality, *HUMOR*,
Vol. 12 pp.366-367

イ・ユンソク（2011）『笑の科学』サイエンスブックス

著者紹介

瀬沼文彰（せぬま・ふみあき）
1978 年生まれ。
西武文理大学兼任講師、桜美林大学基盤教育院非常勤講師、追手門学院大学笑学研究所客員研究員、日本笑い学会理事、東京経済大学大学院コミュニケーション学研究科博士後期課程を単位取得退学。
1999 年より 3 年 8 カ月、吉本興業にてタレント活動。
著書に『キャラ論』スタジオセロ（2007 年）、『笑いの教科書』春日出版（2008 年）、共著に『コミュニケーションスタディーズ』世界思想社（2010 年）など。

ユーモア力の時代

2018 年 4 月 24 日　第 1 刷発行

著　者	瀬沼文彰
発行者	落合英秋
発行所	株式会社 日本地域社会研究所
	〒 167-0043　東京都杉並区上荻 1-25-1
	TEL （03）5397-1231（代表）
	FAX （03）5397-1237
	メールアドレス tps@n-chiken.com
	ホームページ http://www.n-chiken.com
	郵便振替口座 00150-1-41143
印刷所	中央精版印刷株式会社

©Senuma Fumiaki　2018 Printed in Japan
落丁・乱丁本はお取り替えいたします。
ISBN978-4-89022-199-8

──── 日本地域社会研究所の好評図書 ────

関係　Between

三上宥起夫著…職業欄にその他とも書けない、裏稼業の人々の、複雑怪奇な「関係」を飄々と描く。寺山修司を師と仰ぐ三上宥起夫の書き下ろし小説集！

46判189頁/1600円

黄門様ゆかりの小石川後楽園博物志　天下の名園を愉しむ！

本多忠夫著…天下の副将軍・水戸光圀公ゆかりの大名庭園で、国の特別史跡・特別名勝に指定されている小石川後楽園の歴史と魅力をたっぷり紹介！ 水戸観光協会・文京区観光協会推薦の1冊。

46判424頁/3241円

年中行事えほん　もちくんのおもちつき

やまぐちひでき・絵／たかぎのりこ・文…神様のために始められた行事が餅つきである。ハレの日や節句などの年中行事に用いられる餅のことや、鏡餅の飾り方など大人にも役立つおもち解説つき！

A4変型判上製32頁/1400円

中小企業診断士必携！ コンサルティング・ビジネス虎の巻　～マイコンテンツづくりマニュアル～

アイ・コンサルティング協同組合編／新井信裕ほか著…「民間の者」としての診断士ここにあり！ 中小企業に的確で実現確度の高い助言を行なうための学びの書。中小企業を支援するビジネスモデルづくりをめざし、中小企業を支援するビジネスモデルづくりをめざし、経営改革ツールを創出

A5判188頁/2000円

子育て・孫育ての忘れ物　～必要なのは「さじ加減」です～

三浦清一郎著…戦前世代には助け合いや我慢を教える「貧乏」という先生がいた。今の親世代に、豊かな時代の子ども育て・しつけのあり方をわかりやすく説く。こども教育読本ともいえる待望の書。

46判167頁/1480円

スマホ片手にお遍路旅日記　四国八十八カ所＋別格二十カ所　霊場めぐりガイド

諸原潔著…八十八カ所に加え、別格二十カ所で煩悩の数と同じ百八カ所。金剛杖をついて弘法大師様と同行二人の歩き遍路旅。実際に歩いた人しかわからない、おすすめのルートも収録。初めてのお遍路旅にも役立つ四国の魅力がいっぱい。

46判259頁/1852円

日本地域社会研究所の好評図書

スマート経営のすすめ　ベンチャー精神とイノベーションで生き抜く！

野澤宗二郎著…変化とスピードの時代に、これまでのビジネススタイルでは適応できない。成功と失敗のパターンに学び、厳しい市場経済の荒波の中で生き抜くための戦略的経営術を説く！

46判207頁／1630円

みんなのミュージアム　人が集まる博物館・図書館をつくろう

塚原正彦著…未来を拓く知は、時空を超えた夢が集まった博物館と図書館から誕生している。ダーウィン、マルクスという知の巨人を育んだミュージアムの視点から未来のためのプロジェクトを構想した著者渾身の1冊。

46判249頁／1852円

文字絵本　ひらがないろは　普及版

東京学芸大学文字絵本研究会編…文字と色が学べる楽しい絵本！　幼児・小学生向き。親や教師、芸術を学ぶ人、帰国子女、日本文化に興味がある外国人などのための本。

A4変型判上製54頁／1800円

ニッポン創生！　まち・ひと・しごと創りの総合戦略

～一億総活躍社会を切り拓く～

新井信裕著…経済の担い手である地域人財と中小企業の健全な育成を図り、逆境に耐え、復元力・耐久力のあるレジリエンスコミュニティをつくるために、政界・官公界・労働界・産業界への提言書。

46判384頁／2700円

戦う終活　～短歌で啖呵～

三浦清一郎著…老いは戦いである。戦いは残念ながら「負けいくさ」になるだろうが、終活短歌が意味不明の八つ当たりにならないように、晩年の主張や小さな感想を付加した著者会心の1冊！

46判122頁／1360円

レジリエンス経営のすすめ　～現代を生き抜く、強くしなやかな企業のあり方～

松田元著…キーワードは「ぶれない軸」と「柔軟性」。管理する経営から脱却し、自主性と柔軟な対応力をもつ "レジリエンス=強くしなやかな" 企業であるために必要なことは何か。真の「レジリエンス経営」をわかりやすく解説した話題の書！

A5判213頁／2100円

―――― 日本地域社会研究所の好評図書 ――――

※表示価格はすべて本体価格です。別途、消費税が加算されます。

隠居文化と戦え　社会から離れず、楽をせず、健康寿命を延ばし、最後まで生き抜く

三浦清一郎著…人間は自然、教育は手入れ。子供は開墾前の田畑、退職者は休耕田。手入れを怠れば身体はガタガタ、精神はボケる。隠居文化が「社会参画」と「生涯現役」の妨げになっていることを厳しく指摘。

46判125頁／1360円

コミュニティ学のススメ　ところ定まればこころ定まる

濱口晴彦編著…あなたは一人ではない。人と人がつながって、助け合い支え合う絆で結ばれたコミュニティがある。地域共同体・自治体経営のバイブルともいえる啓発の書！

46判339頁／1852円

癒しの木龍神様と愛のふるさと　～未来の子どもたちへ～

ごとむく・文／いわぶちゆい・絵…大地に根を張り大きく伸びていく木々、咲き誇る花々、そこには妖精（フェアリー）たちがいる。「自然と共に生きること」がこの絵本で伝えたいメッセージである。薄墨桜に平和への祈りを込めて、未来の子どもたちに贈る絵本！

B5判上製40頁／1600円

現代俳優教育論　～教わらない俳優たち～

北村麻菜著…俳優に教育は必要か。小劇場に立つ若者たちは演技指導を重視し、「教育不要」と主張する。取材をもとに、演劇という芸術を担う人材をいかに育てるべきかを解き明かす。俳優教育機関が乱立する中で、真に求められる教えとは何か。

46判180頁／1528円

発明！ヒット商品の開発　アイデアに恋をして億万長者になろう！

中本繁実著…アイデアひとつで誰でも稼げる。「頭」を使って「脳」を目覚めさせ、ロイヤリティー（特許実施料）で儲ける。得意な分野を活かして、地方創生・地域活性化を成功させよう！　1億総発明家時代へ向けての指南書。

46判288頁／2100円

観光立村！丹波山通行手形　都会人が山村の未来を切り拓く

炭焼三太郎・鈴木克也共著…丹波山（たばやま）は山梨県の東北部に位置する山村である。本書は丹波山を訪れる人のガイドブックとすると同時に、丹波山の過去・現在・未来を総合的に考え、具体的な問題提起もあわせて収録。

46判159頁／1300円